Marcel Valmy
Die Freimaurer

Arbeit am Rauhen Stein
Mit Hammer, Zirkel und Winkelmaß

Glaube und Licht
sind ein gutes Gespann!
Wenn das Dunkel anbricht,
zünd' die Fackeln an!

Pour mûrir, pour éclore
Il n'y a que le choix
De ces deux éléments:
La lumière et la foi!

Marcel Valmy
5/12/93

Callwey

Abbildungen auf Vor- und Nachsatz
»Magische Pforte« von Peter Proksch, Mischtechnik,
1977/78. Privatbesitz

CIP-Titelaufnahme der Deutschen Bibliothek
Die Freimaurer: Arbeit am rauhen Stein;
mit Hammer, Zirkel u. Winkelmass/Marcel Valmy. –
München: Callwey, 1988
ISBN 3-7667-0882-1
NE: Valmy, Marcel [Mitarb.]

Umschlaggestaltung Baur + Belli Design, München,
unter Verwendung der Tafel 71
Lithos   Brend'amour, München
Gesamtherstellung   Kösel, Kempten
Printed in Germany 1988
ISBN 3-7667-0882-1

Inhalt

Verwendete Abkürzungen:
ÖFM = Österreichisches Freimaurermuseum, Rosenau
FM = Deutsches Freimaurer-Museum, Bayreuth

Das Wesen der Freimaurerei

Freimaurerei – welche Assoziationen weckt dieses Wort? Auch im 20. Jahrhundert sorgt es noch immer für Begriffsverwirrung, dazu angetan, aufgeschlossene Menschen in zwei Lager zu spalten, in Gegner und Sympathisanten, in Freund und Feind.

Widersprüchliche Vorstellungen verknüpfen sich mit diesem Begriff – hier dunkle Machenschaften einer konspirativen Geheimgesellschaft, Gottesleugner, Teufelsanbeter gar – dort Fackelträger eines humanitären Ideals, eine weltweite Bruderschaft, deren Grundprinzipien Toleranz und Nächstenliebe dem Menschen zu einer höheren Entwicklungsstufe verhelfen sollen. Was trifft davon zu?

Das erste ist schlichtweg falsch, ein von Naivität oder Gehässigkeit gefärbtes Vorurteil einer jahrhundertealten Gegnerschaft, das zweite insofern richtig, als man dem einzelnen Freimaurerbruder mit all seinen menschlichen Schwächen zugute halten soll, was der Freimaurer Goethe in seinen viel zitierten Zeilen zum Ausdruck bringt: »Nur wer sich strebend stets bemüht, den können wir erlösen.« Daß die Freimaurer sich stets bemühen, wird kaum jemand bestreiten können. Die Freimaurerei will einen neuen, einen besseren Menschen schaffen, doch das wollen die Religionen auch. Das Ergebnis ist am Verlauf der Weltgeschichte abzulesen. Diese Feststellung scheint einer gewissen Schadenfreude nicht zu entbehren, die den Jüngern der »Königlichen Kunst«, wie die Freimaurer gern ihre Arbeit bezeichnen, mit ihrer toleranten Grundhaltung eigentlich fremd sein sollte.

Vergleicht man z. B. christliche und freimaurerische Ethik, so kommt man nicht um die Erkenntnis herum, daß die Freimaurerei für die Kirche als eine Art geistiger Hilfstruppe fungiert, allerdings ungebeten und ungeliebt.

Denn weder ist die Freimaurerei ein atheistischer Philosophenverein von Weltverbesserern noch ein skrupelloser Geheimbund mit amoralischen Praktiken, der an den Fundamenten der jeweils bestehenden Gesellschaftsordnung rüttelt.

Eine klare französische Definition dürfte hier jegliches Mißverständnis ausräumen: »La Franc-maçonnerie n'est pas une société *secrète*, mais *discrète!*« (»Die Freimaurerei ist keine geheime, sondern eine verschwiegene Gesellschaft!«).

Verschwiegenheit gegenüber der profanen Außenwelt bestimmt ihr Erscheinungsbild, was ihr zwangsläufig einen elitären Anstrich verleiht. Daß sie *keine* Geheimgesellschaft ist, erhellt schon aus der Tatsache, daß man sich über ihre Organisationen im Vereinsregister informieren und über Telefon und Adreßbücher jederzeit mit ihnen in Verbindung treten kann.

Die Freimaurerei will den besseren Menschen schaffen, und sie trat hervor, als die Kirchen, speziell die katholische, an spiritueller Überzeugungs- und Anziehungskraft verloren hatten. Ihre Erziehungsarbeit im Hinblick auf diesen künftigen Menschen dokumentiert sich in der Metapher des Freimaurer-Bekenntnisses »Wir bauen am Tempel der Humanität«. Eine schöne, lobenswerte Maxime – wenn auch heute in ihrer alttestamentarischen Bildhaftigkeit antiquiert anmutend – ist sie doch von unveränderter Aktualität.

Die Veränderung des Menschen – ein edles, notwendiges Ziel. Der marxistischen Formel, derzufolge der Veränderung des Menschen die Veränderung der Gesellschaft vorauszugehen habe, widerspricht die Freimaurerei mit der umgekehrten These: »Erst muß der *Mensch* geändert werden, dann wird sich auch die Gesellschaft ändern.« Dem materialistischen Weltverständnis, wonach das Sein das Bewußtsein prägt, setzt sie den spiritualistischen Standpunkt entgegen, daß es vielmehr das Bewußtsein sei, welches das Sein bestimmt.

Und eben dieses Bewußtsein sucht man zu verändern, wenn nicht zu veredeln. Freimaurerisches Denken mit seinen Maximen von Gedanken- und Gewissensfreiheit, von Toleranz und Brüderlichkeit – Schlagworte der Aufklärung und der Französischen Revolution fallen spontan dazu ein – konfrontiert den Menschen unmißverständlich mit den »rau-

hen Steinen« einer ungeschliffenen Welt, die um und in ihm ist, und die es zu behauen und zu glätten gilt. Hier kommt im übertragenen Sinne der Maurer ins Spiel mit der sprichwörtlich gewordenen Metapher seines Grundanliegens: Der Freimaurer arbeitet am »Rauhen Stein«.

In ihrer heutigen Form ist die Freimaurerei ein Kind des 18. Jahrhunderts. Die Frage stellt sich, ob sie heute noch aktuell ist, ob sich die Menschen des 20. Jahrhunderts von ihr überhaupt noch angesprochen fühlen. Die Antwort kann nur lauten: »Mehr denn je«. Denn der Mensch hat jenen Punkt erreicht, wo seine Existenz als Gattung unmittelbar bedroht ist. Seine infantile Seelenverfassung – dies ist ein Gemeinplatz schmerzlicher Erfahrung – ist den apokalyptischen Möglichkeiten der von ihm geschaffenen technischen Errungenschaften bei weitem nicht gewachsen. Das Bild von den zündelnden Kindern drängt sich auf, deren Vater – sprich Gott – das von ihm gebaute Haus verlassen hat, eine deistische Prämisse, die das Weltverständnis der Freimaurerei des 18. Jahrhunderts geprägt hat und für den gottverlassenen heutigen Menschen erneute Aktualität gewinnt.

Die ewigen »Dunkelmänner« könnten der Freimaurerei vorhalten, daß sie das Licht der reinen Vernunft überschätzt habe, von dem sich das 18. Jahrhundert das Heil der Welt versprach. In seinem Gefolge ging das 19. Jahrhundert in die Historie als das fortschrittsgläubige ein. Am Ende des zwanzigsten, nach zwei Weltkriegen und einem globalen Wettrüsten, dessen Ausmaß der Vernunft Hohn spricht, ist durchaus Skepsis angebracht.

Die Ratio ist wohl existent, jedoch gleich einer komplizierten Maschine nicht ohne weiteres anwendbar. Nur wenige verstehen sich ihrer zu bedienen. Die Freimaurer wollen dazu erziehen, wenn man davon ausgeht, daß das Vernünftige auch das Gute ist. Sie werden sich jedoch davor hüten, dem Licht der Aufklärung den einzigen Stellenwert einzuräumen, sind sie doch selber allzusehr deren gebrannte Kinder.

Fig. 1 Allegorische Waage, anonyme Silberstiftzeichnung, Italien, 18. Jh. Darstellung der geistig-humanitären Bestrebungen des Freimaurertums im Verhältnis zur profanen Welt.

Was also sind die Leitmotive der Freimaurerei zu Ende unseres Jahrhunderts? Denken, Vertrauen, Glauben. Drei Lichter, denen wir als verschieden zu interpretierenden Symbolen immer wieder begegnen, von denen noch ausführlicher die Rede sein wird. Herausführen aus infantil beengter Weltsicht, Überwindung der materiellen Verhaftung, den Menschen endlich *mündig* werden lassen, so wie es schon die Freimaurerbrüder Lessing und Fichte gefordert hatten – denn mündig ist er noch lange nicht. Dies sind die Ziele, die von der »Königlichen Kunst« angestrebt werden. Auf eine kurze Formel gebracht könnte man die freimaurerische Geisteshaltung als ein kräftiges »Dennoch« bezeichnen. Denn »das Licht leuchtet in der Finsternis«, und die Finsternis wird es niemals besiegen, so groß sie auch sein mag. Damit schlagen wir das Buch des Evangelisten auf.

»Einer trat auf«, heißt es darin, »von Gott gesandt. Johannes hieß er. Der kam zum Zeugnis, vom Lichte Zeugnis zu geben.« Von ihm, Johannes dem Täufer, entlehnt das Gros der Freimaurer seinen Namen. Man spricht von Johannis-Maurerei mit ihrer auf die drei Grade Lehrling, Geselle und Meister beschränkten Lehrart. Alle späteren Lehrarten mit ihren teilweise sehr komplizierten Gradsystemen haben sich daraus entwickelt. Über die Grenzen der einzelnen Nationen hinweg reichen Aktivität und Wirkung dieser Bruderschaft. Die Freimaurerei ist eine Weltorganisation. Klassen- und Rassenschranken existieren für sie nicht. Sie würden die Idee der Humanitas ad absurdum führen, denn alle Menschen sind Brüder und gleichermaßen zum

großen Versöhnungs- und Verständigungswerk des Kosmopolitismus aufgerufen.

Daß gerade die deutschen Freimaurer diesen Appell als besondere Verpflichtung verstehen, ist in der Geschichte begründet, deshalb erfährt das freimaurerische Gedankengut, der eigentliche esoterische Kern, in der deutschen Maurerarbeit besondere Vertiefung. Natürlich spiegelt sich darin auch ein Wesenszug des deutschen Volkscharakters. Während in den Bruderschaften des Auslands das Schwergewicht auf dem gesellschaftlichen und karitativen Engagement ruht, setzt die deutsche Freimaurerei seit jeher den Akzent auf Interpretation von Symbol und Ritual sowie auf Forschung und Philosophie.

Die eigentliche freimaurerische Arbeit findet in den sogenannten Logen oder Bauhütten statt. Allgemein gilt weltweit oder sollte gelten, daß politische Diskussionen in den Logen nicht gestattet sind. Sie würden die Harmonie einer Bruderschaft stören, deren Mitglieder die verschiedensten weltanschaulichen Überzeugungen vertreten und sich über alle Gegensätze hinweg im Humanitätsgedanken zusammenfinden. Daraus ist jedoch nicht abzuleiten, daß Freimaurer sich nicht verpflichtet fühlten, die Landesgesetze zu beachten und gegenüber den Regierungsorganen Loyalität zu wahren.

Diskussionen über Religion sind gleichfalls tabu. Da die Aufnahme als Mitglied von keinem persönlichen Bekenntnis abhängig gemacht wird, wohl aber vom persönlichen Glauben an ein höchstes Wesen, das der Freimaurer als den »großen oder allmächtigen Baumeister

aller Welten« bezeichnet und anruft, so gilt auch heute unverändert, was der Presbyterianer James Anderson in den sogenannten »Alten Pflichten«, dem ersten Konstitutionsbuch der Freimaurerei, 1723 folgendermaßen formulierte:

»Der Maurer ist durch seinen Beruf verbunden, dem Sittengesetz zu gehorchen, und wenn er die Kunst recht versteht, wird er weder ein dummer Gottesleugner, noch ein Wüstling ohne Religion sein. Aber obgleich in alten Zeiten die Maurer verpflichtet waren, in jedem Lande von der jedesmaligen Religion des Landes oder der Nation zu sein, so hält man es doch jetzt für ratsamer, sie bloß zu der Religion zu verpflichten, in welcher alle Menschen übereinstimmen und jedem seine besondere Meinung zu lassen, d. h. sie sollen gute und treue Männer sein und Männer von Ehre und Rechtschaffenheit, durch was für Glaubensmeinungen sie auch sonst sich unterscheiden.«

Wer aus dieser Auslegung Großzügigkeit in ethischen Grundsätzen herausliest, sieht sich getäuscht. Aktives Freimaurerleben bedeutet ständige Erziehungsarbeit an sich selbst, und ist alles andere als bequem, denn nur der einzelne kann durch sein persönliches Bestreben eine allmählich humanere Gestaltung der Gesellschaft bewirken.

Ein erhabenes Fernziel also, dieser unbeirrbare »Bau am Tempel der Humanität«, dessen Richtfest keiner der Beteiligten erleben wird. Aber hier ist allein schon der Weg das Ziel, und seit jeher waren es nur die wenigen, welche die Richtung in eine lichtere Zukunft wiesen. Atlas trug die Welt auf seinen Schultern. Wäre das Bild nicht zu pathetisch, so könnte man es auf jeden einzelnen Freimaurer anwenden.

Etwa sechs Millionen Freimaurer gibt es heute in der freien Welt. Daß diktatorische Systeme ihnen jegliche Betätigung untersagen und sie in Acht und Bann tun, erklärt sich aus ihrer traditionellen Unduldsamkeit und Furcht vor geistiger Auseinandersetzung. Nur Fidel Castros Kuba bedeutet die Ausnahme von der Regel: Dort ist die Freimaurerei erlaubt.

Fig. 2 *Verherrlichung der Freimaurerei, Druck, Paris 1895. Alle damals bekannten Freimaurersysteme sind auf der symbolischen Weltkugel verzeichnet, um die herum allegorische Figuren und Symbole der Johannislogen und zweier Hochgrade angeordnet sind. Der Text des Spruchbandes lautet:*
»Die Maurerei hat nur einen Gedanken: Gutes zu tun
Nur ein Panier: Die Humanität
Nur eine Krone: Die Tugend.«

Die freimaurerische Trinität

Freimaurerei ist keine Partei mit dem Missionierungsauftrag einer Ideologie, noch ist sie eine Kirche mit streng formulierten Dogmen, die zu glauben man verpflichtet ist.

Dennoch verliert sie sich nicht etwa im Unverbindlichen eines verwaschenen Eklektizismus. Die weltweite Devise »Freiheit, Gleichheit, Brüderlichkeit«, die zuerst in französischen Freimaurerlogen geprägt wurde, ist das unmittelbare politische Destillat aus der ethischen Grundsatzformel »Humanität, Toleranz, Brüderlichkeit«. Humanität ist ein vielseitig interpretierter Begriff, der sich vom lateinischen Humanitas – Menschlichkeit, Menschentum – ableitet. Schon Cicero (106–43 v. Chr.) preist sie als Höchstentfaltung der edelsten menschlichen Bestrebungen. Unter dem Namen Humanismus trat sie dem Primat der mittelalterlichen Kirche und der Scholastik entgegen, indem sie aus den wiederentdeckten Schriften der Antike ein neues, ideales, eben ein »humanes«, Menschenbild zu gewinnen suchte, in welchem sich geistige und sittliche Anlagen in möglichst harmonischer Weise vereinigen. Die Großen der Zeitenwende wie Reuchlin (1455–1522), Erasmus von Rotterdam (1465–1536), Ullrich von Hutten (1488–1523), Melanchthon (1497–1560) repräsentieren diese geistige Strömung, die schließlich in der Reformation ihren besonderen Ausdruck fand. Wiederbelebt im ausgehenden 18. Jahrhundert im sogenannten Neu-Humanismus der deutschen Klassiker wie Lessing, Herder, Goethe und Schiller, vor allem aber durch Wilhelm von Humboldt entwickelte sich daraus der Humanitätsgedanke in heutiger Sicht. Kant sieht in ihm den »Sinn für das Gute in Gemeinschaft mit andern überhaupt, einerseits das allgemeine Teilnehmungsgefühl, andererseits das Vermögen, sich innigst und allgemein mitteilen zu können, welche Eigenschaften zusammen verbunden die der Menschheit angemessene Geselligkeit ausmachen, wodurch sie sich von der tierischen Eingeschränktheit unterscheidet«. Goethe charakterisiert sie mit den schönen Worten »Seele legt sie auch in den Genuß, noch Geist

Fig. 3 Die freimaurerische Brüderlichkeit in der weltumspannenden Bruderkette, die sich durch die Verbindung der beiden Hände vor dem Auge des »großen Baumeisters aller Welten« schließt. Unten die symbolischen drei »Großen Lichter« der Freimaurerei: Winkelmaß, Zirkel und Bibel.

ins Bedürfnis, Grazie selbst in die Kraft, noch in die Hoheit ein Herz.«

Für den Freimaurer bedeutet Humanität schlicht die Lehre und das Streben nach menschlicher Würde. Der nach den freimaurerischen Ritualen stattfindende symbolische Bau des Tempels der Humanität soll in jedem Beteiligten dessen beste Anlagen und Kräfte erwecken, veredeln und vervollkommnen, um diese in der Bewährung des Alltags bei der Begegnung mit seinen Mitmenschen anzuwenden. Dies bedeutet Achtung vor *allen* Menschen, unabhängig von Geburt, Stand, Konfession, Nationalität und Hautfarbe; bedingungslose Anerkennung der Menschenrechte, als da sind das Recht auf persönliche Freiheit und auf Eigentum, Gedankenfreiheit, Gewissensfreiheit, Glaubensfreiheit und auch das Recht, sich notfalls persönlich für die Durchsetzung dieser Forderungen engagieren zu können.

Die zweite Maxime »Toleranz« stellt sich gleichfalls gegen ein mittelalterliches Schattenbild, als der Mensch, dogmen- und religionsmüde, gegen Fanatismus und Absolutismus weltlicher und geistlicher Herrschaft aufzubegehren begann. In England entwickelte sich als Reaktion darauf zu Anfang des

18. Jahrhunderts die auf den Religionsphilosophen Edward Cherbury (1583–1648) zurückführende Glaubensform des Deismus, auch Freidenkertum oder Vernunftreligion genannt, die eine Anleitung zum sittlichen Leben im Diesseits, nicht zum Übergang in die Transzendenz sein will. Die darin entwickelten Gedanken zur Toleranz fanden sogleich Eingang in die Maurerei, wird ja doch schon im 1. Hauptstück der »Alten Pflichten« gefordert, »jedem Bruder seine eigenen besonderen Meinungen zu belassen«. Ohne ein Mindestmaß von Toleranz ist ein menschliches Miteinander ohnehin nicht vorstellbar. Die Weltgeschichte indessen bis zur winzigen Keimzelle des Familienkreises belehrt uns, wie dehnbar und willkürlich der Toleranzbegriff ausgelegt werden kann – zum Unheil der Menschheit. Deshalb steht seine Pflege und Beachtung im Mittelpunkt freimaurerischer Arbeit, und es ist keine Frage, daß er durch zahlreiche Freimaurerpersönlichkeiten, wenn auch immer nur in begrenzten Sektoren, Eingang in die Politik und das allgemeine gesellschaftliche Leben gefunden hat. Das Geltenlassen fremder Anschauungen und Überzeugungen, Sitten und Gewohnheiten sollte längst zur Grundhaltung eines kultivierten Menschen gehören als Zeichen für Selbstvertrauen und Weltoffenheit eines gefestigten Charakters, der auch für den Verfechter gegensätzlicher Meinungen ein offenes Ohr behält. Wie weit selbst die als »gebildet« eingestufte Gesellschaft davon entfernt ist, demonstrieren uns die Diskussionen vor allem in den Medien, die gewöhnlich in einzelne narzistische Monologe abdriften, und die tägliche Begegnung mit einer ganzen Skala von Vorurteilen in politischer, rassischer und religiöser Beziehung. Das unermüdliche Bemühen, Intoleranz abzubauen, bleibt eines der vornehmsten Ziele der Maurerei.

Auch der Begriff »Brüderlichkeit« ist ein stark strapaziertes Wort. Trotz ihrer pathetischen Verkündigung innerhalb der französischen Revolutionsdevise ist in den demokratischen Systemen nicht allzuviel davon zu bemerken. Nur ein Heuchler vermöchte hier Theorie und

Fig. 4 Freimaurer am Werk, Kupferstich, London, 18. Jh. Am Fuße des Ovals unter dem Bildtitel: »Den gelehrten Brüdern gewidmet«. Über dem Oval die Umschrift »Der erste und letzte Stein der Kirche von Jerusalem«. Am Sockel der Säule die Inschrift »Wie sollen wir es finden«, darunter »Durch Arbeit und Erfahrung«, die darunter befindliche Inschrift SOL'S ist ungeklärt.

Auf der Planetentafel sind deutlich erkennbar, von den beiden äußeren Putten gehalten, Winkelmaß und Senkblei. Links unter der Inschrift »Wir haben es gefunden« Hammer und Winkelmaß. – Im Besitz der Loge »Zur Verbrüderung an der Regnitz«, Bamberg.

Praxis gleichzusetzen. Wenigstens im Logenleben versucht man dem Ruf nach Brüderlichkeit gerecht zu werden; der schwerste Vorwurf, den Freimaurer gegeneinander erheben können, ist unbrüderliches Verhalten und Handeln.

Brüderlichkeit vermittelt ihnen dieses stärkende Bewußtsein, in eine internationale Kette Gleichgesinnter integriert zu sein, in allen Ländern der freien Welt, wo sie eine Loge besuchen, wozu jeder von ihnen ein Recht hat, als willkommener Gast aufgenommen zu werden und in eventuellen Notlagen Hilfe zu erfahren. Dieses Bestreben brüderlicher Gesinnung ist universell und nicht nur auf den internen Kreis der Logenmitglieder beschränkt, es bezieht sich auch auf die profane Öffentlichkeit, ohne sich jedoch aufdrängen zu wollen. Bewußt unauffällig praktiziert, lebt es in der Spendenfreudigkeit für karitative Zwecke wie den Bau von Altenheimen, Ausstattungen für Krankenhäuser und der Unterstützung Notleidender bei uns und in der dritten Welt. Niemals wird sich die Bruderschaft dieser Aktivitäten jedoch öffentlich rühmen oder sie gar propagandistisch ins Gespräch bringen, die Modalitäten lautstarker Tagespolitik vertragen sich nicht mit der traditionellen Zurückhaltung einer esoterisch orientierten Gemeinschaft.

Den spöttischen Zweifel des späteren Freimaurerbruders Voltaire (1694–1778) an der Leibniz-These von der »besten der möglichen Welten« zu mindern wird immer das vornehmste Ziel freimaurerischer Brüderlichkeit bleiben. Der Nicht-Freimaurer Robert Jungk sieht heute nur in einer *neuen* Mentalität eine Rettungschance, die »Brüderlichkeit nicht mehr nur als ein hehres Ziel ansieht, sondern als eine, vielleicht als einzige praktische Möglichkeit des Überlebens auf einem Planeten, der soviel enger und ärmer geworden ist . . .«

Die geistige Arbeit

Fig. 5 *Hans Holbeins d. J. allegorische Darstellung von Leben und Tod, um 1530. Nachzeichnung nach dem Originalholzschnitt.*

6 ▽

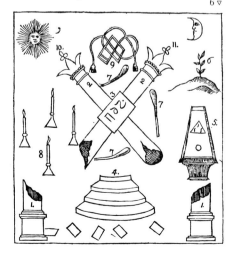

7 ▽

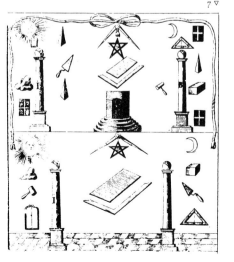

»Gnothi seauton« lautete die Inschrift auf dem Apollo-Tempel zu Delphi. »Erkenne dich selbst« heißt auch das erste Gebot des Neophyten sowohl wie des erfahrenen Bruders während der lebenslangen Arbeit am »Rauhen Stein« seiner Persönlichkeit, um ihn dereinst als geglätteten Kubus in das geistige Gebäude des »Tempels der Humanität« einzufügen.

Rituale und Symbole sind die Vermittler, um den nach Erkenntnis Suchenden und nach Vervollkommnung Strebenden in das Wesen der Freimaurerei einzuführen. Obwohl eine Erscheinung des rationalistischen Zeitalters, ist der spirituelle Kern der Maurerei keineswegs mit der Ratio zu erfassen, und wem dieser normalerweise dem Menschen angeborene Sinn für Symbolik fehlt, der wird mit der »Königlichen Kunst«, wie die Freimaurerei wahrscheinlich in Anlehnung an den Salomonischen Tempelbau allegorisch bezeichnet wird, niemals etwas Rechtes anzufangen wissen.

Seit altersher haben sich die Völker, besonders im transzendentalen Bereich, der Rituale und Symbole bedient, um geistige Erkenntnisse erfahrbar zu machen, die durch das bloße Wort nicht vermittelt werden können. Religiöse Vorgänge wie etwa die Darreichung des Abendmahles können durch Worte beschrieben werden, die tiefere Bedeutung der mystischen Vereinigung mit Gott jedoch muß durch etwas erfaßt werden, das über den Intellekt hinausreicht und nicht erklärt werden kann.

Das Symbol ist ein in ein knappes Bild gefaßter Gedanke, eine Art verschlüsselte Offenbarung. Wer sich ständig mit Ritualen und Symbolen beschäftigt, wie es in der freimaurerischen Logenarbeit geschieht, der wird allmählich hinter den sichtbaren profanen Dingen eine andere, entmaterialisierte, einzig spirituelle Welt entdecken, die ihn inmitten des irdischen Chaos einem neuen Wert- und Urteilsgefühl zuführt. Mit der Zeit sieht er Menschen und Dinge in einem anderen Licht, in einer differenzierten

Fig. 6/7 *Dasselbe Thema, durch freimaurerische Zeichen symbolisch verschlüsselt. Allegorie und Symbol dienen dazu, den Freimaurer an die Urbegriffe heranzuführen, die sich hinter dem realen Erscheinungsbild verbergen.*

Wertskala, das ganze Sein bekommt für ihn einen neuen Aspekt.

Der Freimaurerbund – man kann ihn auch Orden nennen – führt seine Wurzeln, wie wir noch sehen werden, auf ein Handwerk zurück. Es kann daher nicht wundernehmen, daß seine Symbolik der Steinmetzzunft entlehnt wurde, aus der er entstanden ist. Das vielumrätselte freimaurerische Geheimnis besteht darin, mittels Symbol und Ritual die Einweihung zu erleben und sich als bewußtes Glied in der großen Bruderkette zu fühlen. Dies geschieht in der Loge, einem Versammlungsraum, dessen Einweihung durch den Großmeister in vieler Beziehung der Konsekration einer Kirche ähnelt, obwohl die Freimaurer keine Religion praktizieren. Die Loge, das heißt der Raum, in welchem die Einweihungsriten zelebriert werden, wird auch Tempel genannt, den man genau wie eine Kirche durch den Eingang im Westen betritt, um sodann auf den Ort des Lichtes, den Osten, zuzuschreiten, wo sich auch der Platz des »Meisters vom

8 ▽

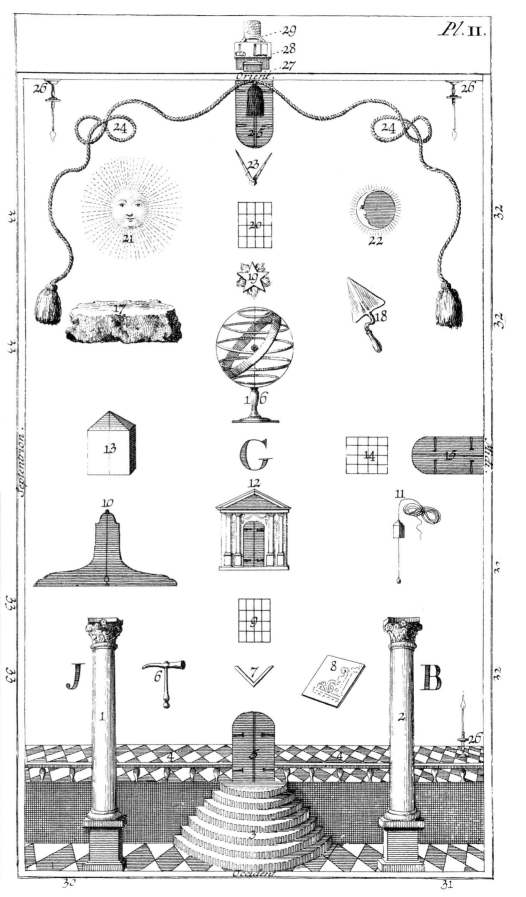

II.

Wahrhaffter Abriß der Loge
bey der Aufnahme eines Lehrlings oder Gesellen.

1 Die Säule Jakin.
2 Die Säule Boaz.
3 Die sieben Stuffen zum Tempel.
4 Das Mosaische Eſtrich.
5 Das Thor gegen Weſten.
6 Der Hammer.
7 Das Winkelmaaß.
8 Das Reißbret.
9 Das Fenſter gegen Weſten.
10 Die Bleywaage.
11 Die perpendicular-Linie oder das Senkbley.
12 Die Thüre der innern Kammer.
13 Der cubiſche Stein mit einer Spitze.
14 Das Fenſter gegen Süden.
15 Das Thor gegen Süden.
16 Die Sphäre.
17 Der rohe Stein.
18 Die Kelle.
19 Der ſtrahlende Stern.
20 Das Fenſter gegen Oſten.
21 Die Sonne.
22 Der Mond.
23 Der Zirkel.
24 Die zackichte Quaſte.
25 Das Thor gegen Oſten.
26 26 26 Die drey Lichter.
27 Der Schemmel.
28 Der Tiſch.
29 Lehnſtuhl des Großmeiſters.
30 Der Platz des erſten Vorſtehers.
31 Der Platz des zweiten Vorſtehers.
32 32 32 32 Plätze der Meiſter.
33 33 33 Plätze der Lehrlinge und Geſellen, bis auf den Jüngſten derſelben.

Stuhl« befindet. Der unsichtbare »Tempel der Humanität«, an dem die Freimaurer bauen, wird – dies wurde schon angedeutet – durch den Salomonischen Tempelbau symbolisiert, und auch hier erkennen wir die offensichtliche Parallele zur Kirche, die häufig auch Gottes Bauwerk genannt wird, in dem der HERR zum Eckstein geworden ist. Der Logenraum umfaßt ein Rechteck, an dessen Eingang wie im Salomonischen Tempel die beiden Säulen Jakin und Boas stehen (1. Könige 7,13–31). Gegenüber im Osten, etwas erhöht, hat der Meister vom Stuhl seinen Platz. Ihm zu Füßen, in gemessenem Abstand, meist durch zwei, drei Stufen getrennt, ist ein kleiner »Altar« errichtet, auf dem Bibel, Winkelmaß und Zirkel aufliegen, die man in der Symbolsprache als die »drei Großen Lichter der Freimaurerei« bezeichnet, wovon das wichtigste Licht in unserer westlichen, vom Christentum geprägten Welt die Bibel darstellt. (In anderen Kulturkreisen sind das die jeweiligen heiligen Schriften einer anderen Weltreligion.) Dort, wo sie auf dem Altar fehlt, wird die Loge nicht als regulär anerkannt. An das Reißbrett des mittelalterlichen Meisters erinnert der Arbeitsteppich in der Mitte des Tempels, auf dem die wichtigsten symbolischen Zeichen abgebildet sind. An drei seiner Ecken leuchten auf den Säulen der Weisheit, Schönheit und Stärke die drei »Kleinen Lichter«, die Sonne, Mond und den Meister vom Stuhl symbolisieren. An den Längsseiten des Tempels sitzt sich die Mehrzahl der Logenbrüder gegenüber, soweit es die Platzverhältnisse zulassen, im Norden die Lehrlinge, im Süden Gesellen und Meister. An den Säulen Jakin und Boas befinden sich die Plätze des zweiten und ersten Aufsehers, die mit dem Meister vom Stuhl bei der rituellen Arbeit die drei hammerführenden Meister sind und mit dem Redner, dem Sekretär und dem Schatzmeister zu den wichtigsten »Logenbeamten« zählen. Das sogenannte musivische Pflaster, der Fußboden des Raumes, besteht aus schachbrettartigen schwarzen und weißen Feldern, die durch Hell und Dunkel das Gute und Böse in der menschlichen Existenz symbolisieren.

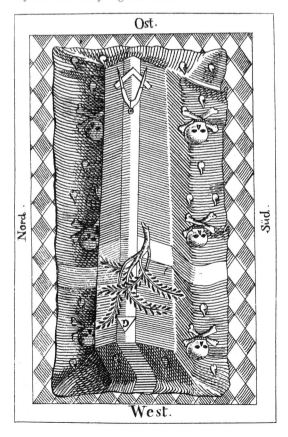

In drei Etappen gliedert sich der Erziehungsprozeß, den der Freimaurer zu durchlaufen hat, um sich aus den Alltagsnormen des Existenzkampfes und überkommener Konventionen zu lösen und dem erstrebten Ziel sittlicher Vervollkommnung und Vergeistigung zu nähern.

Man kann den Lehrlingsgrad, in den der Suchende eingeweiht wird, als Akt der Reinigung bezeichnen. Im Ritual erfährt er die symbolische Reinigung durch die Elemente Feuer, Wasser und Erde, der mitgebrachte »Seelenschutt« soll ihm nicht den Blick auf das »wahre Licht« verbauen, in dem er fortan wandeln soll, um die lauernden Gefahren, die seinen Weg behindern könnten, rechtzeitig zu erkennen. Zuvor hat er in der sogenannten Kammer des stillen Nachdenkens noch einmal Gelegenheit erhalten, über seinen Entschluß, diesen geistigen Weg im Bruderbund zu beschreiten, gründlich nachzudenken. Jede Entwicklung braucht ihre Zeit. Der Lehrling bearbeitet den »Rauhen Stein« während der Initiation symbolisch mit dem Hammer; fortan hat er die Aufgabe, in seinem innersten Wesen nach Kanten und Ecken zu forschen, die es in der Gemeinschaft mit seinen Brüdern und im erweiterten Sinne im Kontakt mit der Welt zu glätten gilt. Als Sinnbild der Arbeit trägt er den Lederschurz, nun ist er aufgerufen, sich in positiven Taten zu bewähren. Hat er das Seinige dazu getan, ist er gereift an Zeit und Erfahrung, wird er in den Gesellengrad befördert. Seine Aufgabe ist es nunmehr, den bisher behauenen Stein zu glätten, damit er sich zusammen mit anderen geglätteten Steinen in den großen Bau einfügen läßt. Reif ist er also für die Gemeinschaftsarbeit, die ihn der Erleuchtung für seine weitere Bestimmung zuführt, bis er von göttlichem Licht erfüllt selber zur Erhellung seiner Umwelt beiträgt, was ihn schließlich als Meister ausweist, eine Würde, zu der er im dritten Grad erhoben wird.

In der Meistererhebung erlebt der Kandidat die Urmythe der Menschheit schlechthin, den Verrat am Göttlichen, dessen Tod und glanzvolle Wiederauferstehung, wie wir sie vom

Mithras- und Osiris-Kult kennen, um ihr später im Mysterium von Golgatha neu zu begegnen. Es ist diese Urerfahrung jeder wahrhaft geistigen Entwicklung in den irdischen Fesseln der Vergänglichkeit, welche der Aufstrebende ehrfürchtig bejaht und für die Goethe im »Westöstlichen Diwan« die Worte gefunden hat:

»Und solang du das nicht hast,
Dieses Stirb und Werde,
Bist du nur ein trüber Gast
Auf der dunklen Erde —«

Alle Werkzeuge des Freimaurers haben symbolische Bedeutung. So bedeutet der 24zöllige Maßstab, daß alle 24 Stunden des Tages zur persönlichen Vervollkommnung genutzt werden sollten. Der Hammer symbolisiert sittliche Stärke und Entschlossenheit, das Winkelmaß Rechtschaffenheit und Ehrlichkeit, die Wasserwaage soziale Gleichheit und das Senkblei gerechtes Urteil. Das vollkommenste Werkzeug ist der Zirkel als Symbol für Gottes unparteiische Gerechtigkeit. In der Verbindung mit dem Winkelmaß symbolisiert der Zirkel den Geist, das Winkelmaß die Materie. Mit dem Zirkel zieht der Freimaurer seinen Kreis, in den er Bruder- und Menschenliebe einschließt.

Als auffälligstes Zeichen tragen die Freimaurer den Schurz, ein uraltes Symbol, das wir schon bei Ägyptern, Persern, Juden und Indern finden, und das im Rahmen der Bruderschaft auf die Ursprünge in der Steinmetzzunft hinweist. Die Logenbeamten tragen an Bändern und Schärpen entsprechende Abzeichen ihrer Funktion. So trägt der Meister vom Stuhl als Emblem das Winkelmaß, der erste Aufseher die Wasserwaage, der zweite das Senkblei, der Redner ein geöffnetes Buch, der Schreiber zwei gekreuzte Federn, der Zeremonienmeister zwei gekreuzte Degen. Natürlich muß in diesem Zusammenhang auch die symbolische Bedeutung der Farben Erwähnung finden. Die drei symbolischen Grade Lehrling/Geselle/Meister werden nach der blauen Farbe benannt, die im übertragenen Sinn Himmel, Un-

sterblichkeit, Ewigkeit und auch Reinheit und Treue bedeutet.

Der freimaurerische Tempel, in dem mit Hilfe von Symbolen die Rituale vollzogen werden, stellt in erster Linie das Weltall dar. Aber wie der Mikrokosmos das Abbild des Makrokosmos ist, so kann der Tempel auch als Sinnbild des einzelnen Menschen betrachtet werden, dessen Körperlichkeit Gott als Wohnung dient und darum nach aufstrebender Vergeistigung trachtet. Die Freimaurerei verkündet keine Dogmen. Sie überläßt es dem einzelnen Bruder, Symbol und Ritual zu entnehmen, was er darin zu sehen und zu empfinden glaubt. Dennoch wurden verschiedentlich gewisse »Landmarken« aufgestellt, ein Wort, das sich aus dem englischen »landmark – Grenzpfahl, Grenzscheide« ableitet und die wesentlichsten Grundsätze festlegt, sozusagen als Gerüst für den geistigen Tempelbau; von diesen als wichtigste zu nennen sind der Glaube an Gott und das Fortbestehen der Persönlichkeit, das Auflegen des Heiligen Buches der Gesetze, der

Gebrauch von Erkennungszeichen und Symbolen, die Forderung, nur frei geborene Männer angemessenen Alters aufzunehmen und die unbedingte Geheimhaltung gegenüber Profanen.

Letztere hat nichts mit Geheimniskrämerei zu tun, ein Vorwurf, der von Gegnern und Laien immer wieder erhoben wird. Da Symbol und Ritual, wie wir gesehen haben, dem Nicht-Eingeweihten verstandesmäßig nicht zu vermitteln sind, Worte allein einem Dritten gegenüber das persönliche und sehr unterschiedliche individuelle Erleben nicht wiederzugeben vermögen, so ist Verschwiegenheit ein unabdingbares Gebot, um der Verkündigung von Halbwahrheiten zuvorzukommen, die das Mißverständnis über die freimaurerische Arbeit nur noch vergrößern würde. Wenn man sich heutzutage auch in jeder einschlägigen Bibliothek über freimaurerische Symbole und Rituale informieren kann – ihr esoterischer Gehalt wird sich durch die Lektüre dem Uneingeweihten nicht erschließen.

Fig. 13 »Vater Unser« der Freimaurer, Lithographie, Hannover um 1845. Ein Mitglied der Loge »Zur Ceder«, Hannover, G. H. Wegener, schrieb dieses Gedicht, das zur damaligen Zeit weit verbreitet war und in mehrere Sprachen übersetzt wurde. In der im Geschmack der Zeit gotisierenden Umrahmung sind zahlreiche freimaurerische Embleme und Motive zu erkennen.

Wie man Freimaurer wird

Da der Freimaurerbund keine Geheimgesellschaft ist, sich also keine Verschwörer darin zusammenfinden, falls man seine Ziele, die seit jeher lichtwärts auf die Erhellung der Mitmenschlichkeit abzielen, nicht als »Verschwörung zum Guten« bezeichnen will, so geschieht auch der Beitritt zur Freimaurerei keineswegs auf geheimen Pfaden.

Jeder unbescholtene Mann, dem man Mündigkeit bescheinigt, womit nicht unbedingt schon Volljährigkeit im heutigen Sinne gemeint ist, kann Mitglied einer Freimaurerloge werden. Freie Männer von gutem Ruf – men of honour and honesty, wie es in den Konstitutionen von 1723 heißt – sind dem Bruderbund willkommen.

Natürlich möchte man dann auch genau wissen, mit wem man sich in Brüderlichkeit verbindet. Eine gewisse Reife ist stillschweigende Voraussetzung, durch Zeit und Daseinskampf vermittelt, weshalb ein »Suchender«, wie man den Bewerber um Mitgliedschaft im Deutschen bezeichnet, kaum vor Mitte bis Ende Zwanzig zu einer Loge Zutritt finden dürfte.

Meist geschieht dies durch Empfehlung eines älteren Freimaurerbruders, der den ihm geeignet scheinenden Anwärter durch Gespräche an das Thema heranzuführen pflegt. Häufig gehört Mitgliedschaft zum Bruderbund auch zur Familientradition, die sich vom Vater auf den Sohn fortsetzt. Ungleich den politischen Parteien und profanen Vereinen wird der Freimaurerbund jedoch niemals aktiv um Mitglieder werben; man wartet, bis »angeklopft« wird. Der Interessierte, der zuvor meist schriftlich mit der Loge Kontakt gesucht hat, wird zu einem sogenannten »Gästeabend« eingeladen, wo in einem Vortrag gewöhnlich ein informatives Thema, z. B. der »Übergang von der mittelalterlichen Bauhütte zur heutigen spekulativen Freimaurerei«, abgehandelt wird. In einer anschließenden Diskussion, die mit erfahrenen Logenbrüdern im kleinen Kreise stattfindet, können sich die »Suchenden« weitere Informationen holen, vor allem um sich persönlich Klarheit darüber zu verschaffen, ob der Beitritt zum Bruderbund zu dem betreffenden Zeit-

Fig. 14 Französischer Fragebogen für einen Suchenden, Druck, Châlons-sur-Saône, 18. Jh. Der Kandidat hat vor dem Betreten der Loge drei Fragen zu beantworten: Was schuldet der Mensch Gott, sich selber, seinen Mitmenschen? Anschließend ist er gehalten, ein kurz gefaßtes Testament niederzuschreiben.

punkt für sie der geeignete geistige Schritt sein könnte. Nach Teilnahme an mehreren Gästeabenden und entsprechenden Erkundigungen über die Lebensverhältnisse des Kandidaten wird diesem seitens der Loge freigestellt, einen Aufnahmeantrag zu stellen. Hierzu muß der Kandidat einen Bürgen aus Logenkreisen erbringen, der für ihn gutsagt. Ferner muß er ein polizeiliches Führungszeugnis vorlegen sowie einen handgeschriebenen Lebenslauf mit der Begründung, aus welchen Motiven er um Aufnahme in den Bruderbund nachsucht. Diese Unterlagen werden vom Beamtenrat der Loge (Meister vom Stuhl, Vorsitzender des Aufnahmeausschusses, Redner, Zeremonienmeister usw.) geprüft. Wenn nach Begutachtung der Personalien und der Charaktereigenschaften des Kandidaten der Antrag vom Beamtenrat befürwortet wird, entscheiden sämtliche Lo-

genmitglieder durch Ballotage (Kugelung) über Aufnahme oder Ablehnung.

Im positiven Falle wird der Neophyt in einer feierlichen »Tempelarbeit« als Lehrling aufgenommen, wobei er zuvor in der »Kammer des stillen Nachdenkens« noch einmal Gelegenheit hat, seinen Schritt zu überdenken und notfalls seinen Entschluß, der Loge beizutreten, zu widerrufen. Nach einer gewissen Bewährungszeit wird er zum Gesellen befördert, später zum Meister erhoben.

Die erste konkrete Aufgabe eines Freimaurers besteht darin, an der eigenen sittlichen Vervollkommnung zu arbeiten. Jedoch wird jedem Bruder noch eine zusätzliche Aufgabe im Dienste der Gemeinschaft aufgetragen. Da sind einmal die sogenannten Zeichnungen und Vorträge, die sich mit esoterischen und philosophischen, oft auch historischen und zeitgeschichtlichen Freimaurersujets zur geistigen Weiterbildung und Information befassen, aber auch soziale Engagements wie Krankenbesuche, Alten- und Hinterbliebenenbetreuung innerhalb der Logengemeinschaft, abgesehen von den rein organisatorischen und wirtschaftlichen Aufgaben des Bruderbundes, die von einem Teil der Logenbeamten wahrgenommen werden.

Grundsätzlich und traditionell sind Freimaurerlogen an karitativen Initiativen beteiligt, wobei durch größere Geldspenden Altenheime, Krankenhäuser, medizinische Ausrüstungen und Notfonds für die dritte Welt mitfinanziert werden. Die »verschwiegene Gesellschaft« der Freimaurer macht bewußt davon kein Aufhebens. Das Moltke-Wort »Mehr sein als scheinen« kennzeichnet ihre diskrete Zurückhaltung im Verhältnis zur Mitwelt, die Tat steht immer höher als das Wort.

Da die Mitgliedsbeiträge in den Logen nicht unerheblich sind und für die zahlreichen gesellschaftlichen Veranstaltungen sowie für soziale Kollekten zusätzliche Ausgaben entstehen, sind für das einzelne Mitglied solide und geordnete finanzielle Verhältnisse Bedingung.

*Fig. 15 Erinnerungsblatt an die Gründung eines freimau-
rerischen Waisenhauses für Mädchen, anonymer Kupferstich, 19. Jh. Dieses Blatt ist eine Kopie nach Francesco
Bartolozzis Darstellung einer Festveranstaltung in der Großloge von England, London 1802. Das Waisenhaus wurde am
25. 3. 1788 gegründet.*

Ehefrauen und Lebensgefährtinnen der Brüder sind in einem sogenannten Schwesternzir-
kel organisiert, wo allgemein interessierende
Vorträge nicht nur von Schwestern, sondern
auch von Freimaurerbrüdern gehalten und außerdem gemeinsame gesellschaftliche Treffen
vorbereitet werden. Allerdings ist den Schwestern der Zutritt zur »arbeitenden Loge« nicht
gestattet, so daß Schwestern ihrerseits nicht
etwa vor der versammelten Loge sprechen können. Der Bruderbund ist ein Männerbund, was
jedoch nicht heißt, daß Freimaurer frauen-
feindlich eingestellt sind. Bei der Aufnahme
wird jedem Kandidaten ein Paar Frauenhand-
schuhe als Aufmerksamkeit und Huldigung
der Gefährtin des neu eintretenden Bruders
überreicht und bei Tafellogen ein Trinkspruch
auf das Wohl der Schwestern ausgebracht.

Die Anfänge

Die Ursprünge weisen ins mystische Dunkel des Mittelalters, in jene Epoche, in der Aberglaube und Rätselhaftes sich zu einer Atmosphäre des Geheimnisvollen vermengen.

Die Freimaurerei versteht sich als geistiges Erbe der antiken Mysterienbünde, weshalb man gelegentlich versucht hat, von diesen her eine direkte Entwicklungslinie zur »Königlichen Kunst« zu konstruieren, was keineswegs zutrifft.

Doch wie die Kirche fußt sie auf uralten Traditionen. Und obwohl sie – wie schon erwähnt – erst im beginnenden 18. Jahrhundert ihre heutige Form annahm, reichen ihre Wurzeln weit in die Zeit der Scholastik zurück, was die oft kritisierte Widersprüchlichkeit des Bruderbundes bereits in seinen Anfängen zu motivieren scheint. Als Dogma, Intoleranz und Gewissenszwang, vom Allmachtsanspruch der römischen Kirche repräsentiert, das Leben der Menschen reglementierten, entstand im Hochmittelalter aus den Steinmetzbruderschaften die Freimaurerei in ihrer *ursprünglichen,* in ihrer *operativen* Form.

Ihre unvergänglichen Werke sind die gewaltigen Dombauten, diese »steinernen Gebete« des Abendlandes, zu deren Errichtung sich Werkleute, aus allen Himmelsrichtungen kommend – heute würde man sie Spezialisten nennen – in sogenannten Bauhütten vereinigten. In ihnen wurden die architektonischen Pläne festgelegt, Berechnungen angestellt und die Gesamtdurchführung des Baus organisiert. Natürlich waren diese Baukorporationen, die sich da bildeten, keine Erfindung des Mittelalters und des Christentums.

Ohne eine straffe technische Organisation durch führende Köpfe wäre es niemals möglich gewesen, die Pyramiden, den salomonischen Tempel, das Parthenon, das Kolosseum, die Kaiserthermen und die vielen anderen antiken Bauten zu errichten.

Wer die eigentlichen Architekten gewesen sind, ist uns nicht überliefert; ihre Persönlichkeiten, ihre Namen versanken im Grab der Zeit. Naheliegend ist die Vermutung, daß Priester Schöpfer und Durchführende dieser

Fig. 16   *Umzeichnung einer Glasscheibe mit Bauleuten aus der Kathedrale von Chartres (begonnen 1020) nach Houvet.*

Arbeiten waren, denn auch nach dem jahrhundertelangen Verfall der Baukunst im untergehenden Römischen Reich war es schließlich die Geistlichkeit, die in den Klöstern als Katalysatoren eine neue Kultur- und Bauepoche einleitete. In der Abgeschiedenheit und unter dem relativen Schutz der Klosterschulen wurde unter anderen Künsten auch die Baukunst gelehrt. In den Abteien St. Gallen und Hirsau entwickelten sich Anfang des 9. Jahrhunderts Bauschulen, wo die ersten Architekten nach heutigen Vorstellungen herangebildet wurden. Eigene Baukorporationen formierten sich jedoch in den Klöstern nicht, da die dort gelehrte Kunst nur für den Eigenbedarf der Klöster und durch die eigens dafür ausgebildeten Brüder des jeweiligen Klosters angewandt wurde.

Einen ersten Schritt in Richtung einer Korporation – einer Art Berufsgenossenschaft – unternahmen damals die sogenannten Meister von Como, die um die Mitte des 11. Jahrhunderts von Norditalien aus als Architekten des romanischen Kirchenbaus ganz Mitteleuropa durchwanderten und sich in einer Bruderschaft unter dem Patronat der »Vier Gekrönten«, der römischen Schutzheiligen der Stein-

metzen, zusammengeschlossen hatten. Sie gaben sich eine ständische Ordnung, nahmen in ihren Reihen ausschließlich Architekten und Künstler auf und unterschieden streng zwischen Mitbrüdern und Meistern.

In Deutschland war es der Abt Wilhelm vom Schwarzwaldkloster Hirsau, ein Schüler der Bauschule von St. Emmeram in Regensburg, der in der sakralen Baukunst das bisher statisch ausgeübte Handwerk in ein dynamisches umwandelte. Als hochgeschätzter erster Baumeister seines Jahrhunderts – er starb 1091 – und Anhänger des Cluniazensertums bekam er von der gesamten Christenheit Aufträge für Kloster- und Kirchenbauten.

Um sie ausführen zu können, bildete er in seiner Bauschule eine große Zahl Laienbrüder aus, die er dann in Bautrupps aufgeteilt, an die verschiedensten Orte jeweils unter der Aufsicht eines Magisters aussandte. Leitung, Bauausführung und Arbeitsteilung waren in Statuten festgelegt. Den in der Klosterschule ausgebildeten Fachleuten wurden als ungeschulte Kräfte und Handlanger die sogenannten Oblaten zugeteilt, die an ihrer weltlichen Kleidung zu erkennen waren.

Die Mönche bzw. Laienbrüder trugen lederne Fuß- und Beinbekleidung, kniefreie Kutten, und waren von den späteren Berufssteinmetzen nur durch das über den Gürtel fallende Skapulier zu unterscheiden.

Daß sich hier ein Berufsstand entwickelte, der erst im Laufe des 12. Jahrhunderts in den Chroniken Erwähnung findet, ist aus der Tatsache zu erklären, daß bis weit ins 10. Jahrhundert hinein der Kirchenbau vorwiegend in Holzbauweise erfolgte. Der Arbeiter am Stein war noch eine Seltenheit. Erst die gewaltigen romanischen Gottesburgen erforderten die verfeinerte Arbeit spezieller Steinmetzen für die kunstvoll konzipierten Kapitelle, während die Deckengewölbe wie auch der übrige Bau von gewöhnlichen Maurern ohne künstlerische Fähigkeiten unter Anleitung eines Baumeisters erstellt wurden.

Dies änderte sich, als sich um 1150 von Nordfrankreich ausgehend über fast ganz Europa

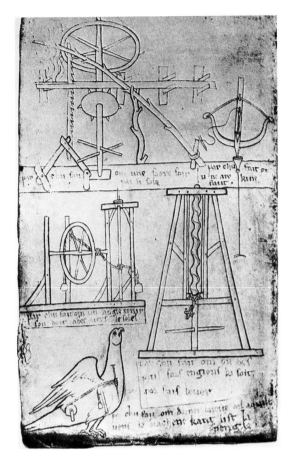

ein neues Raumgefühl herausbildet: Der gotische Baustil mit seinem elegant aufstrebenden Spitzbogen, mit seinen Gewölberippen, der reichen Ornamentik der Kapitelle und Rosetten, der belebten Bildersprache der Portale und Friese erforderte den spezialisierten Künstler mit Hammer und Meißel. Es formiert sich ein neuer Berufsstand, der nicht mehr klösterlicher Aufsicht unterstellt war, gleichwohl aber die bewährten Statuten übernahm und sich zu einer Bruderschaft vereinigte, die überall in Europa auf Abruf tätig wurde. Die große Zeit der Steinmetzen und damit der Bauhütten hatte begonnen.

Gotik – Bauhütte – Steinmetz, beinah eine magische Grundformel des verinnerlichten Lebensgefühls dieser im Jenseitigen orientierten Epoche, als Gott endgültig und sinnbildlich erfaßbar das Maß aller Dinge geworden war; als die Kreuzzugsidee über ein Jahrhundert lang ein christlich-abendländisches Solidaritätsgefühl europäischer Einheit erzeugt hatte, wie es nie wieder erlebt wurde, als die Begegnung mit dem Islam und orientalischer Weisheit ein neues Kapitel in der Kulturgeschichte einläutete, und ein Graf Bollstädt alias Albertus Magnus (um 1193–1280), ein Doctor universalis, Aristoteles neu in das Denken einführte und erstmals zwischen Wissenschaft und Philosophie einerseits und Theologie andererseits unterschied.

Damals entstand auch das gewaltige Bauwerk des Straßburger Münsters, dessen Langhaus in abgewandelter Form nach dem Vorbild der frühgotischen Kathedrale von St. Dénis in der Île de France errichtet wurde. Was Meister Rudolf begonnen hatte, wurde von dem Mainzer Dombaumeister Erwin von Steinbach mit der prächtigen Westfassade zum glänzendsten Triumph der Gotik geführt. Mit dem herausragenden Monument des Straßburger Münsters hatte auch seine Bauhütte eine überregionale Bedeutung erlangt. Sie entwickelte sich im Laufe der Jahrhunderte zur höchsten Instanz des deutschen Bauhüttenwesens, die bei Streitigkeiten angerufen wurde und deren Entscheid verbindlich war.

Als das Elsaß 1697 an Frankreich fiel und der Regensburger Reichstag den deutschen Bauhütten jegliche Verbindung zur Straßburger Bauhütte untersagte, wurde dies von den deutschen Steinmetzen ignoriert, so daß 1731 die Straßburger Gerichtsbarkeit durch Reichstagsbeschluß wieder anerkannt wurde. Dies war zu einer Zeit, als das Dombauwesen längst seine operative Bedeutung verloren hatte, als dem Profanbau der Vorrang galt und die Bauhütte eine ganz andere, übertragene Bedeutung erlangte, die wir heutzutage unter dem Begriff »Loge« kennen.

Voraussetzung für die Errichtung der Kathedralen war die Geometrie gewesen, die in den Bauhütten aber nicht nur gelehrt und bei der Bauplanung praktiziert wurde, sondern gleichzeitig dort ihre theologische Auslegung erfuhr. Albertus Magnus hatte den Lehrsatz des Pythagoras und seine mathematische Zahlenphilosophie für den Kirchenbau eingeführt. Im Achteck sah er den Mysterienschlüssel, der uns die Einheit Gottes erschließt, die Eins, die weder Anfang noch Ende hat, also ewig ist. Zu allen Zeiten wurde diese Einheit durch den Zirkel oder durch den von ihm gezogenen Kreis symbolisiert. Daß dann die Drei mit der

Trinität, die Vier mit den Evangelisten gleichgesetzt wurde, waren weitere Schritte, die sich aus der praktischen Geometrie in Verbindung mit dem Bibelstudium in den Bauhütten ergaben.

Was damals allein dem Klerus vorbehalten war, nämlich die Beschäftigung mit der Heiligen Schrift, wurde ausnahmsweise auch den Steinmetzen aus beruflichen Gründen zugebilligt.

Aus dieser Verknüpfung von Zahl und biblischer Auslegung im Hinblick auf die künstlerische Form entwickelte sich eine Symbolik, die der Geheimhaltung unterlag, um sie nicht dem Mißverständnis oder Mißbrauch in der profanen Öffentlichkeit zu überlassen. Zudem war die Kunst der Anwendung aller Lehren und Erkenntnisse ohnehin nur dem kleinen Kreis der Begabtesten zugänglich, was notwendigerweise eine eingeweihte Elite hervorbringen mußte. Es ist nichts Ungewöhnliches, daß Menschen, die über ein besonderes geheimes Wissen verfügen, sich von der Umwelt abschließen. Damals bildete sich parallel zu den Alchimisten, die ihre geheimen Botschaften in verschlüsselter Form in der Architektur der Kathedralen integrierten, eine Art Kryptographie der Steinmetzen, die man jedoch präziser als Geheim*sprache* bezeichnen sollte, da die Schreibkunst selbst unter den Steinmetzen trotz ihres gehobenen Bildungsstandes noch wenig verbreitet war. Berufsausbildung, Erfahrungsaustausch erfolgten mündlich und wurden als Geheimnisse bewahrt, waren also nicht in Lehrbüchern jedermann zugänglich. War der Geselle im Besitz aller notwendigen technischen Fähigkeiten und mathematischen wie geometrischen Kenntnisse, so fand er zu jeder anderen Bauhütte durch ein geheimes Paßwort Zutritt. Spätere, erst noch recht spärliche Aufzeichnungen über die Steinmetzbräuche bestätigen die Verpflichtung, die Statuten und Bräuche geheimzuhalten, jeder, ob Lehrling, Geselle oder Meister in dem entsprechenden Grad seiner Ausbildung. So mußte schon der Lehrling geloben, die Erkennungsmerkmale der Steinmetzen untereinander, Zeichen und Griff – Gruß, Wort und Handschenk genannt – »bei Verlust des Steinmetzen-Handwerks« als strenges Geheimnis zu wahren.

Von Anfang an übten die Steinmetzen in ihren Bauhütten eine freie Kunst aus. Sie unterstanden nicht dem Zunftzwang der Städte oder Landesherrschaften und konnten überall tätig werden. Zudem waren in ihnen anders als in den Zünften Meister *und* Gesellen vereint, übten ihre bis ins kleinste Detail festgelegten Bräuche aus und saßen auch gemeinsam zu Gericht. Alle Insassen, ohne Rangunterschiede, waren Brüder, nannten sich auch so und wählten unter sich ihre Meister und die Großmeister.

Dem Meister der Hütte unterstanden zwei Aufseher und ein Parlierer als Bruder Redner, wovon sich das noch heute gebräuchliche Wort »Polier« für einen erfahrenen Bauführer ableitet. Je neun Steinmetzen erhielten einen Aufseher. Meister, Redner und Aufseher hatten je einen Stellvertreter, so daß sich die jeweilige Hütte aus den acht Beamten und 18 Mitgliedern zusammensetzte. Die Bauhütte, in Stein- oder Holzbauweise errichtet und in der Nähe des Domes oder direkt mit einem Bauabschnitt verbunden, war als längliches Viereck angeordnet, wobei die Schmalseiten nach Osten und Westen ausgerichtet waren. Im Osten saß der Hüttenmeister, ihm gegenüber hatten die Aufseher und der Parlierer ihre Plätze, im Süden die freigesprochenen Gesellen, im Norden die Wandergesellen, die Glieder des untersten Grades, die ihre Ausbildung noch nicht beendet hatten. Die Bauhütte wurde sowohl für die Arbeit als auch für Gerichtssitzungen und gesellige Festlichkeiten benutzt.

Der nach Arbeit suchende Wandergeselle klopfte an die Tür der Westseite und wurde vom Parlierer nach seinem Begehr und Erkennungszeichen gefragt. Nach erfolgter Antwort fragte der Parlierer die anwesenden Brüder, ob der nach Arbeit Suchende eingelassen werden solle. Wurde dem zugestimmt, so wurden zuvor Werkzeuge und Zeichnungen sorgfältig abgedeckt, bevor der Neuankömmling eintreten durfte.

Fig. 18 Gotische Darstellung eines Steinmetzen bei der Arbeit, 12./13. Jh. (Nachzeichnung).

Fig. 19 »Chronika van der Hilligen Stat von Coellen (Köln)«, Holzschnitt von Johann Koelhoff d. J., um 1499.

Da die Bauhütten und ihre Mitglieder an den verschiedensten Bauplätzen tätig wurden, die weit voneinander entfernt waren, entwickelten sie sich zu einer Organisation mit international geltenden Ordnungen und Bräuchen. Diese Ungebundenheit in Verbindung mit dem hohen Prestige des Steinmetzhandwerks verhalf ihnen zu bemerkenswertem gesellschaftlichen Ansehen. Dadurch bahnte sich erstmals ein ganz neues Verhältnis zwischen Auftraggeber und Ausführendem an. Liebhaber der Künste und der damaligen exakten Wissenschaften wie Apotheker und Ärzte, aber auch ausübende Künstler, ließen sich von den Bauhütten als eine Art Ehrenmitglieder aufnehmen. Sie waren nicht nur Gäste bei den häufigen Festbanketten, sondern beteiligten sich auch an den Kolloquien über geistliche und philosophische Themen. In den Bauhütten nannte man sie die »angenommenen Brüder«.

Auch sie wurden wie die praktizierenden oder operativen Steinmetzen in deren geheime Zeichensprache eingeweiht. Da waren das Zeichen des Hammers, des Winkelmaßes, des Senkbleis, der Waage, der Säule, der Leiter und der verschlungenen Schnüre. Hinzu kamen der Regenbogen, der flammende Stern, die Sonne, die Weinblätter und die Rose, der behauene und der unbehauene Stein und die Lichter.

Beinah alle Zeichen hatten einen dreifach übertragenen Sinn, einmal als rituelle Symbole, sodann als Ausdruck ethisch-religiöser Anschauung und schließlich als Symbolisierung eines handwerklichen Fachbegriffs.

Die Figur des Kreises beispielsweise bedeutete im rituellen Sinne die Geschlossenheit der Bruderschaft, im religiösen die Vollkommenheit Gottes und fachlich die führende Stellung des Hüttenmeisters.

Auf diese Weise konnte man sich vor Unberufenen abschließen und innerhalb der Bauhütten eine in die geheimen Künste des Steinmetzhandwerks eingeweihte Elite heranbilden, obwohl man sich bewußt war, sich durch die dreifache Geheimsprache zuweilen dem Verdacht der Ketzerei auszusetzen.

Fig. 20 Baukunst und Bausymbolik. Darstellung in: »Puppenhaus der Anna Köferlin«, 1631. Man beachte die links und rechts des Hauses dargestellten Werkzeuge, die in der freimaurerischen Symbolik eine besondere Bedeutung haben. Inschrift über der mittleren Fensterfront »Bedenke am Anfang das Ende«.

Nun traten damals zwei kontinentale Ereignisse ein, welche die Steinmetzbruderschaften veranlaßten, sich in nördlicher Richtung zu orientieren, über die Niederlande nach jenem Inselstaat, in dem sich aus der praktischen Werkmaurerei ein allgemeiner spiritueller Menschheitsbund entwickeln sollte.

Um 1350 wütete in Mitteleuropa nicht nur die Pest, sondern auch die Inquisition. Leicht zur Hand war damals die Beschuldigung, die Steinmetzbruderschaften seien Abkömmlinge der Tempelherren, deren Orden aus reiner Rachsucht und Habgier durch den französischen König Philipp den Schönen in Gemeinschaft mit Papst Clemens V. 1314 vernichtet worden war.

Hauptzufluchtsort der deutschen Steinmetzen wurde England, wo im 13. Jahrhundert die Hochgotik in ihrem Prunkstil, the decorated style, mit den Kathedralen von Exeter, York und Westminster ihre höchste Blüte erfahren hatte. 1375 wird in einer Londoner Urkunde zum ersten Mal der Ausdruck »Freemason« erwähnt, 1396 erneut auf einer Werkleute-Liste beim Bau der Kathedrale von Exeter.

Über die ursprüngliche Bedeutung des Wortes gehen die Meinungen auseinander. Am wahrscheinlichsten ist die Deutung, daß die »Freemasons« im Gegensatz zu den »Roughmasons« hochqualifizierte Steinmetzen waren. Während letztere nur das normale Mauerwerk hochzogen, fertigten und bearbeiteten die »Freemasons« – die »Freimaurer« – den »Freestone«, der sich als künstlerisches Ornament von Mauern, Wänden und Säulen abhob. Der bildhauerisch tätige englische Steinmetz war der *Freimaurer*.

Die Gesetze der englischen Steinmetzzunft stimmten im wesentlichen mit der deutschen Ordnung der Bauhütten überein, die auf dem Inselreich »lodges« hießen, ein Terminus, der sich im französisch orientierten 18. Jahrhundert allgemein als »Loge« eingebürgert hat. Auch in England galt: Wahrung des Geheimnisses, festgelegte Regeln für Lehrlinge, Gesellen und Meister sowie brüderliche Gleichstellung untereinander, sorgfältige Ausbildung und Vorschriften für eine sittliche Lebensführung. Zum Unterschied von der deutschen Bauhütte, die fast ausnahmslos im Auftrag der Kirche tätig war, arbeitete die englische Bruderschaft auch für den Staat, den Adel und die Städte. Eigentümlich und auffälliger noch war in England die sich ständig steigernde Aufnahme von Nichtmaurern.

Als ersten »non operative mason« finden wir im Protokollbuch der Edinburgher Loge »Mary's Chapel« im Januar 1600 einen John Boswell von Auchinleck verzeichnet. Vierzig Jahre später ist ein General der Artillerie Mitglied der Bruderschaft, wobei ausdrücklich vermerkt wird, daß er als Geselle *und* Meister aufgenommen wurde.

Allmählich findet auch das geistige England Zugang zu den Logen. Im ausgehenden 17. Jahrhundert sind viele angesehene Wissenschaftler Logenmitglieder. Unbestätigt, aber wahrscheinlich ist die Annahme, daß Sir Christopher Wren (1632–1723), der fruchtbarste Baumeister der englischen Renaissance, der nach dem großen Brand von London ein neues Stadtbild und die St. Paul's Cathedral schuf, Freimaurer war. In der Loge von Aberdeen waren 1670 von 59 Mitgliedern nur noch sieben Werkmaurer, weitere sieben Dachdecker und Zimmerleute, also insgesamt 14 Handwerker, die übrigen Adlige und Repräsentanten bürgerlicher Berufe.

Allerdings war die Entwicklung der Lodges eine andere als die der Bauhütten auf dem Kontinent gewesen. Spätestens mit dem Beginn der Renaissance und der Reformation war auch mit dem Ende des Kathedralenbaus das Steinmetzhandwerk fast völlig zum Erliegen gekommen. Im aufstrebenden England jedoch unter der glücklichen Herrschaft der Tudors mit dem Höhepunkt des Elisabethanischen Zeitalters hatte sich als Folge des Überseehandels ein wohlhabendes Bürgertum gebildet. Der reiche Kaufmannsstand wollte es dem Adel gleichtun, erwarb ausgedehnten Landbesitz und ließ sich im Tudor-Stil Schlösser erbauen. Die »Free-« und »Roughmasons« pro-

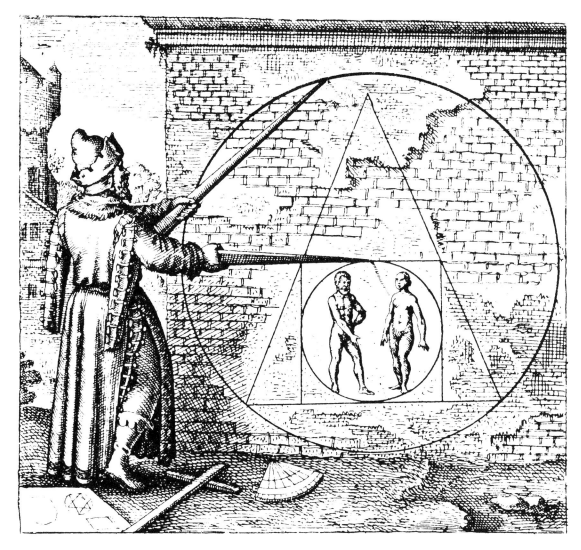

Fig. 21 »Der Philosoph als Meister der sinnbildlichen Geometria«, Illustration von Michael Maier (kaiserl. Leibarzt, Rosenkreuzer und Alchimist, 1568–1622). In seinem Werk »Atalanta Fugiens«, Oppenheim 1618, finden wir den Bauhüttengeheimspruch »Mache aus Mann und Weib einen Circkel/darauß ein Quadrangel/hierauß ein Triangel/mache einen Circkel und du wirst haben den Stein der Weisen.«

philosophischen Ideen aufgegriffen; man suchte das Dunkel der Zeiten geistig zu erhellen. Was man später in Frankreich als das »Siècle des lumières« – als »Das Jahrhundert der Aufklärung« – benannte, dafür hatten die Geistesgrößen der 1662 gegründeten Royal Society, der ersten wissenschaftlichen Akademie in England, die Lichter angezündet. Das Widersprüchliche in der spekulativen Freimaurerei spiegelt sich indes in der gleichzeitigen Beschäftigung mit rosenkreuzerischer Mystik wider, die sich, aus verschiedenen Quellen gespeist, nach dem Dreißigjährigen Krieg über ganz Europa ausbreitete und als spiritistische Sekte des 18. Jahrhunderts eine Modeerscheinung einiger Aristokraten werden sollte.

Diese Suche nach Licht und Erleuchtung, mag sie sich auch manchmal im Schattenbezirk versponnener esoterischer Schwärmerei abgespielt haben, bewirkte allmählich den vollständigen Wandel der aktiven Bauhütten. »Free-« und »Roughstones« vertraten nunmehr die Thesen der Aufklärung und ein toleranteres Religionsverständnis. Fortan baute man keine Dome und Schlösser mehr. Man baute am geistigen »Tempel der Humanität«.

Natürlich darf man als wesentlichen Impuls nicht den Hang zu gegenseitiger Kommunikation unterschätzen, die in den überall entstandenen Clubs bis heute gepflegt wird. Am St.-Johannis-Tag des Jahres 1717 schlossen sich die vier Londoner Logen zusammen, die bisher in den Gasthäusern »Zur Gans und zur Bratwurst«, »Zur Krone«, »Zum Römer und zur Traube« und »Zum Apfelbaum« zu tagen pflegten.

So wurde die erste Großloge gegründet, zu deren Großmeister Anthony Sayer gewählt wurde. Schon vier Jahre später wurde der Herzog von Montagu Großmeister. Damit übernahm der Hochadel die Führung, und die Freimaurerei war gesellschaftlich zu einer Institution geworden. Auf Veranlassung des Herzogs, der mit den vorliegenden »alten gotischen Konstitutionen« der Steinmetzbruderschaften nicht einverstanden war, formulierte der Prediger James Anderson 1723 die sogenannten »Alten Pflichten« – »The old charges« – und gab damit der Freimaurerei ihre noch heute gültige Maxime.

---

fitierten von der Bautätigkeit noch ein gutes halbes Jahrhundert länger als ihre Bruder-Kollegen in Deutschland und Frankreich, dann jedoch erlebte auch England eine erste Krise als Folge der Auflösung der Klöster, wodurch jene Bruderschaften, die nur kirchliche Aufträge ausgeführt hatten, zu bestehen aufhörten. Die politischen und religiösen Turbulenzen des 17. Jahrhunderts sorgten für den weiteren Niedergang.

Im gleichen Maße jedoch, wie die operative Maurerei zurückging, verzeichnete die sogenannte *spekulative* oder *kontemplative* Maurerei den schon erwähnten Zugang durch die »accepted masons« – die »angenommenen Maurer«, die sich aus allen Berufsständen, am wenigsten jedoch aus den handwerklichen, rekrutierten.

Es handelt sich hier um ein Phänomen, dessen Ursprung bis heute nicht vollständig durchleuchtet werden konnte. Was suchten »berufsfremde« Menschen in den Bruderschaften der Lodges? War es die brüderliche Gemeinschaft,

die in Traditionen verhaftete Geselligkeit? Diese hätte man auch in anderen Standeszirkeln finden können, etwa bei Militär oder Marine. Es war auf jeden Fall mehr. Von jeher haben Symbol und Ritual, vor allem aber geheimgehaltene Gebräuche die Phantasie und Neugierde der Außenstehenden erregt. Sie werden wohl den äußeren Anlaß für den Zustrom geistig interessierter Mitglieder gegeben haben.

Aus der operativen Maurerei entwickelte sich, ausgehend von der religiösen Grundlage der alten Steinmetzbruderschaft, eine »Society of freemasons« – eine »Gesellschaft der Freimaurer«, die sich nun mit »spekulativer«, »kontemplativer« Maurerei befaßten.

All dies geschah zu Beginn der englischen Aufklärung, als Männer wie Francis Bacon, Thomas Hobbes und David Hume den Durchbruch des Rationalismus vorbereiteten, und John Locke mit seinen »Letters of toleration« den Toleranzgedanken publik machten. In den Versammlungen der Logen wurden die neuen

Eine Weltbruderschaft

Die »Vereinigte Großloge von England«, die 1813 aus dem Zusammenschluß zweier Großlogen hervorgegangen ist – ihr offizieller Name lautet »The United Grand Lodge of Antient Free and accepted Masons of England« –, genießt in der Tradition der Freimaurerei symbolisch das höchste Prestige.

Jeder Großloge unterstehen die Provinzial- und Distriktslogen, denen wiederum die einzelnen Logen in Städten und Gemeinden unterstellt sind. Ob eine ausländische Großloge, gleich in welchem Land, als regulär oder irregulär befunden wird, hängt noch heute von der Anerkennung durch die britische Mutter-Großloge ab, wodurch eine weltweite gegenseitige Anerkennung sämtlicher Großlogen in der Regel erfolgt.

Großbritannien ist das klassische Land der Tradition und des Clublebens. Und diese beiden nationalen Eigenschaften haben dort zweifellos erheblich zu der außergewöhnlichen Verbreitung der Freimaurerei beigetragen, deren Mitgliederzahl auf über eine Million veranschlagt wird. Alle Gesellschaftsschichten haben zu den Logen Zugang, und ähnlich wie in den USA und im eingeschränkten Sinne in Frankreich ist die Freimaurerei auf königlich britischem Boden eine fast öffentliche Angelegenheit. Das Logenleben – Wahl der Stuhlmeister, Jubiläen, Veranstaltungen, Veränderungen – findet in der Presse und den sonstigen Medien landesweite Beachtung. Von einer »Société discrète« kann hier überhaupt keine Rede sein.

Noch weniger vertragen sich die britischen Gepflogenheiten mit den Praktiken einer angeblichen Geheimgesellschaft. Die Freimaurerei ist in die britische Gesellschaft voll integriert und nur gelegentlich und dann meist wohlwollender Kritik seitens der Kirche ausgesetzt, deren höchste Würdenträger übrigens in beachtlicher Zahl aktive Freimaurer sind. Das populäre Königshaus, von dem zahlreiche Mitglieder in höchsten Funktionen auch die »Königliche Kunst« praktizieren, hat das Seine dazu getan.

Fig. 22 August, Herzog von Sussex (1773–1843), Holzstichporträt, 1842. Der Sohn Georgs III. von England war Großmeister der Freimaurer in England und Wales. – Staatliche Museen Preußischer Kulturbesitz, Berlin.

Auch das ist Tradition. Der erste Großmeister der »United Grand Lodge«, der Herzog von Sussex (1813–1843), war ein Königssohn, und bis in die vierziger Jahre unseres Jahrhunderts sind immer wieder königliche Prinzen Freimaurer gewesen. Aber auch der übrige Hochadel und höchste Beamte der Krone sind in der englischen Maurerei an hervorragender Stelle anzutreffen. Begünstigt wurde diese Entwicklung natürlich nicht zuletzt durch die ausgewogene innenpolitische Lage des Inselreiches. Umstürzlerische Tendenzen hatten seit Cromwells Zeiten in Großbritannien keinen Nährboden, und so hatte dort nie die Gefahr bestanden, daß Freimaurer gewollt oder ungewollt in politische Machenschaften verwickelt wurden, wie das in den romanischen und lateinamerikanischen Ländern so oft der Fall gewesen ist.

Kontinuierlich und prosperierend hatte sich, von England kommend, die Freimaurerei auch in den USA entwickelt. Benjamin Franklin gab schon 1734 in Philadelphia eine Bearbeitung der Andersonschen Konstitutionen heraus und wurde zusammen mit weiteren 15 Freimaurern einer der Väter der amerikanischen Unabhängigkeitserklärung. Und auch George Washington war Freimaurer, von seinen 22 Generälen gehörten 20 dem Bruderbund an. Der bittere Zwiespalt des Brudergedankens in Krisenzeiten erwies sich während des Unabhängigkeitskrieges: Freund und Feind hatten jeder seine Feldlogen, und einmal ließ Washington die erbeuteten Embleme sowie die Konstitution einer Feldloge den Engländern zurückerstatten, was durch militärische Ehrenbezeigung seitens des Feindes honoriert wurde. An der Grundsteinlegung zum Kapitol 1793 nahm George Washington sogar in maurerischer Bekleidung teil.

Eine Stimmungskrise zu Anfang des 19. Jahrhunderts wurde bald wieder überwunden. Damals ging von einem gewissen William Morgan das Gerücht, daß er ein Buch über die Freimaurerei veröffentlichen wolle mit exakter Darstellung der Rituale und Symbole. Um dies zu verhindern, wurde er von übereifrigen Freimaurerbrüdern entführt und ward nie mehr gesehen. Eine kurz darauf angeschwemmte, nicht identifizierte Leiche schien den Verdacht zu bestätigen, daß er ermordet worden war; die Affäre wurde aber niemals völlig aufgeklärt. Die Folge war jedoch ein vorübergehender starker Rückgang der Logen, da Tausende von empörten Freimaurern ihren Austritt erklärt hatten. Um die Jahrhundertmitte waren die Verluste wieder ausgeglichen.

Heute besteht in den USA mit vier Millionen Mitgliedern die zahlenmäßig stärkste und gesellschaftlich aktivste freimaurerische Bewegung. Freimaurerische Gottesdienste, Teilnahme an Paraden in maurerischer Bekleidung sind dort an der Tagesordnung. Viele Präsidenten der jüngsten Vergangenheit wie Taft, die beiden Roosevelts, Truman und Gerald Ford sind Freimaurer gewesen. So ist es nicht übertrieben, die Vereinigten Staaten und Großbritannien als das Eldorado einer harmonischen, ungehinderten freimaurerischen Entfaltung zu bezeichnen.

Fig. 23 Arbeitsplan der eingetragenen Logen von London, 1723. Die Logen hielten ihre Versammlungen ausschließlich in Gasthäusern ab. Die Abbildungen in der ersten senkrechten Spalte dürften bis auf die in dem vorletzten Quadrat dargestellten Zirkel Wirtshausschilder gewesen sein. Die Logenarbeit begann offensichtlich im April und schien im Winter zu ruhen. – Privatbesitz.

Ein Blick nach Frankreich zeigt uns die Freimaurerei bereits unter anderer Beleuchtung. Manche Entwicklungen hatten sich dort im Zwielicht politischer Intrigen abgespielt. Gallisches Temperament, überspitzte Ratio, vor allem jedoch die völlig anderen politischen und ökonomischen Verhältnisse drängten zuweilen auf eine recht zweifelhafte Bahn. Die Schlagworte von 1789 »Freiheit, Gleichheit, Brüderlichkeit«, als ein völlig verrottetes Land das Joch des Absolutismus abschüttelte und in ein neues Zeitalter aufbrach, verleiten allzu leicht dazu, Freimaurerei und Französische Revolution in unmittelbaren ursprünglichen Zusammenhang zu bringen. Sowenig jedoch wie die Freimaurer Söhne der Aufklärer sind, sowenig haben sie die Französische Revolution »gemacht«, wie es ihnen immer wieder unterstellt wird.

Die Voraussetzungen für die Freimaurerei waren in Frankreich andere als in Großbritannien. Erste Anfänge registrieren wir auf französischem Boden schon 1726, immerhin elf Jahre früher als in Deutschland, und natürlich waren sie ein Import aus England. Das streng absolutistische Regime unter der Regentschaft des Kindes Ludwig XV. als Hinterlassenschaft eines selbstsüchtigen Kontinentalfürsten, der sich persönlich als den Staat bezeichnet hatte, die ungebrochene Macht der Kirche und des Adels mit seiner Verschwendungssucht und zügellosen Moral, eine Gesellschaft schreiender Ungerechtigkeit, in der Hunderttausende ihrer Bürger unter drückenden Steuerlasten elend litten – all dies waren keine idealen Bedingungen für eine humanitäre Erziehungsarbeit. Der kritische Pädagoge François Fénélon (1651–1715), königlicher Erzieher und Erzbischof von Cambrai, zog sich die Ungnade des Sonnenkönigs zu, als er auf die unmenschlichen Zustände aufmerksam machte und kommendes Unheil prophezeite.

Es gehörte damals nach der Vertreibung der Stuarts vom englischen Königsthron zur Tradition vornehmer irischer Familien, daß deren Söhne in den irischen Regimentern der französischen Armee dienten. Und so waren es irische Adlige, die in Saint-Germain-des-Prés 1725 die erste Loge »Louis d'Argent« gründeten. Kurz darauf erfolgte durch britische Seeleute die Gründung einer zweiten Loge in Bordeaux. Von da an verbreitete sich die Freimaurerei in rascher Folge über das ganze Land.

Zunächst fand sich der Adel in den Logen zusammen. Schon in den dreißiger Jahren des 18. Jahrhunderts waren acht französische Herzöge Freimaurer. Mitbegründer einer der ersten Pariser Logen, der »Loge de Bussy«, war das Akademiemitglied Montesquieu, welcher in den damals sensationellen »Lettres persanes« die gesellschaftlichen Zustände anprangerte und in Staat und Kirche den Absolutismus bekämpfte. Durch seine Lehre der Gewaltenteilung in gesetzgebende, vollziehende und richterliche Gewalt wurde er, ob-

wohl schon 1755 verstorben, der Wegbereiter der konstitutionellen Monarchie in der ersten Phase der Französischen Revolution.

Obwohl anfangs vom Hof bekämpft, von der Pariser Polizei verfolgt, fanden die führenden Köpfe Frankreichs den Weg in die Logen. Das geistige Leben, das in den Salons mit unverbindlichen Tändeleien und mehr oder weniger espritvollen Bonmots zu verflachen drohte, erfuhr eine neue Blüte, die Idee einer Enzyklopädie wurde nach britischem Vorbild in der Philosophenloge »Les neuf sœurs« geboren. D'Alembert und Helvetius, die führenden Enzyklopädisten, Lalande, der Astronom, der Mathematiker Condorcet und selbst der Spötter und ungekrönte König seines Jahrhunderts, der alte Voltaire, traten dem Bruderbund bei.

In einer Grundsatzrede des schottischen Edelmannes Ramsay in der Pariser Großloge – von ihm wird später noch eingehender zu sprechen sein – finden wir 1737 folgende Gedanken: »Die wichtigsten Unterscheidungsmerkmale der Menschen sind nicht die Sprachen, die sie sprechen, die Kleider, die sie tragen, die Länder, die sie bewohnen, noch die Würden, die ihnen verliehen wurden. Die Welt ist eine große Republik, in der jede Nation eine Familie und jeder Einwohner eines ihrer Kinder ist. Wir wollen alle Menschen von aufgeklärtem Geist und guten Sitten vereinigen durch die erhabenen Grundsätze der Tugend, der Wissenschaft, der Religion, in welchen das Interesse der Bruderschaft zum Interesse des ganzen menschlichen Geschlechtes wird, woraus alle Nationen gründliche Kenntnisse schöpfen und die Untertanen aller Königreiche lernen können, sich gegenseitig zu lieben, ohne auf ihr Vaterland zu verzichten.«

Die Idee des Kosmopolitismus leuchtet hier auf, wie sie von der Freimaurerei auch heute unverändert vertreten wird. Nach dem Adel und den Wissenschaftlern strömte auch bald das erwachende Bürgertum in die Logen, 1743 existierten in Frankreich bereits 200 Freimaurer-Logen, davon allein 22 in Paris. Es ist keine Frage, daß die Gedanken der Aufklärung – von England kommend – vor allem in den französi-

schen Logen ihre gesellschafts- und moralkri-tische Präzisierung bekamen.

Wenn im Kantschen Sinne Aufklärung der Ausgang des Menschen aus seiner selbstver-schuldeten Unmündigkeit ist, d. h., politische und religiöse Autoritäten durch Anschauun-gen ersetzt werden, die sich aus der Betätigung der menschlichen Vernunft ableiten, so ent-spricht dies durchaus dem Geist der damaligen Freimaurerei. Keiner der in den Logen ver-sammelten Männer konnte sich der Tatsache verschließen, daß die Zeit reif für einen Um-bruch war.

Dennoch muß für den Vorabend der Großen Revolution festgehalten werden, daß die Lo-genmitglieder keineswegs umstürzlerisch, sondern durchaus royalistisch gesinnt waren. Sie wollten Reform, doch keine Revolution und schon gar nicht ein Blutbad wie den Terror von 1793 und 1794, den man immer wieder den Freimaurern angelastet hat.

Bestreiten läßt sich freilich nicht, daß die Frei-maurerei das Klima für den Umbruch ent-scheidend mitgeschaffen hatte. Die unzähligen politischen Clubs, die sich überall im Lande gebildet hatten, wurden häufig von Freimau-rern geleitet, von denen die meisten Aristokra-ten oder Kleriker waren. Es wäre jedoch ab-surd, wenn sie in den Logen ihren eigenen Untergang bis zur physischen Vernichtung programmiert hätten. Gewisse Indizien schei-nen bei oberflächlicher Betrachtung für den freimaurerischen Umsturz zu sprechen: Im-merhin waren von 578 Deputierten des dritten Standes damals 477 Freimaurer, und Schrek-kensgestalten wie Marat, der Expriester Eulo-gius Schneider sowie Danton und Desmoulins, die sämtlich durch Gewalt umkamen, prägen nicht unbedingt das Bildnis von Menschen- und Bruderliebe.

Dennoch hatte die Freimaurerei in der Großen Revolution niemals eine dominierende Rolle gespielt. Eher könnte man sagen, daß sie die Geister, die sie rief, nicht mehr los wurde. Guillotine und Emigration hatten sie bald völ-lig dezimiert. Zudem wurde die 1773 gegrün-dete Großloge, der »Grand Orient de France«,

vom Revolutionstribunal verboten. Erst 1799 unter dem Konsulat und anschließend unter dem ersten Kaiserreich faßte die Freimaurerei wieder zögernd Tritt, und es gereicht ihr nicht zum Ruhme, daß sie sich unter Napoleon I. zum Dekor eines ständig jasagenden Mitläu-fertums degradierte, das die imperiale Erobe-rungspolitik widerspruchslos hinnahm. Unter Joseph Bonaparte war sie zur reinen Staffage geworden. Dieser war von seinem kaiserlichen Bruder, der entgegen einer Legende niemals Freimaurer gewesen war, zum Großmeister eingesetzt worden. Cambacérès, der einstige Königsmörder, nun Justizminister und Staats-kanzler, wurde sein Stellvertreter; Freimaurer waren zahlreiche hohe Beamte und nicht weni-ger als 22 napoleonische Marschälle.

Unübersehbar Widersprüchliches spiegelt sich in diesem Tableau des ersten Kaiserreiches, wenn man bedenkt, daß Vertreter des politi-schen Radikalismus und militanten Imperia-lismus gleichzeitig dem Bruderbund der Tole-ranz, Menschenliebe und internationalen Verständigung angehörten. Der Zeitgeist for-derte seinen Tribut, wie er es später ja noch oft von den Freimaurern tun sollte. Zwischen Wollen und Handeln, zwischen Neigung und Pflicht lag allzu oft der unpassierbare Strom jahrtausendealter Denkweisen und Vorurteile mit ihren fatalen Fehlschlüssen. Auch die Lo-genbrüder blieben Kinder ihrer Zeit. So konnte es geschehen, daß 1815 in der Entscheidungs-schlacht von Waterloo zwei Armeen aufeinan-dertrafen, deren militärische Führer sich als

Freimaurer und dennoch als feindliche Brüder gegenüberstanden: Blücher und Wellington auf preußisch-britischer Seite, Ney und der unglückselige, zu spät auf der Walstatt einge-troffene, Grouchy auf französischer. Hier klaf-fen Ideal und Realität in historischen Situatio-nen weit auseinander. Sehr wohl war sich auch die ehrliche Soldatennatur Blüchers dieser Diskrepanz bewußt, als dieser nach seinem Sieg an der Katzbach von den Schrecken des Krieges sprach, mit denen er von Jugend auf konfrontiert wurde. Zugleich empfindet er aber auch dankbar die geistige Verbundenheit mit guten und treuen Brüdern, in deren Ge-meinschaft man sich in eine bessere Welt ver-setzt.

Daß das Freimaurertum immer wieder in die Bereiche der Politik hineingewirkt hat, dafür ist gerade Frankreich ein Beispiel. Die Revolu-tion von 1848, die wie ein Lauffeuer ganz Europa durchzog, ist entscheidend von der Freimaurerei inspiriert worden, ihre Parole »Freiheit, Gleichheit, Brüderlichkeit« wurde zur Devise der zweiten französischen Republik und aller folgenden Republiken einschließlich der heutigen fünften.

Im zweiten französischen Kaiserreich (1852 bis 1870) hatte die Freimaurerei fast einen eso-terischen Charakter angenommen, wie er im wesentlichen der deutschen Freimaurerei ei-gentümlich ist. Unter dem relativ milden dik-tatorischen System Napoleons III. konnte sie – was sie ja eigentlich auch nicht sollte – keine politische Rolle spielen.

Um so aktiver trat sie am 4. September 1870 auf den Plan, als nach der Katastrophe von Sedan die glühenden Republikaner und Frei-maurer Gambetta, Crémieux, Arago, Simon u. a. die Regierung der nationalen Verteidi-gung bildeten und die dritte Republik ausrie-fen. Kein Zweifel, daß Republikanertum und Freimaurertum in den lateinischen Ländern – hier sind die mittel- und südamerikanischen mit eingeschlossen – von jeher in enger Wech-selbeziehung standen. Es ist eine unwiderleg-bare Tatsache, daß die Gründung der dritten französischen Republik im wesentlichen ein

Werk der Freimaurer gewesen ist, was für die Gesellschaft vor allem durch die Befreiung von kirchlicher Bevormundung und in der Volksbildung wie überhaupt im gesamten sozialen Gefüge erhebliche Fortschritte gebracht hat. Es gehört aber auch zu den historischen Peinlichkeiten, daß der überhitzte französische Revanchegedanke, der eine der Ursachen des Ersten Weltkrieges wurde, von freimaurerischen Politikern kultiviert worden ist.

Grundsätzlich kann man sagen, daß die folgenden siebzig Jahre bis zum Zusammenbruch Frankreichs 1940 in der Innenpolitik einen ausgeprägt militanten Freimaurergeist erkennen lassen, was einen Widerspruch in sich selbst bedeutet.

Die antiklerikalen Auseinandersetzungen der dritten Republik – sie haben in Frankreich eine Tradition, die bis ins Mittelalter zurückreicht – wurden vom Freimaurergeist angeheizt. Allerdings muß man dazu wissen, daß die katholische Kirche schon 1738, als die spekulative Freimaurerei gerade 21 Jahre jung war, mit der Bulle »In eminenti« den bis heute fortdauernden Kampf gegen die »staatsgefährdende religiöse Sekte« eröffnet hatte. Was die von Rom unabhängigen gläubigen Freimaurer des »Felix Britannia« nicht im geringsten tangieren konnte, löste auf dem politisch und konfessionell zerrissenen Kontinent heftigste Kontroversen aus. Hinzu kamen Auseinandersetzungen in der Freimaurerei selbst. Ausgerechnet der retirierte protestantische Geistliche Frédéric Desmons (1832–1910), später Vizepräsident des Senats, setzte 1877 durch, daß in der Konstitution der französischen Großloge »Grand Orient de France« die Formel »allmächtiger Baumeister aller Welten« als interkonfessionelles Glaubensbekenntnis abgeschafft wurde. Er berief sich dabei auf die Notwendigkeit, die freimaurerische Gewissensfreiheit so unmißverständlich wie möglich zu definieren, was dem »Grand Orient« als tonangebender französischer Loge mit mehr oder weniger Berechtigung den Ruf einer Atheistenbruderschaft eintrug. Die unmittelbare Folge war, daß die Großloge von England

und die meisten angelsächsischen Großlogen die offiziellen Beziehungen zum »Grand Orient« abbrachen. Das schon seit Mitte des 18. Jahrhunderts recht pluralistische Bild der Freimaurerei auf dem Kontinent zeigte nun Facetten, die den französischen Ableger des Weltbruderbundes nicht immer als ein harmonisches Gebilde der Eintracht und Toleranz erscheinen ließen.

Politik und Kirchenkampf bestimmten hier in der Öffentlichkeit die weitere Entwicklung. Auch Skandale blieben nicht aus. So, als der »Grand Orient« kurz nach der Jahrhundertwende durch seine Mitglieder in Armee und Verwaltung über Offiziere und Beamte Tausende von geheimen Beurteilungen anlegen ließ, um sich über deren republikanische Gesinnung sowie religiöse Einstellung zu informieren. Diese Tatsache flog auf und löste einen Sturm der Entrüstung aus, über den der Kriegsminister Louis André stürzte.

Die Trennung von Staat und Kirche, die ausschließlich von Laien geleitete Volksschule, die Aufhebung der religiösen Orden – all dies war kurz nach der Jahrhundertwende im wesentlichen das Werk freimaurerischer Politiker, wobei freimaurerische Gesichtspunkte die entscheidende Rolle gespielt haben. Zur höchsten Ehre gereicht es diesen Politikern jedenfalls, daß sie in der berüchtigten Dreyfus-Affäre vorbehaltlos für den Verfolgten Partei ergriffen in Erfüllung ihrer humanitären Pflicht. Und es waren französische Freimaurer, die nach dem Kriegsende von 1918 spontan ihren deutschen Brüdern die Hand zur Versöhnung boten, die die Ungerechtigkeiten des Versailler Vertrages heftig kritisierten und als Keim künftiger Konflikte brandmarkten. Auch die Tatsache, daß sich dieser spontane Vorgang nach der ungleich größeren Katastrophe von 1945 durch Brüder des »Grand Orient« wiederholte, sollte nicht übergangen werden.

Ein schillerndes Gebilde also, diese französische Freimaurerei, um deren gedrängte Schilderung man nicht herumkommt, wenn man die daraus folgende Entwicklung der »Königlichen Kunst« in Mitteleuropa, den Standpunkt

ihrer Freunde und Feinde, überhaupt annähernd verstehen will.

Wenn man bedenkt, daß in der heutigen fünften Republik nicht weniger als sieben Obedienzen arbeiten, wie man die Großlogen im übertragenen Sinne nennt, die sich teilweise gegenseitig die Anerkennung verweigern, so wird diese Organisationsvielfalt nicht ganz der Vorstellung eines von hohen Idealen beseelten Bruderbundes entsprechen.

Von dem tonangebenden »Grand Orient« mit etwa 22 000 Mitgliedern wurde schon gesprochen. Als zweitstärkste Loge zählt mit 10 500 Mitgliedern die »Grande loge de France«, die 1895 von Brüdern gegründet wurde, die gegen die atheistische Richtung des »Grand Orient« opponierten. In ihr wird die Formel des »Allmächtigen Baumeisters aller Welten« anerkannt. Im Gegensatz zum »Grand Orient« sind in ihr Diskussionen über Politik und Religion verboten. 1913 wurde die »Grande loge nationale française« gegründet, mit dem Ziel einer geistigen Erneuerung der französischen Maurerei. Sie ist die einzige reguläre, das heißt von den britischen Großlogen anerkannte, französische Großloge mit heute etwa 6000 Mitgliedern. Unter Androhung des sofortigen Ausschlusses verbietet sie ihren Brüdern jegliche Verbindung zu anderen Obedienzen, die sie sämtlich nicht anerkennt.

Als Antwort auf diese rigorose Reglementierung gründeten einige ihrer prominentesten Mitglieder 1958 noch eine zweite »Grande loge nationale française« mit der Zusatzbezeichnung »Opéra«, weil sich der Logensitz in der Nähe der Pariser Oper befindet. Sie hat nur 500 Mitglieder und dient hauptsächlich als Kontaktloge zum »Grand Orient« und der »Grande loge de France«. Als fünfte Obedienz fungiert der »Ordre du rite Memphis-Misrain«, ein altägyptischen Traditionen verhaftetes System von über 90 Graden, dessen erster Großmeister Giuseppe Garibaldi war. Im 19. Jahrhundert rekrutierten sich aus diesem Orden im italienischen Befreiungs- und Unabhängigkeitskampf die Carbonari, deren Riten in auffälliger Weise freimaurerischen Vorbil-

Fig. 25 Kantine in einer römischen Kaserne zur Zeit des Risorgimento, Federzeichnung von Frank Buchser, Rom 1849. An der Wand befinden sich Graffiti, so »Es lebe unser General Garibaldi«. Garibaldi, der Rom 1849 gegen die Franzosen verteidigte und wesentlich zur Einigung Italiens beitrug, war seit 1844 Freimaurer. 1864 wurde er zum Groß-meister der fünf italienischen Großlogen gewählt. – Öffent-liche Kunstsammlung, Basel, Kupferstichkabinett.

Sache über Gebühr aufzubauschen und sie damit der Verfolgung oder gar Vernichtung preiszugeben.

Wird an der Freimaurerei Kritik laut, so ist deren Motivation häufig in den Praktiken der lateinischen Länder zu suchen. In Frankreich wie in Italien war von jeher die Trennungslinie zwischen Freimaurerei und Politik nie klar ersichtlich. Man hat daraus – wie im Falle der Carbonari – oft falsche Schlüsse gezogen. Doch wenn die Freimaurerei auch nie die ak-tive politische Bühne betreten hatte, so wirkte sie doch zweifellos hinter den Kulissen.

Die führenden Köpfe des Risorgimento wie Garibaldi, Mazzini und Cavour waren Frei-maurer, und es ist keine Frage, daß zu dem nationalen Rausch der italienischen Eini-gungsbewegung das Logenleben entscheidend beigetragen hat. Damals hatte die Freimaure-rei einen doppelten Kampf zu führen: gegen die österreichische Besatzungsmacht und ge-gen den Kirchenstaat. Der Antiklerikalismus spielt in der italienischen Maurerei eine ähnli-che Rolle wie in Frankreich, allerdings nicht in so ausgeprägter Form vor der Öffentlichkeit.

dern nachempfunden waren. Im heutigen Frankreich treffen sich in der fünften Ob-edienz die Vertreter der Hochgrade, um nach Art einer Forschungsloge Form und Probleme der Esoterik zu studieren und zu diskutieren.

Die »Fédération mixte du droit humain« ran-giert mit 4500 Mitgliedern als Nummer sechs. Das Adjektiv »mixte« deutet schon darauf hin, daß in dieser Menschenrechtsvereinigung Männer *und* Frauen mit gleichen Rechten ver-treten sind, weshalb sie, da Freimaurerei ein ausschließlicher Männerbund ist, von keiner anderen Obedienz anerkannt wird.

Das gleiche gilt auch von der »Grande loge féminine«, einem Frauenbund, der 1952 als sogenannte Adoptionsloge aus der »Grande loge de France« hervorgegangen ist. Anwältin-nen, Lehrerinnen und namhafte Persönlich-keiten der Literatur stellen das Hauptkontin-gent der rund zweitausend Schwestern, die als Mitglieder registriert sind.

Sieben Obedienzen also mit teilweisen Kon-takthürden: Das gemeinsame metaphorische Postulat des »Grand Orient« und der »Grande loge de France« von 1922 dürfte sich schwer-lich mit dem Toleranz- und Humanitätsgedan-ken vertragen, wenn es dort zum Beispiel heißt: »Weben wir mit geschickten Händen an dem Leichentuch, das eines Tages alle Religionen begraben wird! So werden wir schließlich welt-weit den Klerikalismus vernichten und den von ihm gezüchteten Aberglauben!« Daß diese Botschaft nicht gerade die christliche Näch-stenliebe fördert – und auch den übrigen Fein-den der Freimaurerei willkommene Munition liefert –, liegt auf der Hand. So konnten die nazistischen Besatzer Frankreichs ihre Stunde nutzen und im Paris von 1943 eine Antifrei-maurer-Ausstellung organisieren, die ihre Wirkung auf die Öffentlichkeit nicht verfehlte. Geschickte Propagandisten haben es immer verstanden, negative Aspekte einer positiven

Zwei Strömungen also lassen sich in der Entwicklung der europäischen Freimaurerei verfolgen, die auch bald das Herzstück Mittel-europas erreichten, dieses zersplitterte Staa-tengebilde des Heiligen Römischen Reiches Deutscher Nation.

Der Brückenschlag erfolgte vom Inselreich her mit der Atmosphäre des abgeklärten Selbstbe-wußtseins eines Volkes, dem sich die Welt geöffnet hatte und das ruhig und zielbewußt deren Herrschaft anstrebte. Der Funkenschlag indessen erfolgte durch den gallischen Geist mit seinem stürmischen Verlangen, die philo-sophischen Ideen in praktischen Reformen zu verwirklichen – kurz: eine alte Welt durch eine neue zu ersetzen. So fanden die zwei Seelen in der Brust der Deutschen je eine Quelle, aus der sie gleichzeitig schöpfen konnten. Die britische und französische »Elektrolyse« bewirkte eine eigene Philosophie der deutschen Freimaure-rei.

Die Ursprünge der deutschen Freimaurerei

Der in Frankreich einsetzende Gärungsprozeß, ausgehend von den Philosophen und Enzyklopädisten, der dem 18. Jahrhundert sein geistiges Gepräge gab, war zunächst nicht über die Rheingrenze nach Osten vorgedrungen. Einzelne Ideen brachen sich an der Mauer des Absolutismus, der das bunte Gemisch der deutschen Staaten, das mehr oder weniger ohnmächtige Erbe eines nur noch dem Namen nach bestehenden Reiches, regierte. Fürstliche Gewalt wurde als persönliche und oft genug willkürliche Macht ausgeübt. Das Beamtentum, damals ohne jede soziale Absicherung, einzig abhängig von der Sympathie des Fürsten, buckelte nach oben und trat nach unten aus reinem Selbsterhaltungstrieb. Die Verwaltung funktionierte entsprechend; die Rechtspflege lag im argen. Der Unbemittelte hatte keinen Anspruch auf Gerechtigkeit. Noch immer bediente sich das Strafrecht der Folter, um rasche Geständnisse zu erzwingen, die Gefängnisse waren schauerliche, lichtlose Gewölbe, die Todesstrafe mit perversen Quälereien zur Leidensverlängerung diente der Abschreckung und Volksbelustigung zugleich.

Das stehende Heer als wichtigste Stütze des Herrschers neben der Beamtenschaft war Privatangelegenheit des Fürsten. Die Truppen bestanden aus Söldnern, die aus allen Himmelsrichtungen geworben wurden und für den Meistbietenden ihre Haut zu Markte trugen. Sie konnten von den Fürsten, die oft in Geldverlegenheiten waren, an fremde Mächte vermietet oder gar verkauft werden. Das selbe Schicksal drohte den Rekruten, die nach preußischem Muster unter der Bevölkerung ausgehoben wurden. Fürst, Hof, Beamtenschaft und Heer, ein wenig kongruentes Gesamtgefüge, war das Gebilde, das man bis weit ins 18. Jahrhundert hinein als Staat bezeichnete. Die Masse des Volkes hatte daran keinen Anteil. Von einem mündigen Bürger auch nur im bescheidensten Sinne konnte keine Rede sein. Auch nicht im aufstrebenden Preußen, das 1701 Königreich geworden war und sich kulturell durch die Einwanderung der Hugenotten, wirtschaftlich durch sparsame und vernünftige

Verwaltung sowie durch ein vorbildlich arbeitendes Beamtentum an die Spitze der deutschen Staaten stellte. Und unweit seiner Grenzen, als Stadtstaat eine Enklave bildend zwischen Hannover, Mecklenburg und Holstein, war damals als Erbe Antwerpens Hamburg zum großen kontinentalen Stapelplatz für den Handel mit England geworden, das Tor zur Welt.

Wenn für den deutschen Kulturraum bereits für das Jahr 1726 die Gründung der Loge »Zu den drei Sternen« in Prag angeführt wird, so konnte dieses Datum bisher nicht durch entsprechende Quellen bestätigt werden. Einwandfrei steht jedoch fest, daß die erste Freimaurer-Loge auf deutschem Boden 1737 in Hamburg gegründet worden ist. Es lag sozusagen in der Luft, daß bei den engen Beziehungen zu England die »Königliche Kunst« auch unter den »königlichen Kaufleuten« ihre Jünger finden würde.

»La société des acceptés maçons libres de la ville de Hambourg«, wie sich die Loge in der damaligen französischen Modesprache benannte, nahm sechs Jahre später den Namen »Absalom zu den drei Nesseln« an, den sie noch heute trägt. Sie wurde zur Mutterloge aller deutschen Logengründungen.

Mit offenen Armen wurde sie in der Freien Hansestadt allerdings nicht aufgenommen. Der Senat war durch Gerüchte über »Deisten und Libertiner« aufs höchste beunruhigt und verhängte schon 1738 ein Tätigkeitsverbot, das allerdings 1740 wieder aufgehoben wurde. Das Mißtrauen blieb. Da erhielt das winzige Häuflein hamburgischer Freimaurer just während der Verbotszeit unerwarteten Auftrieb durch die Mitteilung des preußischen Generalmajors Albedyll, man möge eine Abordnung nach Braunschweig entsenden, um dort eine hochgestellte Persönlichkeit, einen »illustre inconnu«, in den Bruderbund aufzunehmen. Unter Führung des Barons Oberg reisten vier Mitglieder der Hamburger Loge nach Braunschweig, wo sie in dem damals weitbekannten und geschätzten Kornschen Gasthof mit Albedyll und zwei prominenten Freimaurern zu-

sammentrafen, die bereits in London in den Bund aufgenommen worden waren: Graf von Schaumburg-Lippe und Graf Kielmannsegge. Bei ihnen befand sich der »Suchende«, wie man im Sprachgebrauch der Loge den um Aufnahme nachsuchenden Kandidaten bezeichnet. Er war nicht nur ein »freier Mann von gutem Ruf«, wie es die Formel fordert, er war der Kronprinz von Preußen, der spätere Friedrich der Große.

Mit seinem Vater äußerlich versöhnt, ohne dessen latenten Argwohn freilich jemals zerstreuen zu können, war es dem Prinzen in der Nacht vom 14. zum 15. August 1738 gelungen, sich der väterlichen Überwachung zu entziehen. Der preußische Hof weilte damals in Braunschweig aus Anlaß einer Handelsmesse.

Fig. 26 Erstes Freimaurerverbot in Deutschland. Noch vor der ersten Gründung einer deutschen Loge in Hamburg erließ Kurfürst Karl Philipp von der Pfalz am 21. Oktober 1737 das erste Freimaurerverbot auf deutschem Boden.

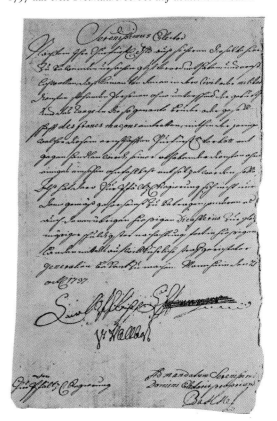

Es bedarf kaum des Hinweises, daß König Friedrich Wilhelm I. sich über die Freimaurerei genauso abfällig geäußert hatte, als einmal die Sprache darauf kam, wie über die künstlerischen Talente und philosophischen Studien seines Sohnes. Graf von Schaumburg-Lippe, der der vorgefaßten Meinung des Königs widersprochen und sich selbst als Freimaurer bekannt hatte, erweckte darauf das Interesse des Kronprinzen. In einem Zimmer des Gasthofs, das nächtlich zur Loge hergerichtet worden war, wurde Friedrich nach englischem Ritual aufgenommen und, was unüblich ist, jedoch mit Rücksicht auf seine hohe persönliche Stellung geschah, noch in der nämlichen Nacht zum Gesellen befördert und dann zum Meister erhoben. Nach der sogenannten Tempelarbeit, wie die Durchführung des Rituals bezeichnet wird, fand zur Feier des Ereignisses in geselliger Runde eine Tafelloge statt, wie es noch heute im Logenleben allgemein Brauch ist.

Tief beeindruckt von Ritual und Symbolik lud der Kronprinz seinen anwesenden Jugendfreund von Bielfeld, der im Jahr zuvor in Hamburg Freimaurer geworden war, und den Leiter der Hamburger Abordnung für das kommende Jahr nach Schloß Rheinsberg ein. Dort wurde dann 1739 durch von Bielfeld und Oberg die Kronprinzenloge eingerichtet. Theodor Fontane weist in seinen »Wanderungen durch die Mark Brandenburg« auf freimaurerische Allegorien hin, die ihm im Rheinsberger Arbeitszimmer des Kronprinzen aufgefallen waren.

Als Friedrich sich 1740 nach seiner Thronbesteigung öffentlich zur Freimaurerei bekannte, war in Preußen der Weg für die »Königliche Kunst« frei. Einigermaßen seltsam berührt uns eine diesbezügliche Meldung im damaligen »Journal de Berlin«. Darin wird auf die Freimaurerei in diesem kontinentalen Frühstadium bereits Bezug genommen als »einer unglücklichen Gesellschaft, der man anscheinend dasselbe Los wie den ehemaligen Templern bereiten möchte«. Man sicherte ihr Asyl und großzügige Protektion Seiner Majestät im

Schutze des Thrones zu, »wo man sie in Frieden lassen und durch keinerlei Verfolgung beunruhigen wird«.

Kaum hatte die Freimaurerei auf dem Festland bescheidene Anfänge genommen, da wurden auch schon indirekt ihre Feinde zitiert, die sich erstmals 1738 mit offiziellem Wortlaut gemeldet hatten. Am 7. März jenes Jahres hatte der hochbetagte Papst Clemens XII., dessen erträumtes politisches Ziel von jeher die gewaltsame Rekatholisierung der protestantischen Staaten gewesen war, auf Betreiben seines Neffen Kardinal Corsini, der dem erblindeten Greis die Hand führte, die berühmte Bulle »In eminenti apostolatus speculae«, den ersten Bannfluch gegen die Freimaurerei, unterzeichnet.

Die skandalösen Zustände am Florentiner Hof des letzten Medici Gian Gastone († 1737), der allein über 300 Lustknaben für seine persönlichen Bedürfnisse entlohnte, waren der eigentliche Auslöser dieser Maßnahme gewesen. Einer der bevorzugten Lieblinge des Herzogs, Paolino Dolci, war nämlich Freimaurer, und der Bruderbund war unter dem Herzog zumindest geduldet worden. Nichts war den Freimaurerfeinden im Kardinalskollegium willkommener, als aus dem Einzelfall ein verallgemeinerndes Urteil abzuleiten und das Freimaurertum hinfort als eine Brutstätte amoralischer Praktiken in Verruf zu bringen. Jene, die es zuvörderst anging, hatten sich kaum darum bekümmert: Großbritannien und Preußen waren protestantische Länder, in denen ein Papstwort nichts galt; die gallikanische Kirche hatte sich ohnehin immer ihren Sonderstatus bewahrt und nie nach Anweisung des Papstes ihre Messe abgehalten; nur in Italien, Spanien und Portugal war die Inquisition schon bald am Werke. Der Krieg zwischen Kirche und »Königlicher Kunst« war damit ausgebrochen und ist bis heute ohne Friedensschluß geblieben.

In der zitierten Mitteilung des »Journal de Berlin« scheint gleichzeitig der Keim einer Legende auf, der in den folgenden Jahrzehnten bis fast zum Ende des 18. Jahrhunderts viel

Verwirrung und Schaden unter den Reihen der Freimaurer anrichten sollte. Auch den großen Friedrich hat dieser Gedanke verärgert und zu herber, manchmal verächtlicher Kritik veranlaßt. Gemeint ist der angebliche Zusammenhang zwischen Freimaurerei und Templertum, eine aus der Luft gegriffene Hypothese im Dienste von Geschäftemachern, wie wir noch sehen werden. Zunächst jedenfalls befand sich das junge Freimaurertum in königlicher Obhut.

Im Charlottenburger Schloß zündete Friedrich die Lichter der ersten Hofloge an und nahm in seiner ersten »Arbeit« seinen Bruder August Wilhelm, den späteren recht unglückseligen General des Siebenjährigen Krieges, auf, danach auch den Gatten seiner Lieblingsschwester, Markgraf Friedrich von Brandenburg-Bayreuth.

In Berlin errichtete der hugenottische Prediger und Geheime Rat Jean Etienne Jordan neben der königlichen Hofloge 1740 die Bauhütte »Aux trois globes«, die zunächst nach der Zeitmode deutsch und französisch arbeitete und 1744 den Namen »Große Königliche Mutterloge zu den drey Weltkugeln« annahm. Es folgten Logengründungen in Breslau und Glogau; die Maurerei verbreitete sich auf preußischem Hoheitsgebiet weniger nach dem Beispiel seines Souverän als nach dem Shakespeare-Wort, daß »alle Dinge bereit sind, wenn das Gemüt es gleichfalls ist«. Das Gemüt der höheren Stände – wie man damals zu sagen pflegte – war es auf jeden Fall. Das Jahrhundert des Gefühlsüberschwangs und -ausbruchs verlangte zum Ausgleich des psychischen Gleichgewichts nach einem neuen, streng von der Ratio geleiteten Denken. Scheinbarer Widerspruch in sich und Kuriosum zugleich: Unter dem strengen absolutistischen Szepter des preußischen Königs erwachte das Individuum vollends, strebte nach Mündigkeit und erfuhr königliche Förderung. Der Funke sprang nicht nur in Preußen über.

1738 hatte Graf von Rutowsky, ein natürlicher Sohn Augusts des Starken, bereits in Dresden die Loge »Aux trois aigles blancs« mit Anspie-

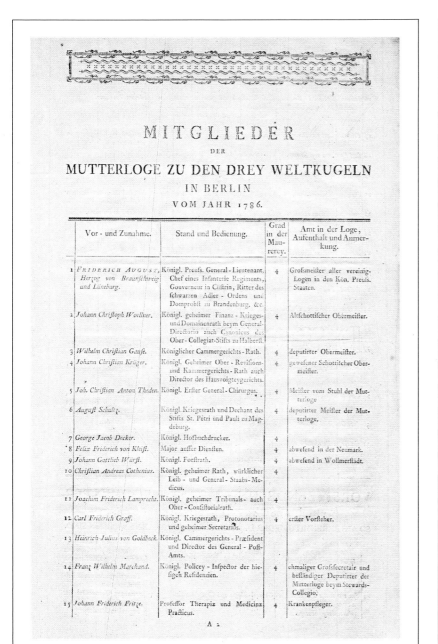

MITGLIEDER

DER

MUTTERLOGE ZU DEN DREY WELTKUGELN

IN BERLIN

VOM JAHR 1786.

	Vor - und Zunahme.	Stand und Bedienung.	Grad in der Maurerey.	Amt in der Loge, Aufenthalt und Anmerkung.
1	FRIDERICH AUGUST, Herzog von Braunschweig und Lüneburg.	Königl. Preuß. General - Lieutenant, Chef eines Infanterie Regiments, Gouverneur in Cüstrin, Ritter des schwarzen Adler - Ordens und Domprobst zu Brandenburg, &c.	4	Großmeister aller vereinig-Logen in den Kön. Preuß. Staaten.
2	Johann Christoph Woellner.	Königl. geheimer Finanz - Krieges- und Domainenrath beym General-Directorio auch Canonicus des Ober - Collegiat-Stifts zu Halberst.	4	Altschottischer Obermeister.
3	Wilhelm Christian Gause.	Königlicher Cammergerichts - Rath.	4	deputirter Obermeister.
4	Johann Christian Krüger.	Königl. Geheimer Ober - Revisions- und Kammergerichts - Rath auch Director des Hausvoigteygerichts.	4	gewesener Schottischer Obermeister.
5	Joh. Christian Anton Theden.	Königl. Erster General - Chirurgus.	4	Meister vom Stuhl der Mutterloge.
6	August Schultz.	Königl. Kriegesrath und Dechant des Stifts St. Petri und Pauli zu Magdeburg.	4	deputirter Meister der Mutterloge.
7	George Jacob Decker.	Königl. Hofbuchdrucker.	4	
8	Felix Friderich von Kleist.	Major außer Diensten.	4	abwesend in der Neumark.
9	Johann Gottlieb Würst.	Königl. Forstrath.	4	abwesend in Wollmerstädt.
10	Christian Andreas Cothenius.	Königl. geheimer Rath, würklicher Leib - und General - Staabs-Medicus.	4	
11	Joachim Friderich Lamprecht.	Königl. geheimer Tribunals- auch Ober - Consistorialrath.	4	
12	Carl Friderich Graff.	Königl. Kriegesrath, Protonotarius und geheimer Secretarius.	4	erster Vorsteher.
13	Heinrich Julius von Goldbeck.	Königl. Cammergerichts - Præsident und Director des General - Post-Amts.		
14	Franz Wilhelm Marchand.	Königl. Policey - Inspector der hiesigen Residenzien.		ehmaliger Großsecretair und beständiger Deputirter der Mutterloge beym Stewards-Collegio.
15	Johann Friderich Fritze.	Professor Therapiæ und Medicinæ Practicus.	4	Krankenpfleger.

A 2

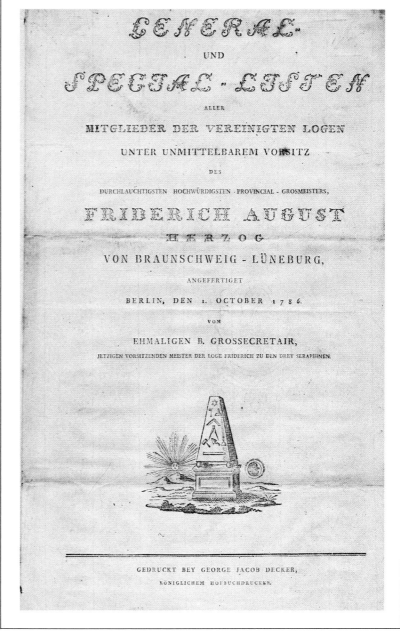

GENERAL-

UND

SPECIAL-LISTEN

ALLER

MITGLIEDER DER VEREINIGTEN LOGEN

UNTER UNMITTELBAREM VORSITZ

DES

DURCHLAUCHTIGSTEN HOCHWÜRDIGSTEN PROVINCIAL - GROSMEISTERS,

FRIDERICH AUGUST

HERZOG

VON BRAUNSCHWEIG - LÜNEBURG,

ANGEFERTIGET

BERLIN, DEN 1. OCTOBER 1786.

VOM

EHMALIGEN B. GROSSECRETAIR,

JETZIGEN VORSITZENDEN MEISTER DER LOGE FRIDERICH ZU DEN DREY SERAPHINEN.

GEDRUCKT BEY GEORGE JACOB DECKER,
KÖNIGLICHEM HOFBUCHDRUCKER.

---

lung auf den polnischen weißen Adler gegründet. Der exzentrische Reichsgraf von Hoditz, der sich am Wiener Hof als Heide ausgab und später als ruinierter Großgrundbesitzer beim preußischen König Zuflucht suchte, schlug 1741 die Brücke nach Österreich mit der Loge »Aux trois canons«. Maria Theresias Gatte, Franz Stephan von Lothringen, wurde ihr Mitglied, obwohl die Kaiserin der »Königlichen Kunst« von Anfang an mißtrauisch begegnet war und sie mit scharfen Erlässen bekämpft hatte. Unbestätigt ist allerdings die Version, daß sie die Loge hatte ausheben lassen, und die verhafteten Würdenträger und Offiziere nur dank des mildernden Einflusses des Kaisers glimpflich davongekommen waren.

Kaiser Franz I. Stephan war schon 1731 als Herzog von Lothringen in Den Haag in Anwesenheit einer Deputation der Londoner Großloge als Freimaurer aufgenommen worden. Im Gegensatz zu Friedrich dem Großen ist er jedoch im Logenleben niemals sehr aktiv gewesen. Ihm ist aber wohl die Tatsache zu danken, daß in seinem Herzogtum Toskana, das ihm 1737 im Austausch gegen Lothringen zugefallen war, die päpstlichen Verfolgungen der Freimaurer eingestellt wurden.

Auch in Böhmen blühte das Logenleben auf. Das Zentrum war Prag, wo eine unbestätigte Überlieferung – wie bereits erwähnt – schon 1726 die erste Freimaurerloge ansiedelt. Als

sicher gilt jedoch, daß während des Österreichischen Erbfolgekrieges, als Prag 1741 bis 1742 von sächsischen und französischen Truppen besetzt war, dort ein reges Logenleben stattgefunden hat.

Die Frage stellt sich natürlich, was jene höheren Stände, aus denen sich der überwiegende Teil der deutschen Logenmitglieder zusammensetzte, an der Freimaurerei überhaupt so faszinierend fanden. Schließlich hatten sie nichts gemein mit den Sorgen, Qualen und auch Hoffnungen der niederen Gesellschaftsschichten. Existenzprobleme – wie etwa für das Gros der Bevölkerung in Frankreich – gab es für sie schon gar nicht, und wenn sie auch nicht wie ihre französischen Standesgenossen in ex-

Fig. 29 Erinnerungsblatt zum hundertjährigen Jubiläum der Aufnahme Friedrichs des Großen in den Freimaurerbund, 1838. Blatt der Großen Königlichen Mutterloge zu den drei Weltkugeln (seit 1772 Große National-Mutterloge der Preußischen Staaten). – FM, Bayreuth.

trem ausbeuterischer Weise auf Kosten der unteren Klassen lebten, so hätte man eigentlich am wenigsten erwartet, daß ausgerechnet sie die Lichter der Aufklärung in deutschen Landen entzünden und bewahren würden.

Sicher handelte es sich zum Teil um eine Modeerscheinung. Französischer Geist, französische Sitten waren damals in Europa tonangebend. Wenn es in Paris »schick« war, Freimaurer zu sein, so war dies zumindest genauso »schick« in Leipzig, Braunschweig, Hannover, Breslau, Frankfurt am Main, Berlin und Wien. Zu allen Zeiten haben geistige Bewegungen einen Tross von schwärmerischen, oft genug auch eigennützigen Mitläufern hervorgebracht. Und genauso wenig wie jeder Kreuzritter ein Paradechrist gewesen ist, war nicht jedes Logenmitglied ein lupenreiner Philanthrop. Dies gilt natürlich auch – es wurde bei der Schilderung der französischen Freimaurerei schon angesprochen – für die herausragenden geschichtlichen Persönlichkeiten.

Friedrich der Große muß sich in dieser Beziehung viel Kritik gefallen lassen. Seine Toleranz hatte durchaus Grenzen. Da war einerseits der philosophierende Atheist, der sich bei der Anerkennung des »großen Baumeisters aller Welten« schwergetan haben dürfte, der aber immerhin die Worte sprach: »In meinem Staate kann jeder nach seiner Fasson selig werden!« Auch sein Brief an den Bischof Sinzendorf ein Jahr nach seinem Regierungsantritt zeigt freimaurerischen Geist, wenn er die Menschlichkeit als erste Tugend eines ehrliebenden Menschen apostrophiert: »Die Stimme der Natur, aus der alle Menschlichkeit stammt, will, daß wir uns gegenseitig lieben und für unser Wohl sorgen. Das ist *meine* Religion.« Andererseits ließ der gleiche Mann, der die Folter abschaffte, die Zensur einschränkte und Gewissensfreiheit gewährte, seine Soldaten prügeln und mit fragwürdigen Methoden anwerben, ja sogar Spießruten laufen; er führte gegen Österreich zwei Raubkriege, die er mit mehr als fadenscheinigen Ansprüchen motivierte. Im Siebenjährigen Krieg profitierte er von den abenteuerlichsten Launen der Glücksgöttin, fragte seine Soldaten barsch, ob sie denn ewig leben wollten, und sah sich zum Schluß auch noch in seinem unrechtmäßig erworbenen Besitzstand bestätigt. Derselbe Friedrich schloß aber auch einen Freundschafts- und Handelsvertrag mit den Vereinten Staaten, der überraschend und seiner Zeit weit voraus die Facette eines Herrschers zeigt, der sich im Geiste der »Königlichen Kunst« der Humanitas im praktischen Sinne verpflichtet. Man könnte die folgenden zwei Artikel dieses Vertrages als philanthropische Phantasterei abtun, und dennoch sind sie im Jahre 1785 zwischen den Freimaurern Benjamin Franklin und Friedrich II. von Preußen ausgehandelt worden, 79 Jahre vor dem Abschluß der Genfer Konvention. In Artikel 23 heißt es:

»Wenn zwischen den beiden kontrahierenden Teilen Krieg ausbrechen sollte, soll es den *Kaufleuten* eines jeden der beiden Länder, die zu diesem Zeitpunkt im anderen Lande wohnen, erlaubt sein, neun Monate zu bleiben, um ihre Schulden einzutreiben und ihre Angelegenheiten zu ordnen, wonach sie frei abreisen und alle ihre bewegliche Habe ohne Belästigung und Behinderung mitnehmen dürfen. Alle Frauen, Kinder, Gelehrte jeglicher Fakultät, Landwirte, Handwerker, Manufakturisten und Fischer, die unbewaffnet in unbefestigten Städten, Dörfern und Orten wohnen, und ganz allgemein alle anderen, deren Beschäftigung dem allgemeinen Lebensunterhalt und dem Wohl der Menschheit dient, sollen ihrer jeweiligen Beschäftigung weiter nachgehen dürfen und sollen nicht persönlich belästigt werden, auch sollen ihre Häuser und Habseligkeiten nicht verbrannt oder anderweitig vernichtet, noch ihre Felder von der Streitmacht des Feindes, in dessen Macht sie durch Kriegsereignisse fallen sollten, verwüstet werden. Wenn es aber notwendig sein sollte, irgend etwas für den Gebrauch einer solchen Streitmacht von ihnen zu nehmen, soll dafür ein vernünftiger Preis bezahlt werden.

Alle Kauffahrtei- und Handelsschiffe, die dazu beitragen, Erzeugnisse von verschiedenen Orten auszutauschen und dadurch die Bedarfsar-tikel menschlichen Lebens leichter und allgemeiner zugänglich zu machen, sollen frei und ungehindert verkehren dürfen; und keine der beiden kontrahierenden Mächte soll irgendwelchen privaten bewaffneten Schiffen irgendein Patent erteilen oder verleihen, das sie ermächtigen würde, derlei Handelsschiffe zu kapern oder zu vernichten oder derartigen Handel zu unterbrechen.«

Artikel 24:

»Um das Geschick von *Kriegsgefangenen* zu mildern und sie nicht der Verschickung in ferne und rauhe Länder oder dem Einpferchen in enge und ungesunde Unterkünfte auszusetzen, verpflichten sich die beiden kontrahierenden Teile gegenseitig und vor aller Welt, daß sie keine derartigen Praktiken einführen werden, daß keiner der beiden die Gefangenen, die er vom andern nehmen könnte, nach Ostindien oder in andere Teile Asiens oder Afrikas schickt, sondern daß sie an einem Ort ihrer Besitzungen in Europa oder Amerika in gesunden Lagen untergebracht werden, daß sie nicht in Verliese, Gefängnisschiffe oder Gefängnisse gesperrt noch in Eisen gelegt, gefesselt oder sonstwie am Gebrauch ihrer Gliedmaßen gehindert werden, daß die Offiziere innerhalb angemessener Bereiche auf Ehrenwort freigelassen werden und bequemes Quartier erhalten und daß die gemeinen Soldaten in Lager gebracht werden, die offen und weitläufig genug für Frischluft und Bewegung sind, und in Baracken untergebracht werden, die so geräumig und gut sind, wie sie die Macht, in deren Hand die Gefangenen sind, ihren eigenen Truppen zur Verfügung stellt, daß ferner den Offizieren von dieser Macht täglich ebensoviele Rationen, bestehend aus denselben Gegenständen und in selber Qualität, zur Verfügung gestellt werden, wie sie Offizieren gleichen Ranges in ihrer eigenen Armee in Naturalien oder nach Tauschwert zugestanden werden, und daß alle anderen von ihr täglich mit Rationen versorgt werden, wie sie einem gemeinen Soldaten in ihrem eigenen Dienst zustehen. Die entstehenden Kosten sollen von der anderen Macht nach Beendigung des Krie-ges bei einem gemeinsamen Kontenausgleich für die Unterhaltskosten von Gefangenen bezahlt werden. Besagte Konten sollen nicht mit anderen vermischt oder gegen irgendwelche andere aufgerechnet werden; auch soll der ausstehende Betrag nicht als Genugtuung oder Vergeltungsmaßregel für irgendwelche anderen Posten oder aus irgendwelchen echten oder vorgeblichen Gründen zurückbehalten werden. Jeder der beiden Mächte soll erlaubt sein, in jedem einzelnen in der Gewalt der anderen befindlichen Gefangenenlager einen Gefangenenkommissar ihrer eigenen Wahl zu haben, der die Gefangenen besuchen kann, so oft er will, alle Hilfssendungen von ihren Verwandten oder Freunden empfangen und verteilen darf und seinen Auftraggebern in offenen Briefen Bericht zu erstatten die Freiheit hat. Wenn aber ein Offizier sein Wort bricht oder ein anderer Gefangener aus der Umfriedung seines Lagers flieht, die ihm gezogen worden ist, soll ein derartiger Offizier oder anderer Gefangener für sich allein der Vorteile dieses Artikels verlustig gehen, die eine Freilassung auf Ehrenwort oder Lagerunterbringung betreffen.

Ferner wird erklärt, daß weder der Vorwand, der Krieg hebe alle Verträge auf, noch irgendein anderer Grund als diesen und den vorhergehenden Artikel annullierend oder außer Kraft setzend erachtet werden soll, sondern daß sie im Gegenteil für eben diesen Kriegszustand vorgesehen sind und während seiner Dauer ebenso unverbrüchlich verfolgt werden sollen wie die anerkanntesten Gesetze der Natur und der Völker.«

Man sieht: Die Ideen einer humanitären Gesellschaft, in der auch dem einzelnen Untertan sein Wert beigemessen wurde, drangen durch eine Art Filter von Tradition, Vorurteil, politischem Imperativ und überwanden selbst die Oberflächlichkeiten geistreich sein wollender Salon-Konversation.

Unbewußt drängte alles zu einem neuen Menschenbild. Es ist ein unbestreitbares Verdienst der Freimaurerei, dieses Idealbild und sein Streben danach unbeirrt bewahrt zu haben.

Fig. 30 Titelblatt einer Freimaurerschrift, englischer Druck, 1754. Ein aus Werkzeugen, Symbolen und Ritualgegenständen geformter Freimaurer. Im Bild links neben ihm der »Rauhe Stein« mit Hammer, rechts vor ihm Darstellung des Pythagoreischen Lehrsatzes.

Schwärmerische Gründungen, phantastische Lehren

Alles bisher über die Freimaurerei Gesagte bezieht sich auf die drei Grade Lehrling, Geselle, Meister der Johannis-Maurerei, auch symbolische Grade genannt, d. h. auf die sogenannte *blaue* Maurerei. Sie führt ihren Namen nach dem Schutzpatron der englischen Steinmetzen, Johannes dem Täufer, wobei anzumerken ist, daß sich die Johannislogen Schottlands auf den gleichlautenden Namen des *Evangelisten* berufen.

Das Blau des Himmels ist auch die bevorzugte Farbe der Johannisloge. Symbol und Tradition sind darin vereinigt, zeigt doch das alte Wappen der englischen Steinmetzbruderschaften drei silberne Türme auf blauem Grund.

Um 1740 trat noch eine zweite Lehrart in Erscheinung, die sich als schottische Maurerei bezeichnete und trotz ihres Namens keine direkte Beziehung zu Schottland hatte, falls man in sie nicht eine politische Verbindung zu dem in Frankreich lebenden exilierten Königshaus der Stuarts hineingeheimnißt. Demnach sollen diese Logen gegründet worden sein, um darin die Anhänger des geflüchteten Jakob II. zu sammeln und dessen dynastische Pläne durchzusetzen. Auf jeden Fall ist der »Écossisme« in Frankreich entstanden, und es blieb bis heute ungeklärt, ob sich das Wort »schottisch« (französisch »écossais«) nicht etwa einfach von dem verballhornten Wort »acacie« – deutsch »Akazie« – ableitet, da der Akazienzweig unserem »Immergrün« vergleichbar eine bedeutende symbolische Rolle spielt. Es handelt sich bei dieser schottischen Maurerei um ein Hochgradsystem, welches auf das Tempelrittertum zurückführt, worauf die bereits erwähnte Mitteilung im »Journal de Berlin« schon 1740 Bezug genommen hatte. Die abenteuerliche Legende fand gläubige und begeisterte Anhänger. Ihr zufolge sei die Freimaurerei zur Zeit der Kreuzzüge in Palästina entstanden, wo Fürsten und Ritter eine Vereinigung gebildet hätten mit der Absicht, auf heiliger Erde den Salomonischen Tempel als Tempel der Christen wiederzuerrichten. Ziel dieser Bestrebungen sei gewesen, die Christen aller Völker in ein und derselben Bruderschaft zu vereinen.

Fig. 31/32 Vor- und Rückseite eines Templersiegels an einer Urkunde von 1167, als sich der Sitz des Ordens noch in Jerusalem befand; Inschrift »De Templo Christi«. Bereits zwanzig Jahre später wurde das einzige christliche Königreich im Morgenland von dem ägyptischen Sultan Saladin I. für den Islam zurückerobert. – Bayerisches Hauptstaatsarchiv, München.

Könige, Fürsten und Ritter hätten nach ihrer Rückkehr aus Palästina und dessen Verlust in ihren Ländern verschiedene Logen gegründet, in denen durch Symbol und Ritual der Gedanke einer christlichen Weltbruderschaft wachgehalten worden sei. Einige der Tempelritter, die 1314 dem Massaker des Ordens entkommen seien, hätten die »geheimen Vermächtnisse« dieser Bruderschaft nach Schottland gerettet und durch vier Jahrhunderte in den dortigen Logen gehütet.

Im wesentlichen ist diese Version auf eine Rede des Chevalier André Michel Ramsay zurückzuführen, die dieser 1737 in der Loge »Louis d'Argent« gehalten hatte. Der Schotte Ramsay, von dem nicht sicher ist, ob er einer Bäckers- oder Aristokratenfamilie entstammte, war auf jeden Fall eine bemerkenswerte Persönlichkeit seines Jahrhunderts. Ursprünglich Offizier, dann vielgerühmter Erzieher, unter anderem der Kinder des schottischen Thronprätendenten Jakob III., wurde er in Frankreich von Philippe d'Orléans geadelt, der während der Unmündigkeit Ludwigs XV. dort die Regentschaft führte. Als Bewunderer des bei Hofe in Ungnade gefallenen Erzbischofs von Cambrai, de Fénélon, und unter dessen Einfluß trat er zum Katholizismus über. Im Alter von 44 Jahren wurde er 1730 Freimaurer. Wenn er auch als Parteigänger der Stuarts aus seinem Vaterland vertrieben worden war, gestattete man ihm dennoch aus Hochachtung vor seinen pädagogischen Qualitäten, mit einem königlichen Schutz- und Geleitbrief versehen, das Studium in Oxford, wo er zum Doktor der Rechte promovierte. Und er wurde trotz seiner politischen Gegnerschaft in London als Mitglied in die Royal Society aufgenommen. Er war zweifellos ein Idealist und ein Schwärmer zugleich, was sich in seiner berühmten Rede widerspiegelt.

Ziel der Freimaurerei sei es, alle tugendhaften, gebildeten und aufgeklärten Menschen guten Willens zu vereinen. Die von einem Freimaurer geforderten Eigenschaften sind Menschlichkeit, Sittlichkeit, Verschwiegenheit und Liebe zu den schönen Künsten. Tugend und

Fig. 33 Abbildung aus »Die Enthüllung der strengsten frei-
maurerischen Geheimnisse der Hochgrade oder der wahre
Rosenkreuzer« (»Les plus secrets mystères de Haut Grades de
Maçonnerie dévoilés ou le vrai Rose-Croix«).

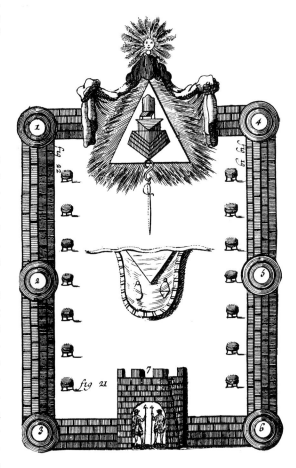

Wissenschaft sind der Mörtel, der die weltweite Bruderschaft zusammenhält, wie es
schon von den Kreuzfahrern, die Ramsay als
die Ahnherren der Freimaurerei anspricht, angestrebt wurde. Dabei versteigt er sich zu der
Behauptung, daß sich der Begriff Johannis-
Maurerei von den Johanniter-Rittern ableite.
Das geistige Ziel sei es, gute und tugendhafte
Weltbürger heranzuziehen.

Die maurerischen Geheimnisse bestehen aus
Zeichen, Wort und Griff, deren Wert in der
Allumfassendheit begründet ist, als universale
Sprache gegenseitigen Erkennens von Gleich-
gesinnten. Wissenschaftliche Aufgabe ist es ferner, für die gebildete Weltbruderschaft ein uni-
verselles Lexikon der freien Künste und nützli-
chen Wissenschaften herauszugeben, worin
Politik und Theologie als Elemente der Zwietracht ausgeschlossen sein sollen, eine deut-
liche Anspielung auf die englischen und französischen Enzyklopädisten zu Ramsays Zeit.
Schließlich kommt Ramsay auf die enge Ver-
wandtschaft zwischen Freimaurerei und den
antiken Mysterien zu sprechen, wobei für den
Untergang dieser Geheimkulte die Zulassung
der Frauen verantwortlich gemacht wird,
»...welche die Reinheit unserer Sitten verder-
ben, weshalb sie von der Zugehörigkeit zur
Freimaurerei ausgeschlossen sind«.

Von diesen Idealen weg wendet sich der Redner noch der profanen Politik zu, die er freilich
auch wieder zu idealisieren, wenn nicht zu
glorifizieren bemüht ist: Nach den jahrhundertelangen Religionsstreitigkeiten kehrte die in
Schottland rein bewahrte »Königliche Kunst«
nach Frankreich zurück »unter der Herrschaft
des liebenswürdigsten der Könige, dessen
Menschlichkeit alle erdenklichen Tugenden
beseelt«. Gemeint ist Ludwig XV., der »Vielge-
liebte«, unter dessen »Menschlichkeit« und
verschwenderischer Mißwirtschaft eine ganze
Nation in unmenschliches Elend gestürzt
wurde, was sein unbedarfter Nachfolger auf
dem Blutgerüst zu büßen hatte.

Wenn Ideal und Realität in der Beschwörung
dieses historischen Gemäldes auch in diffuses
Halbdunkel getaucht sind, so ist das politische

Kalkül darin doch nicht zu übersehen. Ramsay
und seine Freunde versprachen sich eine ver-
stärkte Unterstützung des Hauses Stuart gegen
die Hannoveraner auf dem englischen Königsthron. Hilfe wurde zwar tatsächlich gewährt,
doch die Rechnung sollte weder für die Stuarts
noch für die Bourbonen aufgehen.

Nur, Ramsays Schwärmerei verzeichnete einen ungeahnten Erfolg, erlag ihr doch nicht
nur der französische Jahrmarkt der Eitelkeiten
im verspielt-tändelnden Rokoko. Auch in
Deutschland und Schweden war der Zulauf
enorm. Allzu Menschliches drängte sich in das
neue System mit seinen zahllosen Variationen
und Graden – bald gab es derer bis zu neunzig
– mit einer unübersehbaren Menge von Riten
und Symbolen. Mystische, gnostische und kab-
balistische Einflüsse vermengten sich dabei
mit dem Grundprinzip der Templerlegende in
Anknüpfung an den historischen Feuertod des
letzten Großmeisters Jacques de Molay im
Jahre 1314.

Nicht von der Hand zu weisen ist der kritische
Vorwurf, daß die Schaffung der Hochgradsy-
steme die ursprüngliche demokratische Tendenz der Freimaurerei aufgehoben habe, zugunsten einer streng gegliederten Hierarchie,

die dem persönlichen Geltungsbedürfnis des
einzelnen entgegenkommt und dem maurerischen Gleichheitsprinzip widerspricht.

In Deutschland war es Reichsfreiherr Karl
Gotthelf von Hund und Altengrotken, ein
schlesischer Großgrundbesitzer, der unter der
Bezeichnung »Strikte Observanz« dieses
Hochgradsystem populär machte. Auch er war
ein Schwarmgeist, ein typischer Vertreter seines sentimentalen Jahrhunderts. Nach einem
erschütternden Herzenserlebnis trat er unter
der Protektion einer vornehmen Pariser Dame
zum Katholizismus über, fand dann den Weg
zur Freimaurerei, vielleicht durch Vermittlung
der in Paris ansässigen Gefolgsleute der Stuarts. 1743, mit einundzwanzig Jahren, leitete
er dort bereits eine Loge. Fortan war sein ganzes Leben bis zu seinem Tode 1776 nur noch
der »Königlichen Kunst« geweiht, ihr opferte
er Zeit, Geld und Besitz.

Auch *seinen* farbigen, phantasiereichen Schil-
derungen sollte man mit Vorsicht begegnen.
Ihnen zufolge ist er 1742 in Rom am Hofe des
letzten schottischen Prätendenten Karl Eduard
Stuart zum Ritter des Templerordens und
»Heermeister« der VII. Ordensprovinz (wozu
Deutschland gehört) geweiht worden. Der Prä-
tendent wurde lange Zeit, was nie bestätigt
worden ist, als der geheime Großmeister und
Bewahrer der alten Tempeltraditionen angesehen. Hund legte als Beweisstück seiner Bestal-
lung ein verschlüsseltes, nie dechiffriertes Dokument vor, was ihn in ein gewisses Zwielicht
brachte, obwohl er ohne Zweifel ein Mann von
untadeligem Ruf und besten Absichten gewesen ist.

Zusammen mit seinem Freund Marschall von
Bieberstein begann er auf seinen schlesischen
Besitzungen im Templer-Ritus zu arbeiten.
Auf seinem Schloß zu Kittlitz errichtete er die
Schottenloge »Zu den drei Säulen«, Bieberstein in Naumburg die Loge »Zu den drei
Hämmern«. Sich selbst gab Hund den hoch-
trabenden Titel »Carolus Eques ab Ense«;
auch die übrigen Logenmitglieder führten
wohlklingende Ordensnamen, wobei man darauf bedacht war, möglichst hohe Standesper-

Fig. 34 Allegorie auf die Königliche Kunst, Kupferstich, Leipzig 1786. Titelblatt einer Verteidigungsschrift der Strikten Observanz gegen den protestantischen Theologen Freiherr von Starck, der heimlich zum katholischen Glauben übergetreten sein soll. In Anspielung darauf zeigt der Stich einen protestantischen Geistlichen mit Tonsur, der auf den Vatikan deutet. – Im Besitz der Loge »Zur Ceder«, Hannover.

sonen dem Orden zuzuführen. Grundbedingung des Systems war strengster Gehorsam, woraus sich die Bezeichnung »Strikte Observanz« ableitet. Ordenstracht war der weiße Mantel mit dem roten Templerkreuz. Darunter trug man einen purpurroten Waffenrock mit goldgestickten Schleifen und blauer Weste. Der Orden umfaßte die schon bekannten drei Johannisgrade, den Schottengrad und den sogenannten »Inneren Orient«, der wiederum aus zwei Stufen, »Novize« und »Eques« (also Ritter) bestand.

Um 1770 wurde noch ein selbständiger Rittergrad, der Eques Professus, hinzugefügt. Das entsprechende Ritual dafür verlangte von seinen Mitgliedern, sich an die Ordensregel des heiligen Bernhard von Clairvaux zu halten und dies bei Gott, der Heiligen Jungfrau und allen Heiligen zu beschwören. Dieser rein katholisch konzipierte Eid, der auch für Protestanten verbindlich war, weckte zur damaligen Zeit den Verdacht, daß die katholische Kirche, da die Obersten der Jesuiten gleichfalls Professi hießen, auf dem Umweg der Infiltration des Templerordens Einfluß auf die Freimaurerei gewinnen wollte. Man mutmaßte darin die allerdings unbewiesene Absicht, die Vorherrschaft der protestantischen Königshäuser Hannover und Preußen als Protektoren der Freimaurerei durch eine solche der katholischen Fürsten und Staaten allmählich zu verdrängen und damit die »Königliche Kunst« zu einem Werkzeug und Diener der Kirche umzufunktionieren.

Das Templertum hatte damals Hochkonjunktur. Aufklärung und Mystizismus gingen dabei einen Bund ein, der auf die damaligen Zeitgenossen einen besonderen Reiz ausübte. Man könnte von einer Gründerzeit der Hoch- und Geheimgrade sprechen. Als Gegenpart zur »Strikten Observanz«, dem »weltlichen Teil« des neuerweckten Templerordens, schuf ausgerechnet wieder ein Protestant, der Theologe Johann August Freiherr von Starck, einen »Geistigen Zweig«. Obwohl er gleich dem Reichsfreiherrn von Hund in Paris die katholische Taufe erhalten haben soll, hat er seine

kirchliche Laufbahn als Präsident des evangelischen Konsistoriums in Darmstadt 1816 beendet.

Starck war der Begründer des sogenannten »Klerikats«, dessen Mitglieder sich, um die Geheimnistuerei auf die Spitze zu treiben, nach der Ordenslegende von den Essenern ableiteten. Deren Nachkommen sollen im 12. Jahrhundert durch Vermittlung des heiligen Bernhard dem Templerorden beigetreten sein. Es sollen die Fratres clerici dieses Ordens gewesen sein, die im Besitz aller Geheimnisse der Magie und Alchimie einstmals ein geweihtes Hochkapitel von geweihten Klerikern gebildet hätten und noch heute die wahren Oberen der Freimaurerei seien. Starck selbst bezeichnete sich als Kanzler dieses Klerikats, worauf Hund diesen Anspruch sogar anerkannte und seine »Strikte Observanz« 1772 auf dem Konvent zu Kohlo in der Niederlausitz mit diesem »Geistigen Zweig« des Templertums vereinigte. Allerdings hatte diese Gemeinschaft dann nur sechs Jahre Bestand.

Das Gründungsfieber der überall entstehenden Templerlogen, die sich nach mittelalterlichen Vorbildern Kapitel nannten, rief auch sogleich die Schwindler und Geschäftemacher

auf den Plan. Käufliche Titel und Würden, noch dazu, wenn sie recht respektvoll und hochtrabend klingen, waren eben zu allen Zeiten begehrte Dekorationsartikel der Selbstbestätigung.

Da gab es beispielsweise einen Konsistorialrat in Köthen, den man wegen seines skandalösen Lebenswandels aus dem Amt gejagt hatte, der der protestantischen Geistlichkeit kein Musterzeugnis ausstellte. Als gewandter Redner und Gesellschaftslöwe propagierte er als eine Art Geschäftsreisender in Freimaurerei ein weiteres neues System innerhalb des gerade praktizierten, und zwar gegen klingende Münze.

Eigentlich hieß er recht prosaisch Dietrich Schumacher, doch Philip Samuel Rosa hörte sich wohl eindrucksvoller an, zumal für all jene, die auf den Bauernfänger hereinfielen. Das sogenannte Clermontsche System – der Name bezog sich auf ein Pariser Jesuitenkollegium, wo Jakob II. (1633–1701) einst Zuflucht gefunden hatte – diente ihm als Köder. Der abwechselnde Gebrauch der lateinischen und französischen Sprache auf der Grundlage einer abstrusen Legende, die wiederum zu magischen und alchimistischen Phantastereien verleitete, verfehlte nicht seine Wirkung. Ein übriges tat Rosas Ankündigung, aus Sonnenstaub Gold herstellen zu können sowie die Vermittlung von theologischen, astrologischen, kosmologischen, kosmosophischen, physiognomischen und kabbalistischen Kenntnissen, wie er es marktschreierisch formulierte.

Von Halle aus, wo er bereits 1745 aus der Loge »Zu den drei goldenen Schlüsseln« wegen seiner Sittenlosigkeit ausgeschlossen worden war, trieb er seine einträglichen Geschäfte, bis er einem anderen Schwindler in die Quere kam, der ihn an Format weit übertraf. Dieser nannte sich Georg Friedrich von Johnson-Fünen, hatte jahrelang in Prag und Wien von Betrügereien gelebt und war vorübergehend Jägerbursche beim Fürsten von Anhalt gewesen. 1758 gab er sich noch unter seinem richtigen Namen Leicht oder Leucht als Abgesandter der Preußischen Großloge aus, imponierte durch ent-

Fig. 35 Balsamo/Cagliostro, kolorierter Kupferstich, London 1786. Während einer Arbeit in der »Lodge of Antiquity« wurde Balsamo alias Graf Cagliostro am 1. November 1786 endgültig als Schwindler entlarvt. Balsamo, links neben dem Tisch, sagt in seiner Sprechblase: »O Gott, ich bin entlarvt«. Der Bruder rechts von ihm hinter dem Tisch bemerkt: »Zum Schluß kommt alles heraus«. Ein Bruder dahinter reicht Balsamo den Hut mit den Worten: »Nehmen Sie Ihren Hut, Sir, und Gott behüte Sie!«.

maßen unschuldig hervorgegangen, und seine prahlerischen Berichte über seine prinzliche Herkunft konnten zumindest niemals widerlegt werden.

Eine der merkwürdigsten Erscheinungen im Zwielicht der »Strikten Observanz« war ein gewisser Johann Georg Schrepfer, der im wahrsten Sinne des Wortes ein kurzes Gastspiel von nur zwei Jahren gab, nachdem er aus dem Nichts 1772 in Leipzig aufgetaucht war, wo er ein Kaffeehaus eröffnete. Dort hielt er aus freien Stücken eine schottische Loge ab und drohte, als man ihm in die in Leipzig bereits bestehende Schottenloge den Zutritt verwehrte, die Rituale der »Strikten Observanz« öffentlich zu enthüllen, worauf ihn der Herzog von Kurland als Schutzherr der sächsischen Logen verhaften und ihm eine Prügelstrafe verabfolgen ließ. Schrepfer ging darauf nach Frankfurt am Main, fand Kontakt zu den Freimaurerkreisen des Herzogs von Braunschweig und betrieb nun in seinem »System«, das wieder einmal als das einzig wahre der Freimaurerei angepriesen wurde, Zauberei und billigste Geisterbeschwörung mittels einer Laterna magica. Als er im Auftrag des Herzogs von Kurland von dessen Kammerherrn Rudolf von Bischoffswerder verhört wurde, vermochte sich Schrepfer so in Szene zu setzen, daß er nach Dresden berufen wurde, um dort mit der Behauptung, der natürliche Sohn eines französischen Prinzen zu sein, erneut sein spiritistisches Unwesen zu treiben. Der naive Bischoffswerder führte ihn beim preußischen Königshof ein, wo er von dem skrupellosen Staatsminister Wöllner als willkommenes Werkzeug mißbraucht wurde, um den zwischen Mätressenwirtschaft und Rosenkreuzertum hin- und herschwankenden Nachfolger des großen Friedrich durch Geisterbeschwörungen willenlos und gefügig zu machen.

Bald darauf schied Schrepfer mit einem geradezu spiritistischen Knalleffekt aus der Welt. In Not geraten, erschoß er sich in Anwesenheit von Bischoffswerder und einigen Anhängern in einem Gebüsch. Zuvor hatte er geheimnisvoll angekündigt, daß er unmittelbar nach dem

sprechendes Auftreten, vollzog unter geheimnisvollem Brimborium und alchimistischem Hokuspokus Aufnahmen und legte sich den ehrfurchtheischenden Titel »Ritter vom großen Löwen des hohen Ordens der Tempelherren von Jerusalem« zu. Er brachte es sogar zum sächsischen Rittmeister, wurde wegen erneuter Betrügereien eingesperrt, erschien dann 1763 als »Abgesandter und Groß-Prior des wahren Templer-Ordens« in Jena und gab sich unter dem Namen von Johnson-Fünen als schottischer Edelmann aus. Von dem Geheimen Großkapitel mit allen Vollmachten versehen, sei er ausgesandt, die deutschen Templerlogen zu reformieren, sie von falschen Lehrarten zu reinigen und allen Brüdern die geheimen Wissenschaften, darunter natürlich die Kunst des Goldmachens, zugänglich zu machen. An gutgläubigen Opfern bestand kein Mangel. Scharenweise ließen sich begüterte Leute gegen teures Geld von ihm zum Ritter schlagen. Sein Prestige wurde noch gefestigt, als es ihm gelang, den Ex-Konsistorialrat Rosa alias Schumacher als Schwindler zu entlarven und das Clermontsche System seiner Obedienz zu unterwerfen. Bei der dadurch notwendig gewordenen nochmaligen Aufnahme ins Novi-

ziat, wobei die früheren Aufnahmeurkunden unter Trompetengeschmetter feierlich verbrannt wurden, bat er die Düpierten selbstverständlich erneut kräftig zur Kasse.

Auch »Heermeister« Reichsfreiherr von Hund ließ sich von dem Scharlatan blenden, huldigte ihm sogar in voller mittelalterlicher Rüstung, bis ihm schließlich die Einsicht kam, daß dieser »edle Tempelritter« doch wohl nur ein gemeiner Betrüger sein konnte. Er forderte ihn auf Pistolen und ließ den Flüchtigen, der mit den Ordensgeldern durchgehen wollte, vom Weimarischen Minister Freiherr von Fritsch verhaften. Im Lutherzimmer der Wartburg wurde von Johnson alias Leucht oder Leicht daraufhin bis zu seinem Tode 1775 in erträglicher Haft gehalten. Immerhin erging es ihm noch besser als seinem berühmteren Kollegen Graf Cagliostro alias Giuseppe Balsamo, der sogar eine eigene sogenannte »Ägyptische Loge« gegründet hatte und in der päpstlichen Festung San Leone bei Urbino elend zugrunde ging. Trotz seiner noch heute wachgehaltenen schlechten Reputation hatte man Cagliostro niemals etwas Ehrenrühriges nachsagen können. Aus der berüchtigten Halsbandaffäre um die Königin Marie Antoinette ist er erwiesener-

tödlichen Schuß als sichtbarer Geist auferstehen würde. Seine Freunde warteten vergeblich darauf.

In den sechziger und siebziger Jahren des 18. Jahrhunderts hatte die »Strikte Observanz« ihren Kulminationspunkt erreicht, vor allem dank der Aktivität des Großgrundbesitzers und ehemaligen hannoverschen Kriegskommissars Johann Christian Schubart, der bei unermüdlicher Reisetätigkeit in Preußen und Sachsen zahlreiche Logengründungen vornahm.

Doch alles hat seine Zeit. Reichsfreiherr von Hund mußte noch erleben, daß die Tempelritter-Schwärmerei, die ja mit ihrem zeremoniellen hierarchischen System die Grundidee des Freimaurertums völlig überdeckt hatte, aus der Mode kam. Vier Jahre vor seinem Tode wurde, wohl auf Veranlassung Friedrichs des Großen, der sich im Geiste Voltaires spöttisch-kritisch über die »Strikte Observanz« geäußert hatte, Herzog Ferdinand von Braunschweig zum Großmeister sämtlicher schottischer Logen bestellt und somit dem »Heermeister« Hund übergeordnet. Als »Magnus superior ordinis« sollte er, obwohl selbst der Mystik, dem Aberglauben und der Magie anhängend, die Schwarmgeister wieder auf den Boden der Realität zurückholen.

Nachdem der Reichsgraf in vollem Templerornat, als hätte er Jerusalem zurückerobert, 1776 im unterfränkischen Mellrichstadt beigesetzt worden war, hatte auch für die »Strikte Observanz« die Todesstunde geschlagen.

1782 berief der Herzog von Braunschweig den Konvent von Wilhelmsbad ein, um die Schottenlogen, die zum großen Teil zu Maklerinstituten für den ökonomischen Profit ihrer Mitglieder herabgesunken waren und in Zielsetzung und Auftreten einen eklatanten Anachronismus darstellten, von Grund auf zu reformieren. Der Träumer war aufgewacht, die Reformierung aber gelang nicht. In 36 Sitzungen kam man zu dem Schluß, daß die »Strikte Observanz« in keiner Weise vom mittelalterlichen Tempelherrenorden abzuleiten sei und daß auch keine geheimen Oberen existierten; daß man sich mit diesen Behauptungen viel-

mehr der Lächerlichkeit preisgebe und daß allenfalls von einer gelegentlichen Analogie zwischen Templertum und Freimaurerei gesprochen werden könne.

Vorbei war es mit Ritterspielen, Astrologie, Aberglauben und Geheimkult in jeglicher Form. Ernüchterung und Besinnung auf die ursprünglichen Werte machten der Schwärmerei Platz. Indirekte Antwort auf den fehlgeschlagenen Versuch von Wilhelmsbad war die von den Provinziallogen von Frankfurt und Wetzlar ausgehende Stiftung des Eklektischen Freimaurerbundes von 1783.

Ein Rundschreiben des Stuhlmeisters der Frankfurter Loge »Zur Einigkeit«, Karl Brünner, erinnerte an die Einfachheit der ursprünglichen Rituale mit dem Aufruf, Freiheit und Gleichheit wie zu Anfang zu den Grundelementen der »Königlichen Kunst« zu erheben. Pseudohistorische Spitzfindigkeiten und allegorische Spielereien sollten für immer eliminiert werden; nur noch die drei Johannisgrade sollten Gültigkeit haben, wobei der Lehrling der Erkenntnis seiner selbst, der Geselle der Erkenntnis der Natur und der Meister der Erkenntnis des Schöpfers aller Dinge zugeführt werden solle. Mit der Rückbesinnung auf die

wahren sittlichen Werte verblaßte auch die damals weit verbreitete Modeerscheinung des Goldmacher- und Rosenkreuzertums, nachdem man weder das Rezept des Goldmachens noch den Stein der Weisen, der dem Menschen alle Geheimnisse erschließen würde, gefunden hatte.

Indessen sorgte ein anderer Impuls erneut für Verwirrung und Aufregung. Ein prominenter Name steht zunächst für ihn, nämlich der Autor der noch heute lesenswerten Schrift »Über den Umgang mit Menschen«, der Hannoveraner Großgrundbesitzer Freiherr von Knigge. Ein überzeugter Pazifist und Kosmopolit, hatte er schon auf dem Konvent zu Wilhelmsbad als begeisterter Freimaurer gegen das heillose Durcheinander der Systeme leidenschaftlich Stellung bezogen. In Frankfurt am Main stieß er dann zu dem 1776 gegründeten Illuminatenorden, dessen Stifter, der Ingolstädter Professor Adam Weishaupt, leider nichts über den rechten Umgang mit Menschen wußte. Es waren nicht zuletzt das schroffe Wesen und der pathologische Jesuitenhaß des ehemaligen Jesuitenschülers, welche die Gegnerschaft herausforderten und dem Illuminatentum den völlig ungerechtfertigten Vorwurf eintrugen, für die blutigen Exzesse der revolutionären Schreckensherrschaft in Frankreich verantwortlich zu sein.

Hauptsächlich um dem Unwesen der Rosenkreuzer entgegenzuwirken, war Weishaupt zur Gründung der »Perfektibilisten«, so der ursprüngliche Name – bevor man ihn in Illuminatenorden umänderte – geschritten, nach den strengen pädagogischen Prinzipien des Jesuitentums in dem Bestreben, die »menschliche Gesellschaft zu einem Meisterstück der Vernunft« zu gestalten. Selbständig denkende Menschen aus allen Weltteilen, Ständen und Religionen sollten trotz divergierender Meinungen in Erkenntnis eines höheren gemeinsamen Interesses in einem Weltbund dauerhaft vereinigt werden. Aber nach nur neun Jahren war im Orden, dem so prominente Mitglieder angehört hatten wie Goethe, Herder, der Generalpostmeister von Thurn und Taxis, der österreichische Staatskanzler Graf Cobenzl, die Herzöge Karl August von Sachsen-Weimar, Ferdinand von Braunschweig und Ernst von Gotha, schon der letzte Lebensfunke erloschen.

Die Parallele zum Freimaurerbund drängt sich auf. Tugend und Weisheit sollten durch Veredelung des Menschen über Dummheit und Bosheit triumphieren und nicht zuletzt über jeden Despotismus. Jedoch griff diese als geheime Weisheitsschule gegründete Gesellschaft dadurch, daß sie sich konkrete politische Ziele setzte, über das Freimaurertum hinaus. Wieder gab es eine dreifache Unterteilung, diesmal in Klassen, illuminatus minor, major und dirigens, wobei jede Klasse wieder in mehrere Grade aufgeteilt war. Es gehört zu den Eigentümlichkeiten kämpferischer Charaktere, daß sie oftmals die Methoden ihrer schärfsten Gegner imitieren. So übernahm Weishaupt nach dem Vorbild der Jesuiten die

Fig. 38 Adolf Freiherr von Knigge (1752–1796), Kupferstich von Lahde, 1796. »Die Welt«, schrieb Voltaire, »schuldete ihm aus Dankbarkeit eine Belohnung. Doch die Welt ist undankbar.«

Leitung seiner äußerst straff geführten Organisation als Ordensgeneral. Jedes Mitglied mußte bedingungslosen Gehorsam leisten, auch darin, andere Mitglieder zu beobachten und dem Vorgesetzten darüber genauest Bericht zu erstatten, eine Maßnahme, die zwar der geistigen und charakterlichen Auslese diente, von Gegnern jedoch leicht im negativen Sinne interpretiert werden konnte. Außerdem führte jedes Mitglied einen lateinischen oder griechischen Namen. So nannte Weißhaupt sich »Spartacus«, Knigge »Philo«.

Im geheimen Priestergrad, der höchsten Stufe der Illuminaten, wurde jedoch an den damaligen Ideen der Aufklärung heftigste Kritik geübt, denen sich die »geheime Weisheitsschule« entgegenstellen sollte, wobei sich anarchistisches Gedankengut einschlich, was zu vielen Mißverständnissen und dem späteren harten Urteil über die Illuminaten Anlaß gab: »Für-

sten und Nationen werden von der Erde verschwinden, das Menschengeschlecht wird dereinst eine Familie, und die Welt der Aufenthalt vernünftiger Menschen werden.« Oder: »Die Moral ist die Kunst, die Menschen zu lehren, sich von der Vormundschaft zu befreien und Fürsten und Staaten entbehrlich zu machen.«

Um diese abstrakte Vision in die Praxis umzusetzen, suchte Weishaupt eine Verbindung zur Freimaurerei, indem er die Münchner Loge »Theodor zum guten Rat« in den eigenen Orden integrierte. Jedoch sollte der neuen Weisheitsschule keine blühende Zukunft beschieden sein. Zu den natürlichen Feinden, den Jesuiten, kamen persönliche Querelen zwischen Weishaupt und Knigge, so daß letzterer den Orden wieder verließ. Bald darauf setzte, auf Betreiben von jesuitischen Ratgebern, die Illuminatenverfolgung durch den bayerischen Kurfürsten Karl Theodor ein, so daß der Orden 1784/1785 durch kurfürstliche Verordnungen aufgelöst wurde. Weishaupt, sicher von edelstem Wollen erfüllt, jedoch eine komplizierte Persönlichkeit, konnte sich der Verfolgung nur durch die Flucht entziehen. Asyl fand er schließlich bei seinem treuen Gönner Herzog Ernst von Gotha, der ihn zum Hofrat ernannte. Von Gotha aus, wo er 1830 starb, verteidigte er sich noch jahrzehntelang gegen die Anschuldigungen seiner Gegner, die teilweise soweit gingen, ihm und seinen Freunden den Ausbruch der Französischen Revolution anzulasten.

Der Illuminatenorden, der in seiner Glanzzeit bis zu zweitausend Mitglieder zählte, war kometengleich als ephemere Erscheinung eines bewegten Zeitalters aufgetreten.

Die Freimaurerei, die sich inzwischen von ihren schlimmsten Auswüchsen befreit hatte, überlebte und trat nun in eine neue geistige Phase ein.

Die Entwicklung in Österreich und in der Schweiz

Als Urvater der österreichischen Freimaurerei wird gern Franz Anton Graf Sporck zitiert, ein Grandseigneur des Barock, Sohn eines berühmten Reitergenerals und zeitlebens in Fehde mit den Jesuiten, wobei er im persönlichen Konflikt die spätere Erbfeindschaft zwischen Kirche und »Königlicher Kunst« vorwegnahm.

Als Achtzehnjähriger hatte er 1680 die damals übliche Kavalierstour durch Europa angetreten, wobei er Italien, Frankreich, Holland und England besuchte. In Frankreich hatte den jungen Mann, ungewöhnlich für sein Alter, der Jansenismus tief beeindruckt, dieser weltabgewandte, verinnerlichte Katholizismus, der von den Jesuiten aufs heftigste bekämpft und als Häresie verschrien wurde. Ob Sporck schon damals in England mit freimaurerischen Kreisen in Berührung kam, konnte nicht festgestellt werden; es gibt auch keine Belege dafür, daß er im Alter von 64 Jahren 1726 in Prag die Loge »Zu den drei Sternen« gegründet haben soll. Gäbe es eine Bestätigung dafür, so würde es sich um die älteste Logengründung im mitteleuropäischen Kulturraum handeln.

Aktivitäten der Prager Loge während des Österreichischen Erbfolgekrieges wurden schon erwähnt. Prag und Wien waren dann die Zentren, von denen aus die »Königliche Kunst« in ihren mannigfachen Variationen in die österreichischen Erblande ausstrahlte. Es gesellte sich noch ein weiteres Hochgradsystem hinzu, die sogenannten »Asiatischen Brüder«, ein Ableger der Rosenkreuzer. Ihr Ritual betonte besonders die jüdische Kabbala, und entgegen der weitverbreiteten Legende von der »jüdischen Freimaurerei« wurden hier zum erstenmal Juden als die »uralten echten Brüder aus Asien« aufgenommen, was ihnen bei den übrigen Logen noch lange, oft bis weit ins 19. Jahrhundert hinein, verwehrt sein sollte. Aber auch hier war die gute Absicht stärker als die beabsichtigte Wirkung, die durch allerlei Beschränkungen der Lehrmeinungen wieder aufgehoben wurde.

In Wien kann man den Beginn der Freimaurerei auf den 17. September 1742 ansetzen.

Fig. 39 Philipp Gotthard von Schaffgotsch, Fürstbischof von Breslau (1716–1796), Stifter der ersten Wiener Loge »Aux trois canons« 1742. Stich von Mark, 18. Jh. – ÖFM, Rosenau.

Stifter der schon erwähnten Loge »Aux trois canons«, zu deren Mitgliedern Maria Theresias Gatte gehörte, war Philipp Gotthard Graf Schaffgotsch, der spätere Fürstbischof von Breslau. Dort war schon 1741 die Loge »Aux trois squelettes« gegründet worden, der Schaffgotsch trotz der inzwischen von Papst Clemens XII. erlassenen Bulle weiterhin angehörte, auch als man ihn für exkommuniziert erklärte. Schließlich mußte der Papst die kirchliche Strafe zurücknehmen. Breslau war nach dem ersten schlesischen Krieg preußisch geworden. Und so sandte der österreichisch gesinnte Koadjutor Schaffgotsch seine Freunde, die Grafen Hoditz und Grossa, nach Wien, um dort eine Art Nachfolgeloge zu gründen. Sie wurde, übrigens mit den Statuten der großen preußischen National-Mutterloge, gleich als Großloge konzipiert, wahrscheinlich um Franz Stephan von Lothringen, der drei Jahre später Kaiser werden sollte, das Großmeisteramt anzutragen.

Weitere Logen entstanden ungehindert in den folgenden Jahrzehnten in Wien wie in den übrigen katholischen Ländern der Monarchie, trotz Maria Theresias Mißtrauen. Die erste wie auch die zweite päpstliche Bulle gegen die Freimaurerei von Benedikt XIV. von 1751 fanden keine Beachtung, nicht, daß die Kaiserin plötzlich ihre Sympathie für die Freimaurerei entdeckt hätte, sondern weil sie keine päpstliche Einmischung in die Oberhoheit des Staates dulden wollte. Vorübergehende Verbote der Kaiserin 1766/1767 waren rein akademischer Natur und blieben ohne Wirkung. Auch die verschiedenen Systeme der »Strikten Observanz« hielten in Österreich Einzug.

Von den Hochgradsystemen verdient besonders für Ungarn und die angrenzenden Bezirke die »Draskovich-Observanz« Erwähnung, weil sich in ihr und ihrem Begründer, dem humanitär engagierten kroatischen Grafen Draskovich, die Grundhaltung der österreichischen Freimaurerelite widerspiegelt. Es ist keine Frage, daß es ihr Verdienst war, wenn in Österreich mit den Lichtern der Logen auch die Lichter der Aufklärung angezündet wurden.

In der Konstitution der Draskovich-Observanz finden wir die Sätze: »Wir sind alle gleich geboren. Die Natur legte zwischen uns keine Unterschiede. Wem also das Los zuteil wurde, Untertanen oder Diener zu haben, muß diese sanftmütig behandeln und alles vermeiden, ihr durch ihren Stand ohnehin schweres Schicksal noch mehr zu erschweren.« Ungewohnte, vor allem unerwartete Einsichten von Großgrundbesitzern, die das Gros dieser Logen stellte! Um so mehr, als in Preußen damals die Leibeigenschaft erst teilweise durch Friedrich II. aufgehoben war, während sie in Österreich noch voll existierte, bis sie 1781 von Kaiser

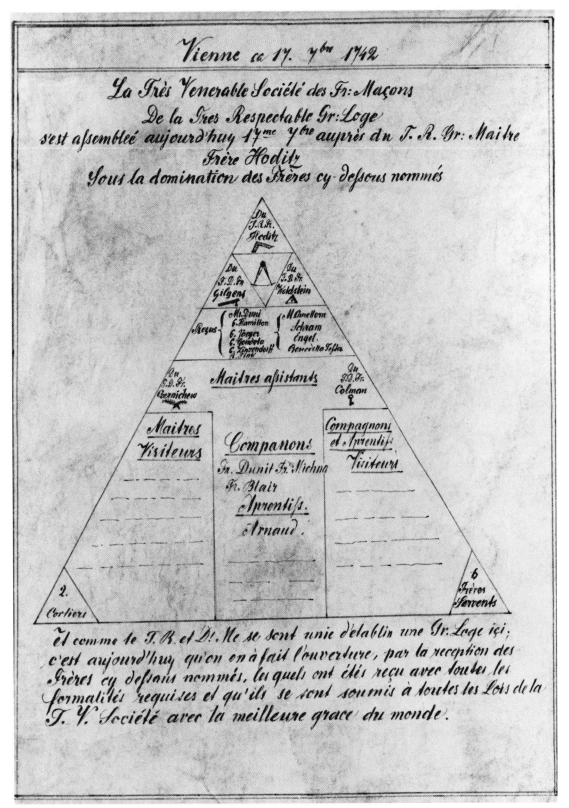

Fig. 40 *Gründungsprotokoll der ersten Wiener Loge vom 17. September 1742 durch den Freund Friedrichs des Großen, Graf Hoditz. Die Loge »Aux trois canons« machte durch die militärische Aushebung auf Befehl Maria Theresias von sich reden. – ÖFM, Rosenau.*

Joseph II., der freimaurerischem Geist durchaus zugeneigt war, *völlig* abgeschafft wurde. Überhaupt sind die berühmten Josephinischen Reformen, welche die Zensur milderten, die Folter abschafften, die Todesstrafe einschränkten und Protestanten und Griechisch-Orthodoxen volle Religionsfreiheit gewährten, im Prinzip auf freimaurerisches Gedankengut zurückzuführen, das dem aufgeklärten Absolutismus des jungen Kaisers sehr entgegenkam. Wenn Joseph II. selbst dem Bund nicht beitrat, so hatten ihn davon einesteils familiäre Rücksichten gegenüber seiner Mutter abgehalten, andererseits aber auch der bereits geschilderte Systemwirrwarr, den der Kaiser mißbilligte, und der bald auch in Österreich die Lage völlig unübersichtlich gestaltete. 1770 hatte der Generalfeldmedikus der preußischen Armee, Johann Wilhelm von Zinnendorf, in Berlin die »Große Landesloge der Freimaurer von Deutschland« gegründet, womit er sich als preußischer Untertan das Prädikat einer gesamtdeutschen Vertretung anmaßte. Immerhin saßen die deutsche Kaiserin und ihr Mitregent Joseph II. in Wien, wo mitten im Herzen Österreichs 1776 als Tochter der »Großen Berliner Landesloge« nach dem Zinnendorfschen System eine Provinzialgroßloge eingeweiht wurde, ein weiterer Ableger der »Strikten Observanz«, in der sich christliche Mystik und christliches Rittertum zu einer besonderen Lehrart verdichteten. Die Wiener Logen »Zur gekrönten Hoffnung« und »Zum heiligen Joseph« traten der Landesloge bei. Graf Johann von Dietrichstein-Proskau, Josephs II. engster Berater, wurde ihr erster Großmeister. In Maria Theresias Todesjahr, 1780, arbeiteten in Wien sechs Logen mit etwa 200 Mitgliedern; die folgenden Jahre verzeichneten eine rasche Zunahme der Logengründungen.

Joseph II., nunmehr Alleinherrscher, nahm sein großes Reformwerk in Angriff. Sein Ziel war ein zentralistisch regierter Staat mit gleichen Rechten und Pflichten für alle. Die Privilegien der Kirche und des Adels sollten abgeschafft werden. Nun galt es, für die Verwaltung

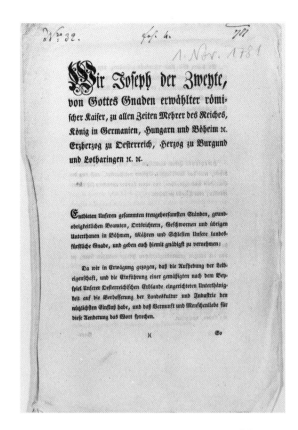

ein gut geschultes und mit dem aufklärerischen Gedankengut vertrautes Beamtentum heranzuziehen. Die Zielsetzungen des jungen Kaisers stimmten durchaus mit den Idealen der »Königlichen Kunst« überein, so daß sich viele junge Menschen gleichermaßen zu den humanitären Bestrebungen der Freimaurer wie zu den Josephinischen Reformplänen hingezogen fühlten: Abschaffung oder zumindest Einschränkung aller Vorrechte, sozialen Unterschiede und Ungleichheiten.

Der bayerische Erbfolgekrieg von 1778/1779, der außer ein paar unbedeutenden Scharmützeln keine militärische, wohl aber eine politische Auseinandersetzung mit Preußen brachte, veränderte das freimaurerische Tableau. Die Verbindungen zwischen der Großen Landesloge von Deutschland in Berlin und der Österreichischen Provinzialloge waren unterbrochen. Fast zwei Jahre lang konnten keine Zahlungen geleistet werden, die damals recht beträchtlich waren. Immerhin ging ein Drittel der sehr hohen Gebühren für Aufnahmen, Beförderungen und Erhebungen sowie ein Anteil der gesammelten Almosen nach Berlin.

Als nun 1781 eine kaiserliche Verordnung erlassen wurde, wonach geistliche und weltliche Orden keine ausländischen Oberen mehr anerkennen durften und somit Geldzahlungen ans Ausland unterbunden wurden, faßte man die Gründung einer eigenen Landesloge ins

Auge. Der Weg erwies sich wegen der verschiedenen Logensysteme als langwierig und dornenreich. Schrittmacher dieser Entwicklung war die 1781 gegründete Tochterloge der schon erwähnten »Gekrönten Hoffnung«, die den Namen »Zur wahren Eintracht« annahm. Ihr Name und ihre Mitglieder repräsentieren die Blütezeit der österreichischen Freimaurerei im 18. Jahrhundert. Ihren noch heute lebendigen Nachruhm verdankte die »Wahre Eintracht« unter den bedeutenden Persönlichkeiten des Wiener Kulturlebens vor allem einem Mann, der ihr seit 1782 als Meister vom Stuhl bis zur Schließung der Loge vorstand: dem Hofrat Ignaz von Born. Er war das Urbild des Sarastro in der Oper »Zauberflöte« des Freimaurerbruders Wolfgang Amadeus Mozart, der auf der Grundlage des Operntextbuches des Freimaurerbruders Emanuel Schikaneder der Jahrhundertpersönlichkeit der österreichischen »Königlichen Kunst« Unsterblichkeit verliehen hat. Ignaz von Born, aus Karlsburg in Siebenbürgen gebürtig, auch er wie weiland Weishaupt ein Jesuitenzögling, war im Münz- und Bergmeisteramt in Prag, später bei der Hofkammer für Bergwerkswesen tätig. Er war ein bedeutender Mineraloge. Weit geschätzt war damals seine Amalgamationsmethode, ein Verfahren zur Silbergewinnung, ebenso aber auch seine satirische Begabung. Er hat mehrere weitverbreitete Spottschriften, unter anderem über das Mönchswesen, verfaßt.

Ein kleinwüchsiger und kränklicher Mann, der vermutlich an multipler Sklerose litt, verfügte er über ein Charisma, das auf andere bedeutende Persönlichkeiten eine unwiderstehliche Anziehungskraft ausübte, und damit scharte er einen illustren Kreis um sich. Schon seine Affiliation (Aufnahme) in die Wiener Loge – er war zuvor schon in Prag Freimaurer geworden – hatte einen außergewöhnlichen Akzent: Ein abessinischer Neger, ein gewisser Angelo Soliman, hatte von Born vorgeschlagen und damit der Loge »Zur wahren Eintracht« zu ihrem historischen Renommee verholfen. Soliman war als Leibmohr im Besitz des Für-

sten Lobkowitz in Wien gewesen und testamentarisch dem Fürsten Liechtenstein vermacht worden, wobei man ihm jedoch alle Rechte eines freien Mannes zugestand. Er war ein hochgebildeter Mensch, beherrschte mehrere Sprachen und hatte eine Wienerin zur Frau. Seine Tochter heiratete den Hofrat von Feuchtersleben, sein Enkel war der bekannte Arzt und Dichterphilosoph gleichen Namens.

Solimans postumes Geschick war makaber und gleichzeitig ein beschämendes Zeugnis fürstlicher Menschenverachtung: Als er 1796 mit siebzig Jahren verstarb, wurde trotz der Proteste seiner Familie und des Wiener Erzbischofs sein Leichnam auf Veranlassung Kaiser Franz' II. gehäutet und ausgestopft. Solchermaßen präpariert wurde Soliman als menschliches Standbild hinter Glas dem kaiserlichen Naturalienkabinett einverleibt und dem Sensationsbedürfnis des Publikums preisgegeben. Im Revolutionsjahr 1848 zerstörte Artilleriefeuer das pietätlose Schauobjekt, ohne die Erinnerung an diesen Skandal gänzlich auszulöschen.

Auf jeden Fall gelang es von Born, die »Wahre Eintracht« in den Rang einer Elite-Loge zu erheben, etwa im Stil einer Akademie der Wissenschaften, vielleicht auch nach dem Vorbild der von den Illuminaten angestrebten Weisheitsschule, mit denen von Born in Verbindung stand. In nur knapp vier Jahren wuchs unter seiner Führung die Mitgliederzahl von 15 auf 197.

Von den berühmten Aufklärern scheinen Namen auf wie Franz von Zeiller, der Schöpfer des noch heute in Österreich geltenden Allgemeinen Bürgerlichen Gesetzbuches, der aus kleinsten Verhältnissen aufgestiegene Professor der Staatswissenschaften Freiherr von Sonnenfels, Präsident der Bildenden Künste, der im aufklärerischen Sinne gegen Mißstände in Gesellschaft und Kultur polemisierte, der Weltreisende und Schriftsteller Georg Forster, Leopold Mozart, der Lehrer und Förderer seines großen Sohnes, und als Krönung der Name Joseph Haydns, des Komponisten des klassischen sinfonischen Stils, der »Schöpfung« und der »Jahreszeiten«.

Vierzehn Tage nach dem Eintritt Wolfgang Amadeus Mozarts in die Loge »Zur Wohltätigkeit« ersuchte Haydn um Aufnahme in die »Wahre Eintracht«. Am 11. Februar 1785 wurde er in die Loge aufgenommen. Mozart, der sich für die ursprünglich auf den 28. Januar, dann aber für die auf den neuen Termin verschobene Einweihung angesagt hatte, war an diesem Tag verhindert. Am 12. Februar jedoch empfing er seinen neuen Bruder bei sich zu Hause, wo zu Ehren seines Gastes und wahrscheinlich auch unter dessen Mitwirkung die drei letzten seiner sechs Streichquartette aufgeführt wurden. Diese Profilierung von Kunst und Wissenschaft durch ihre Mitglieder hatte die »Wahre Eintracht« zu jener Ausnahmestellung geführt, die immer Neid erweckt, zumal ja auch die Förderung der Logenbrüder im Staatsdienst und durch einflußreiche Gönner nicht zu übersehen war. Das von Born gestaltete Arbeitsprogramm indessen war vorbildlich und ist es für das deutschsprachige Logenwesen noch heute.

Von Born führte die sogenannten Übungslogen ein, in denen einmal im Monat für Meistermitglieder Vorträge über esoterische und kulturelle Themen gehalten wurden. Er selbst eröffnete den Reigen mit einer Arbeit »Über die Mysterien der Ägypter«, die Mozart wahrscheinlich zu seiner »Zauberflöte« inspirierte. In dem eigens dafür geschaffenen »Journal für Freymaurer«, das es auf insgesamt zwölf Bände brachte, wurden die Vorträge publiziert und somit auch einer breiteren Öffentlichkeit bekannt gemacht. Es war das große Verdienst von Borns, durch die Gestaltung und Führung seiner Bauhütte wesentlich zur Verbreitung des Bundes beigetragen zu haben.

1784 entstand z.B. in Klagenfurt die Loge »Zur wohltätigen Marianna«, so benannt nach der älteren Schwester Josephs II., der Erzherzogin Maria Anna, die eine Schülerin Borns gewesen war. In Freiburg, damals Hauptstadt der Habsburgischen Vorlande, wurde die Loge »Zur edlen Aussicht« gegründet, deren Stuhl-

meister Goethes Schwager Johann Georg Schlosser wurde, der zuvor der »Wahren Eintracht« angehört hatte. Auch in Linz, Passau, Görz entstanden Bauhütten nach dem Bornschen Muster.

Und doch war mit dieser fast euphorischen Entwicklung der Höhepunkt bereits überschritten. Die 1785 gegründete Große Landesloge läutete das Ende ein, wozu ihr Initiator unbeabsichtigt beigetragen hatte. In dem Bestreben, der Überwucherung mit Systemen und parallelen geistigen Strömungen, vor allem der Rosenkreuzer und Asiatischen Brüder, Einhalt zu gebieten, hatte von Born die »Königliche Kunst« unter des Kaisers Schutz gestellt. Gleichzeitig wurde die Zahl der Wiener Logen auf zwei bis drei beschränkt, wobei keine mehr als 180 Mitglieder haben sollte. Und nur am Sitz der jeweiligen Landesregierung sollten fortan Logen in beschränkter Zahl zugelassen werden. Sofort regte sich lebhafte Opposition. Die Josephinischen und Bornschen Reformbestrebungen fanden keine Gegenliebe, besonders als die sechs Wiener Logen in nunmehr nur noch zwei, »Zur Wahrheit« und »Zur neugekrönten Hoffnung«, integriert wurden. Noch im gleichen Jahr lösten sich die Große Landesloge und die ihr unterstellten Provinziallogen auf. Nur noch in Innsbruck, Linz und Graz blieben Bauhütten erhalten, der große Begeisterungsstrom war versiegt.

1790 starb der Kaiser, noch nicht fünfzig Jahre alt, ein gebrochener Mann nach dem Scheitern und der erzwungenen Rücknahme der meisten seiner reformpolitischen Maßnahmen im weiten Habsburgerreich. Überall gärte es in Europa, nicht nur in österreichischen Landen. Sein Nachfolger Leopold II., mehr Realpolitiker als sein Bruder Joseph, jedoch ebenfalls ein überzeugter Anhänger der Aufklärung, ließ noch die Gründung einer neuen, rosenkreuzerisch orientierten Loge zu, ward aber sogleich in die politisch-militärischen Vorbereitungen des drohenden europäischen Konflikts verstrickt. Unter dem Eindruck der Französischen Revolution vollzog sich in seinem aufklärerischen

Geist ein Sinneswandel. Sein anfängliches Wohlwollen für die »Königliche Kunst« wich einem wachsenden Mißtrauen, da er freimaurerfeindlichen Kreisen Gehör schenkte. Er starb schon 1792 nach nur zweijähriger Regierungszeit. Sein Sohn Franz II. – seit 1804 als Kaiser von Österreich Franz I. – verfügte das endgültige Ende der Freimaurerei. Die prekäre politische Lage, die Niederlagen und Verluste in den Koalitionskriegen gegen die französische Republik, bestärkten ihn in seiner krankhaften Furcht vor den »Umtrieben geheimer Gesellschaften« im Dienste Frankreichs. 1797 wurde die Freimaurerei offiziell einer staatlichen Überwachung unterstellt. 1801, nach dem Frieden von Lunéville, als das Reich das gesamte linke Rheinufer an die französische Republik verlor, erfolgte für alle Staatsbeamten das Verbot, Mitglieder von Freimaurerlogen zu werden. Die eifrig propagierten Ängste vor einer »Jakobinerverschwörung«, die nach Pariser Vorbild Fürstenthrone, Gesetz und Ordnung in einem allgemeinen Blutbad ertränken würde, hatten sich zur Hysterie gesteigert, als sogar die Aufführung der »Zauberflöte« als staatsgefährdend verboten wurde. Auch der plötzliche und viel zu frühe Tod Leopolds II. – er wurde nicht ganz 45 Jahre alt – sollte durch das freimaurerische »Weltkomplott« seine Erklärung finden.

Das Spitzelwesen erlebte eine Hochblüte. Als harmlose Bürger auftretende Polizeibeamte ließen sich auf höheren Befehl in die Logen aufnehmen, um dann in ihrem Rapport »nach oben« ihrer Phantasie die Zügel schießen zu lassen und pflichtschuldigst zu melden, was man dort gerne hören wollte. Vor allem lieferten diese »Faux-frères«, wie man die Einschleicher nannte, Mitgliederlisten der Bauhütten, die den Behörden dazu dienen sollten, gegen die »Verschwörer« einzuschreiten.

Die allgemeine Stimmungsmache gegen das Logenwesen wurde hauptsächlich durch den pensionierten Regierungssekretär Feldhofer angeheizt, der gegen klingende Münze mit immer neuen Schauermärchen über die Freimaurerei den Kaiser in Panik versetzte, obwohl

Fig. 42 Logenpatent, das die Großloge von Genf 1771 der Loge »La discrétion« in Zürich erteilte. Stich von C. G. Geißler, 18. Jh. Unter dem Arzt und Ratsherrn Diethelm Lavater, dem Bruder des berühmten Pfarrers und Schriftstellers, wurde sie der Strikten Observanz zugeführt und arbeitete unter dem Namen »Modestia cum libertate« fortan in deutscher Sprache. – Im Besitz der Loge, Zürich.

eine Untersuchungskommission längst die Haltlosigkeit seiner »Hirngespinste und abgeschmackten Phantasien« festgestellt hatte. Der Kaiser zog sogar die Möglichkeit in Betracht, durch geschickt eingefädelte Intrigen eine Spaltung und Schwächung der Freimaurerei zu bewirken. Mißtrauen und Feindseligkeit förderten das Logenleben keineswegs. Erst mit der französischen Besetzung von 1805 und 1809 gab es einen Neubeginn, doch er blieb im wesentlichen den napoleonischen Feldlogen vorbehalten. 1815 nach dem endgültigen Sturz des Korsen machte der eingeschworene Feind aller Freimaurerei, Kaiser Franz, jede erneute Aktivität zunichte. Und nach seinem Tod 1835 trat Metternich, der getreue Diener seines Herrn, in seine Fußstapfen. Das Feuer war endgültig erloschen. Es sollte noch ein gutes Vierteljahrhundert vergehen bis zu einem schmalen neuen Weg, der dann einen seltsamen Umweg über Ungarn einschlug. Als politisches Kuriosum nach dem Ausgleich von 1867 ist festzuhalten, daß der österreichische Kaiser Logengründungen in Österreich verbot, als König von Ungarn auf ungarischem Gebiet jedoch gestattete, so daß viele deutsch-österreichische Brüder in ungarischen Logen eine neue maurerische Heimat fanden.

Indessen darf ein Habsburgisches Grenzgebiet nicht unerwähnt bleiben, von dem unter dem Zusammentreffen verschiedener Kulturen und Idiome ein zunächst unruhig aufflackerndes und meist gleich wieder verlöschendes Logenleben zu berichten ist, mit allen Widersprüchlichkeiten von Verbot und Förderung und der traditionellen Gegnerschaft der Kirche, auch wenn es dort nicht die römisch-katholische war.

In der *Schweiz* hatte die »Königliche Kunst« zunächst im französischsprachigen Genf durch eine englische Gründung Einzug gehalten. 1736 bereits nahm dort die »Société des maçons libres« ihre Arbeit auf. Sogleich protestierte die calvinistische Geistlichkeit nach dem bewährten Muster der katholischen Konkurrenz, und schon bald war in bezug auf das

Fig. 43 Haus zum Schwert in Zürich, Stich, 18. Jh. Sitz der Loge »La discrétion«, später umbenannt in »Modestia cum libertate«. – Im Besitz der Loge, Zürich.

Fig. 44 Siegel der Loge »De la liberté Helvétique«.

Fig. 45 Siegel der Züricher Loge »Modestia cum libertate«.

vater als Stuhlmeister erfolgte dann 1780 der Übertritt zu dem inzwischen auf dem Kongreß von Lyon, damals eine Hochburg der Freimaurerei, ausgearbeiteten »Rektifizierten Schottischen Ritus«, der schon damals, *vor* dem Wilhelmsbader Konvent, die unhaltbare Templertradition aufgegeben hatte und seine Hauptaufgabe in der Erfüllung karitativer Pflichten sah. Goethes Jugendfreund Friedrich Maximilian Klinger, dessen Drama »Sturm und Drang« einer ganzen Literaturepoche ihren Namen gab und den Expressionismus des 20. Jahrhunderts vorwegnahm, ist wohl das bekannteste Mitglied dieser Loge gewesen.

Logenwesen das noch heute kursierende und durch nichts zu begründende Wort von der »Schule der Gottlosigkeit« geprägt. Das »protestantische Rom«, als das man Genf gern apostrophierte, unterschied sich in Sachen Intoleranz kaum von seinem Rivalen. Der Rat der Stadt suchte durch Verordnungen den Zulauf zur Freimaurerei zu unterbinden, nachdem ein Genfer Bürger, der gebürtige Schotte Georges Hamilton, von London aus als Provinzialgroßmeister eingesetzt worden war. Sieben Jahre später, 1745, sprach der Rat der Stadt Genf ein regelrechtes Verbot aus, einer Loge beizutreten, unter Androhung von Geld- oder Gefängnisstrafen.

Dennoch ließ sich die Entwicklung nicht aufhalten. Trotz der regierungsfeindlichen Einstellung wurde 1769 die »Grande Loge Nationale de Genève« gegründet. Allerdings konstituierte sie sich bald darauf als »Zirkel«, eine Bezeichnung, die absichtlich harmlos und neutralisierend klingt. 1798 nach der Annexion des Genfer Gebiets durch Frankreich wurden die Bauhütten dem »Grand Orient de France« unterstellt und erfuhren vom französischen Militärregime eine entsprechende Förderung.

Wiederum durch einen Engländer war auch in Lausanne 1739 die Loge »Parfaite Union des Étrangers« ins Leben gerufen worden. Auch sie kam sogleich in Konflikt mit den Behörden.

Die Berner Regierung, der das Waadtland damals als »Untertanenland«, jedoch noch nicht als Kanton unterstand, erließ trotz eines günstigen Untersuchungsberichtes 1745 ein Verbot, das öffentlich angeschlagen und auch von den Kanzeln verkündet wurde. Trotzdem gelang es den Bauhütten, wenn auch unter Mühen und Gefahren, ihre Arbeit fortzusetzen.

Günstiger war es um die »Königliche Kunst« auf deutschsprachigem Schweizer Gebiet bestellt. Wohlwollend hatten die beiden Nicht-Freimaurer Bodmer und Breitinger, zur damaligen Zeit weit geschätzte Literaturkritiker, in ihrer Wochenschrift »Discours der Mahlern« bereits 1740 über die Freimaurerei gesprochen. Ein Züricher Regiment, nach der schweizerischen Tradition des »Reislaufens« in fremdem Kriegsdienst, hatte 1762 in Thionville die Feldloge »Zur Schweizerischen Freiheit« gegründet. Ihre in die Heimat zurückgekehrten Offiziere und andere bereits im Ausland aufgenommene Freimaurer riefen 1771 in Zürich die Bauhütte »La discrétion« ins Leben, die sie der Genfer Großloge unterstellten. Sie arbeitete zunächst in französischer Sprache, adoptierte dann durch Vermittlung des Doktor Diethelm Lavater – er war ein Bruder des berühmten Theologen und Schriftstellers Johann Kaspar Lavater – das System der »Strikten Observanz« und nannte sich hinfort »Modestia cum libertate«. Unter La-

44 △

45 ▽

Fig. 46 Friedrich Maximilian Klinger (1752–1831), Zeich-
nung von Lips, 19. Jh. Der Dichter des »Sturm und Drang«,
Freund Goethes, später russischer General und Kurator der
Universität Dorpat, wurde 1779 Mitglied der Züricher Loge
»Modestia cum libertate«.

Fig. 47 Ansicht eines von Freimaurern gestifteten Ambu-
lanzwagens, wie er im Sonderbundkrieg 1847 in der Schweiz
verwendet wurde. Druck von Orell Füssli & Comp., 1848. –
Im Besitz der Loge »Modestia cum libertate«, Zürich.

noch vor der Jahrhundertwende verlöschen.
Die politischen Wirren der Zeit als Folge der
Französischen Revolution waren dem Schweizer Logenleben nicht förderlich. Erst unter der
Napoleonischen Herrschaft erwachte es in der
neu konstituierten Helvetischen Republik zu
erneuter Aktivität, nun allerdings hauptsächlich unter der Ägide des Großorients von
Frankreich.

Nach dem Ende der Franzosenzeit erst begann
für die schweizerische Freimaurerei eine eigenständige Entwicklung, die bis heute der
Freimaurerei in der Eidgenossenschaft zu ho-
hem Ansehen verhalf.

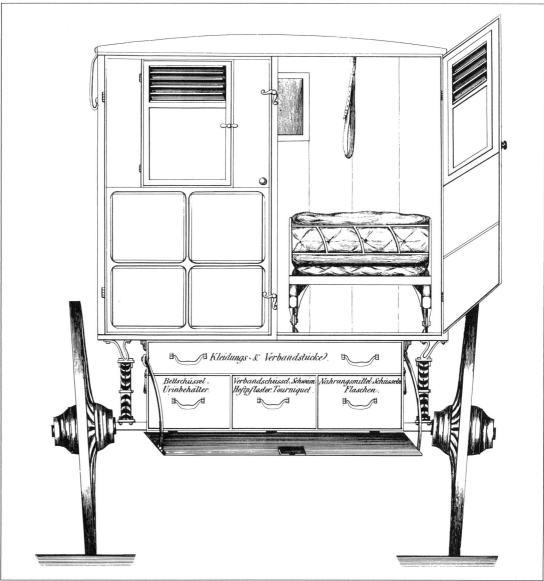

Auch in Basel wurden die Lichter angezündet.
Nach unbestätigten Berichten soll dort schon
1744 eine Bauhütte bestanden haben, deren
Name in Vergessenheit geriet. Ein Freund
Diethelm Lavaters, der Ratsherr Andreas Bux-
torf, gründete 1768 nach dem System der
»Strikten Observanz« die Loge »A libertate«,
der sich 1778 eine zweite Bauhütte »Zur vollkommenen Freundschaft«, eine Gründung des
Bürgermeisters Peter Burckhardt, beige-
sellte.
Sehr früh schon arbeitete in Neuenburg/Neu-
châtel, das seit 1707 durch Personalunion mit
Preußen verbunden war, die Loge »Aux trois
étoiles flamboyantes« – »Zu den drei flammenden Sternen«. Friedrich der Große persönlich hatte ihr 1743 die Bewilligung erteilt.
Jedoch war ihr kein langes Leben beschieden.
Auch eine zweite Loge »Frédéric Guillaume la
bonne harmonie«, 1791 durch »Die drei Weltkugeln« in Berlin bewilligt, sah ihre Lichter

Geistiger Aufbruch
zur Jahrhundertwende

Spricht man von der klassischen Freimaurerei des 18. Jahrhunderts, so assoziiert man zunächst den Begriff »Aufklärung«. Leicht führt dies zu dem Fehlschluß, daß die Freimaurerei ein Kind der Aufklärung sei, zumal vieles darauf hinzudeuten scheint. Eher könnte man umgekehrt sagen, daß die Aufklärung ein »Adoptivkind« der Freimaurerei ist, deren Wurzeln – dies wurde schon angesprochen – in Seelengründe hinabführen, wo der Ratio noch nicht dieser hybride Ausschließlichkeitsanspruch eingeräumt wurde, dem man später vor dem Altar der Göttin der Vernunft gehuldigt hat. Es läßt sich jedoch nicht bestreiten, daß die Freimaurerei der Aufklärung in erheblichem Maße als Propagandainstrument gedient hat, als die Entwicklung der Zeitläufte auf Veränderung zusteuerte.

Nicht wie in England und Frankreich, wo der Untertan sich aus seiner Bevormundung, wie sie ihm Thron und Altar auf ewig aufzuerlegen gedachten, mit Gewalt befreite, vollzog sich die Entwicklung in Deutschland. Hier führte sie nicht zur Revolution und blieb im politischen Leben als geistiger Prozeß zunächst gar nicht wahrnehmbar. Die Zersplitterung und die sehr unterschiedlichen ökonomischen Bedingungen der deutschen Kleinstaaterei etwa im Gegensatz zu den durchweg unhaltbaren Zuständen in Frankreich boten von vorneherein keine Basis für einen Umbruch, ganz abgesehen davon, daß die Deutschen von jeher schlechte Revolutionäre waren.

Indessen, die Lichter und Fackeln des »Siècle des lumières« waren angezündet, der Westwind blies sie nicht aus, sondern trug sie im Gegenteil in die Mitte Europas, dorthin, wo Dichter und Denker der Aufklärung in Philosophie und Freimaurertum jenen eudämonistischen Wesenszug verliehen, der den Freimaurern gelegentlich vorgeworfen wurde, weil man ihn einseitig im materiellen Sinne ausgelegt hatte. Wie es Jeremias Bentham (1748–1832) forderte, erstrebt die Freimaurerei zwar das größtmögliche Glück der größtmöglichen Zahl, jedoch durchaus nach dem klassischen Vorbild der griechischen Philosophen: Glücklich und tugendhaft gilt der Mensch, dessen geistige und körperliche Kräfte sich ungehindert entfalten können, zum Wohl seiner selbst wie auch seiner Mitmenschen, wobei sich dieses Streben dem obersten sittlichen Ziel, der Verwirklichung der Menschheitsidee, unterzuordnen hat.

Um diese sittliche Stufe zu erreichen, mußte der Mensch aus seiner Unmündigkeit herausgeführt werden, wie es der Nicht-Freimaurer Kant fordert. »Unmündigkeit ist das Unvermögen, sich seines Verstandes ohne Leitung eines anderen zu bedienen. Selbstverschuldet ist diese Unmündigkeit, wenn die Ursache derselben nicht am Mangel des Verstandes, sondern der Entschließung und des Mutes liegt, sich seiner ohne Leitung eines anderen zu bedienen. ›Habe Mut, dich deines Verstandes zu bedienen!‹ ist also der Wahlspruch der Aufklärung.«

In der Tat war auf dem europäischen Kontinent zu Ausgang des 18. Jahrhunderts die Masse der »unmündigen Bevölkerung« der starren feudal-absolutistischen Gesellschaftsordnung ausgeliefert. Die Kirche legitimierte segnend diese angeblich gottgewollte Verbindung von Thron und Altar, die blinden Gehorsam und widerspruchslose Unterwerfung verlangte. Jahrhundertelang hatten die Untertanen das »Denken« jener Oberschicht überlassen, die meist ungehindert und oft nach Belieben über Wohl und Wehe befinden konnte, und deren Anliegen keineswegs das reine irdische Glück der ihnen Ausgelieferten war. Nun begann man aufzumucken, zerrte an den Fesseln und stellte Legitimationsideologien wie Gottesoffenbarung und Gottesgnadentum in Frage, also die nicht vernunftbegründeten Thesen der Religion. Das hatte in Frankreich schon der Spätfreimaurer Voltaire getan – er trat 1778 wenige Wochen vor seinem Tode der Pariser Loge »Les neuf sœurs« bei –, sein »Écrasez l'infâme!« (Vernichtet den Aberglauben!) bezieht sich eindeutig auf die im Dogmatismus versteinerte Kirche, nicht etwa, wie oft fälschlich behauptet, auf die Existenz Gottes.

In Deutschland war es Immanuel Kant, der den Menschen außerhalb des engen Kirchendenkens für sittlich autonom erklärte und damit entscheidend zur Erschütterung des absolutistischen Willkürsystems beitrug. Auch er bezweifelte nicht Gottes Existenz, erteilte jedoch jeglichem Dogmatismus eine klare Absage: »Es ist nur *eine* Religion, aber es kann viele Arten des Glaubens (also der Konfessionen) geben.« Lockerung und Zersplitterung der religiösen Bindung bis hin zum Atheismus, endlich Sturz der Feudalordnung, waren die Folgen in Frankreich.

In Deutschland erfuhr das aufklärerische Ideengut zunächst seine hervorstechende geistige Prägung durch einen Pfarrerssohn, der als Dichter, Philosoph und Freimaurer bis heute der hervorragendste Verkünder der humanitären Toleranzidee geblieben ist: Gotthold Ephraim Lessing. Auch er war kein Revolutionär. 1729 geboren und 1781 nach einem bitteren Lebenskampf gestorben, erschöpft von geistigen Auseinandersetzungen, persönlichem Kummer und Existenzsorgen, ist er der hell aufleuchtende Genius der deutschen Aufklärung. Durch poetische Unterweisung und strenge, unbestechliche Kritik an den gesellschaftlichen Zuständen hoffte er die träge Geisteshaltung der Masse zu·überwinden und so auf erzieherischem Wege die Änderung der Verhältnisse zu bewirken. Sein oberster Maßstab war Geistesfreiheit, Toleranz und Humanität. Sein Trauerspiel »Emilia Galotti«, dessen in Italien spielende Handlung in dieser Art Verfremdungstechnik unmißverständlich auf deutsche Verhältnisse anspielt, ist ein Fanfarenstoß gegen absolutistische Willkür. Mit den letzten Worten des unglücklichen Vaters der Emilia, der seine leibliche Tochter erdolcht, um ihre Ehre zu bewahren, trennt Lessing Gott und das angebliche Gottesgnadentum der weltlichen Herrschaft: »Ich gehe und liefere mich selbst in das Gefängnis. Ich gehe und erwarte *Sie* « – damit ist der verbrecherische Prinz gemeint – »als Richter! Und dann erwarte ich Sie vor dem Richter *unser aller*!« Gott legitimiert hier nicht die Taten eines Herr-

schenden, sondern richtet den Menschen
schlechthin, gleich welchen Standes.

Den aufgeklärten Absolutismus indessen, wie
er von Joseph II. in Österreich und Friedrich II.
in Preußen praktiziert wurde, verwarf Lessing
als lediglich liberale Fassade, hinter der der
alte Ungeist weiter spuke. Sein Urteil, speziell
über Friedrich, war hart. So schreibt er 1769 an
seinen Freund und Verleger, den Buchhändler
Friedrich Nicolai: »Die Berlinische Freiheit
reduziert sich einzig und allein auf die Freiheit,
gegen die Religion soviel Sottisen zu Markte zu
bringen als man will. Lassen Sie einen in Berlin auftreten, der für die Rechte der Untertanen, der gegen Aussaugung und Despotismus seine Stimme erheben wollte, und Sie
werden bald die Erfahrung haben, welches
Land bis auf den heutigen Tag das sklavischste
in Europa ist.« Aus diesen Zeilen erfahren wir
Lessings Einstellung zu Glaubensdingen, der
als Religionsphilosoph zwar den Dogmatismus
bekämpfte, gleichzeitig aber auch die zunehmend atheistischen Tendenzen, wie sie unter
französischem Einfluß um sich griffen. Als
Hauptgegner betrachtete er allerdings die protestantische Orthodoxie, deren Buchstaben-
gläubigkeit und Anmaßung, im Besitz der »un-
widersprechlichen« Wahrheit zu sein, er zu
erschüttern suchte, was in seiner berühmten
Polemik gegen den Hauptpastor Goeze resul-
tierte: »Wenn Gott in seiner Rechten alle Wahrheit und in seiner Linken den einzigen, immer
regen Trieb nach Wahrheit, obschon mit dem
Zusatz, mich immer und ewig zu irren, verschlossen hielte und spräche zu mir ›Wähle‹! –
Ich fiele ihm mit Demut in seine Linke und
sagte ›Vater, gib! Die reine Wahrheit ist ja doch
nur für dich allein!‹«

Vier Jahre nach seiner Aufnahme in die Hamburger Loge »Zu den drei Rosen« 1771 veröffentlichte Lessing seine Freimaurergespräche
»Ernst und Falk«, in denen er seine Vorstellungen von Staat und Gesellschaft niederlegte.

Gewidmet waren sie übrigens seinem letzten
Brotherrn, dem schon erwähnten Herzog Ferdinand von Braunschweig, der dem völlig ver-

armten Dichter und Wolfenbüttler Bibliothe-
kar den Brotkorb immer zu hoch gehängt hatte.
Aus diesem Dialog zwischen einem profanen
Fragenden und einem Freimaurer erhellt das
philosophische und sozialethische Ideengut
der damaligen Freimaurerei. So fragt der Freimaurer Falk seinen Freund Ernst: »Glaubst
du, daß die Menschen für die Staaten erschaf-
fen wurden oder daß die Staaten für die Menschen da sind?« Und antwortet selber: »Die
Staaten vereinigen die Menschen, damit in
dieser Vereinigung jeder einzelne Mensch seinen Teil von Glückseligkeit desto besser und
sicherer genießen könne.«

Lessing lag es fern, das absolutistische Macht-
system zu analysieren. Seine Kritik galt dessen
Auswüchsen, der falschen Handhabung dieser
Macht, wobei es ihm nicht in den Sinn kam, die
Legitimität der Fürsten anzuzweifeln. Es mag
eine idealistisch-naive Vorstellung sein — er
glaubte durch Fürstenerziehung die Gleichstellung aller Stände und damit die Schaffung
einer gerechteren Gesellschaft zu erreichen. In

den programmatischen Forderungen der »Königlichen Kunst« sah er die ideale Möglichkeit,
diesen Umdenkungsprozeß, der allen Menschen und Schichten den Geist der Menschlichkeit vermitteln sollte, in Gang zu setzen.
»Es wäre recht zu wünschen«, läßt er Falk
sagen, »daß es in jedem Staat Männer geben
möge, die dem Vorurteil ihrer angeborenen
Religiosität nicht unterlägen, nicht glaubten,
daß alles gut und wahr sein müsse, was sie für
gut und wahr erkennen.«

Lessing glaubte, daß sich diese Männer mittels
der Freimaurerei in einer »unsichtbaren Kirche« vereinigten und »jene Trennungen, wodurch die Menschen einander so fremd werden, so eng als möglich zusammenziehen.«
Deshalb solle die Freimaurerei »jeden würdi-
gen Mann von gehöriger Anlage, ohne Unterschied seines bürgerlichen Standes in ihren
Orden aufnehmen.«

Das Grundthema allgemeiner Menschenver-
brüderung behandelt Lessing dann 1779 ein
Jahr vor seinem Tode in seinem schönsten und

reifsten Werk, »Nathan der Weise«. Hier zeigt er uns, wie engstirnige nationale, konfessionelle und soziale Schranken überwunden werden, wenn der Wert eines Menschen nicht nach Herkunft und Religion, sondern allein nach seinem Handeln und aufrechten Charakter bemessen wird. In seiner berühmten Ring-Parabel hinterläßt er uns das ergreifendste Zeugnis abgeklärter Toleranz. Keiner der verschiedenen Religionen billigt er die Autorität geoffenbarter Wahrheiten zu. Entscheidend sei daher nicht die Frage nach dem rechten Glauben, sondern die, ob der Gläubige nach rechten sittlich-ethischen Grundsätzen handelt. Lessing, der nach seiner Aufnahme in den Bund 1771, enttäuscht über die schulmeisterliche Atmosphäre in seiner Loge, aber wohl auch aus Mangel an Gelegenheit, nie mehr in den Tempel zurückkehrte, hat dennoch bis zu seinem Tode im Denken und Dichten stets als Freimaurer gewirkt.

Was Lessing in der Form des bühnenwirksamen Dramas verkündete, hat ein anderer Dichter-Philosoph, wie Lessing gleichfalls von der Theologie herkommend, in seinen betrachtenden Schriften vertieft: Johann Gottfried Herder (1744–1803). Schwankend zwischen dem Geist der Aufklärung und romantischer Versenkung in Gefühl und Gemüt nach den Forderungen des antiaufklärerischen Philosophen Johann Georg Hamann (1730–1788), fand er doch schon im Alter von 22 Jahren den Weg zur Freimaurerei in Riga, wo er an der Domschule als Lehrer und später als Prediger tätig war. In Hamburg kam er mit Matthias Claudius und Lessing in Verbindung, dessen »Ernst und Falk« ihn zu seinen »Briefen zur Beförderung der Humanität« anregten, in denen er seine Gedanken über die »unsichtbar-sichtbare Gesellschaft« der Freimaurerei niederlegte. Herder ging es in einer Zeit der Schwarmgeister – der er selbst zeitweilig verfallen war – darum, »die Freimaurerei wieder auf den realen Boden der Vernunft zu stellen«, wobei es sein Anliegen war, »das ganze Geschäft nicht als Nebensache, sondern als Hauptzweck, nicht verschlossen, sondern in klaren Taten und Worten« zu verfolgen. Poesie, Philosophie und Geschichte, diese drei Lichter, sollten ein heiliges Dreieck bilden, das über einer kosmopolitischen Gesellschaft strahlt, deren einziger Antrieb die Humanität ist. Von Goethe als Superintendent nach Weimar vermittelt, gelangten dort seine christlich-humanitären Schriften formal zur höchsten Reife. Herder war es auch, der dem genialen Hamburger Theaterdirektor und Schauspieler Friedrich Ludwig Schröder nach den Wirrnissen der »Strikten Observanz« bei der Reform des freimaurerischen Rituals in einer lebhaften Korrespondenz mit Anregungen und Ratschlägen zur Seite stand. Er liebte die »Königliche Kunst« und wollte sie von allen Schlacken rein sehen, wie er denn auch die verstiegenen Legenden über ihre Ursprünge in archaischen Zeiten entschieden zurückwies.

Wo Lessing lautstark als streitbarer Verfechter seiner Ideen auftritt, hat Herder mehr in der Stille die deutsche Freimaurerei mit seinem Neuhumanismus inspiriert, der sie grundsätzlich vom romanischen und angelsächsischen Freimaurertum unterscheidet.

Ein Philosoph, dessen Charisma zu seinen Lebzeiten größer war als die postume Wirkung seiner stark von Kant beeinflußten Philosophie, war Johann Gottlieb Fichte (1762–1814), der mit seinen berühmten »Reden an die deutsche Nation« das lange verschüttete deutsche Nationalgefühl erweckt hatte. In Jena als Professor entlassen, als pietistisch orientierte Widersacher seinen Aufsatz »Über den Grund unseres Glaubens an eine göttliche Weltregierung« mißverstehend als Bekenntnis zum Atheismus ausgelegt hatten, lebte er in Berlin im Kreise der Romantiker, wo er nach Zwischenstationen in Erlangen und Königsberg schließlich erster Rektor der neugegründeten Universität (1810) wurde. In den neunziger Jahren in die Freimaurerei aufgenommen, trat er 1800 der Berliner Loge »Royal York« bei. Dort erfuhr er durch den freimaurerischen Reformator Ignaz Aurelius Feßler, von dem noch zu berichten sein wird, zunächst freundlichste Förderung. Über den 1791 entstandenen Euergetenbund, eine Art Nachfolgegesellschaft der Illuminaten, deren Führer wegen Einmischung in die Politik verhaftet wurden, kam es jedoch zur Kontroverse, die wegen der Starrköpfigkeit der beiden Charaktere bald in persönliche Beleidigungen ausartete. Nur drei Monate nach seiner Annahme trat Fichte aus der Loge aus. Ähnlich wie bei Lessing fügte sich auch bei ihm der unglückliche Umstand an, daß ihn die Praxis enttäuscht hatte, indessen ohne an dem rein geistigen Gehalt der »Königlichen Kunst« zweifelnd zu werden. Schwärmer, Heuchler, Hochstapler wie Johnson, Rosa und zuletzt der Freiherr von Gugomos, der sich lange Jahre als Oberpriester der »Strikten Observanz« gebärdete und über Nacht Widerruf leistete, aber auch Fanatiker, die die Freimaurerei als allein seligmachend zu propagieren suchten, hatten Fichtes Begeisterung zwar gedämpft, nicht aber seine Grundüberzeugung. Erziehung und Veredelung des Menschengeschlechts im Sinne Lessings blieben sein Anliegen. In seinen »Briefen an Constant über Philosophie der Freimaurerei« bekundet er, daß ihm Maurerei nicht Selbstzweck sei, sondern vielmehr die allgemeine Hebung der menschlichen Bildung. Anzustreben sei eine Menschheit, die sich als eine einzige rein moralische Gemeinde in einem rechtlichen Staat konsolidiert, in dem das vernünftige Wesen über die unvernünftige Natur herrschen soll. Der Freimaurer ist nicht religiös, sondern wird durch religiöses Denken und Handeln zur Religion geführt. So wie Fichte einmal sagt, daß man Engländer oder Franzose *sei*, Deutscher aber *werde*, so überträgt sich dieser Gedanke auf die unermüdliche Selbsterziehung des Freimaurers, durch Veredelung des Individuums diesen Verbesserungsprozeß auf die Masse zu übertragen, nach seiner berühmten These: »Da ich meine Umwelt nicht ändern konnte, beschloß ich mich selber zu ändern und siehe da – die Umwelt änderte sich auch!«

Erstmals formuliert er auch die kosmopolitische Orientierung, die den Freimaurern von nationalistischer Seite den ungerechtfertigten Vorwurf des »vaterlandslosen Internationalismus« eingetragen hat, in klarer, unmißverständlicher Weise: »Vaterlandsliebe ist seine Tat – Weltbürgertum ist sein Gedanke.« Wer war besser zu dieser Maxime legitimiert als Fichte, der glühende Verfechter des Patriotismus unter napoleonischer Besetzung, der über der aktuellen Situation niemals das höhere Ziel aus den Augen verlor.

Natürlich darf man in der Tafelrunde hervorragender Geister den Weltbürger par excellence nicht vergessen, der durch Genie und Persönlichkeit dem anbrechenden 19. Jahrhundert sein klassisches Gepräge gab: Johann Wolfgang von Goethe (1749–1832). Es lag auf der Hand, daß freimaurerische Grundsätze wie Geistesfreiheit und Ablehnung jeglichen Dogmatismus ihre anziehende Wirkung auf den Dichter nicht verfehlen würden.

Fig. 51   Einladungskarte zur Johannisfeier der Nürnberger Loge »Zu den drei Pfeilen«, Nürnberg 1780.

Goethe auch kein fleißiger Logenbesucher nach Art eines »gewissenhaften Kirchgängers« gewesen ist, was er kraft seiner Persönlichkeit und der Vielfalt seiner Wirkungsbereiche gar nicht sein konnte, so ist er doch im geistigen Leben seiner Loge stets ihr »Spiritus rector« geblieben. Für ihn wie für Lessing, Herder und Fichte war Freimaurerei nie eine ephemere Modeerscheinung, ihm war es ernst damit, wie er auch deren damalige Auswüchse in seinem auf Cagliostro mit seiner »ägyptischen Maurerei« gemünzten »Großkophta« persiflierend geißelte.

In tiefen, aus melancholischer Weisheit gewachsenen Versen hat er den Ernst der freimaurerischen Aufgabe beschworen, die mit seiner olympischen Zielsetzung durchaus übereinstimmt. In seinem berühmten »Symbolum« besingt er dieses ewige Werden des Freimaurers im unbeirrbaren Vorwärtsschreiten durch das Hell und Dunkel der irdischen Existenz:

> Des Maurers Wandeln,
> Es gleicht dem Leben,
> Und sein Bestreben,
> Es gleicht dem Handeln
> Der Menschen auf Erden.
>
> Die Zukunft decket
> Schmerzen und Glücke.
> Schrittweis dem Blicke,
> Doch ungeschrecket
> Dringen wir vorwärts …

Dies ist kein aufgesetztes Bekenntnis der poetischen Form halber, sondern erfahrenes Menschenleben, so echt empfunden wie auch die Tugend maurerischer Verschwiegenheit, der er folgende Zeilen widmet:

> Heil uns! Wir verbund'ne Brüder
> Wissen doch, was keiner weiß!
> Ja, sogar bekannte Lieder
> Hüllen sich in unsern Kreis.
> Niemand soll und wird es schauen,
> Was einander wir vertraut,
> Denn auf Schweigen und Vertrauen
> Ist der Tempel aufgebaut.

Seit 1764 bestand in Weimar die Loge »Amalia«, so benannt nach der Stifterin, der Mutter von Goethes Freund und Gönner, Herzog Karl August, die der »Königlichen Kunst« von Anfang an wohlwollende Förderung angedeihen ließ. Die Loge »Amalia«, nach der »Strikten Observanz« arbeitend, hatte sich bald zum gesellschaftlichen und geistigen Mittelpunkt der kleinen Residenz entwickelt. Zu ihrem Lichtkreis zählten u. a. der Gymnasialprofessor und aufklärerische Märchendichter Musäus, der Dichterkomponist von Seckendorf, der einige Singspiele Goethes vertonte und Bode, Freund Lessings und Verleger von Goethes »Götz«. Nicht zur Freude des Weimarschen Staatsministers Freiherr von Fritsch, der dem ihm unterstellten Geheimen Rat Goethe wenig wohlwollend gesinnt war, als Stuhlmeister der Loge »Amalia« jedoch dem Aufnahmegesuch des Dichters stattgeben mußte, trat Goethe 1780 am Vorabend des Johannisfestes, dem höchsten Fest der Freimaurer, dem Bunde bei. Stellvertretend für Fritsch leitete Bode die Aufnahmezeremonie. Eigens kündet Goethe Frau von Stein die Übersendung eines Paares wei-

ßer Handschuhe an, die jeder Neophyt bei der Aufnahme zusätzlich zu den eigenen erhält, um sie der Frau seines Herzens zu überreichen, wie es noch heute im Freimaurertum Brauch ist. Goethes freimaurerische Aktivität blieb jedoch beschränkt, denn zwei Jahre später bereits, bald nach der Aufnahme des Herzogs Karl August, stellte die Loge ihre Arbeit ein. Dabei hatte sich kurz zuvor Herzog Ferdinand von Braunschweig, der Bruder der Herzogin-Mutter, noch mit dem Gedanken getragen, wegen des hohen Ansehens der Weimarer den Hauptsitz der »Strikten Observanz« an den dortigen Hof zu verlegen. Die Systemstreitigkeiten und der enttäuschende Ausgang des Konvents von Wilhelmsbad machten den Plänen ein Ende. Die »Strikte Observanz«, die Goethe als weißrote Maskerade abqualifiziert hatte, hörte zu existieren auf; mit ihr aber auch die Loge »Amalia«. Es sollte ein Vierteljahrhundert bis zu ihrer Wiedererweckung vergehen, an der Goethe auf Drängen Karl Augusts entscheidenden Anteil hatte, allein schon dadurch, daß er sich für das neugeschaffene Schrödersche Ritualsystem einsetzte. Wenn

Und in der Prosa des »Wilhelm Meister« finden wir diese bekennende Ermahnung: »... doch was der Mensch auch ergreife und handhabe, der einzelne ist sich nicht hinreichend. Gesellschaft bleibt eines wackeren Mannes höchstes Bedürfnis. Alle brauchbaren Menschen sollen in Bezug untereinander stehen, wie sich der Bauherr nach dem Architekten und dieser nach Maurer und Zimmermann umsieht.«

Wie schon bei Herder, so hatte der Ritualreformer Friedrich Ludwig Schröder (1744–1816) auch bei Goethe Rat und Zuspruch gesucht, als er sich der Ausarbeitung seines Systems widmete, das noch heute in der Logenarbeit Gültigkeit hat.

Ein anderer Zeitgenosse und Weggefährte Goethes, der sich in seiner Einstellung zur Freimaurerei vom Saulus zum Paulus wandelte, war Christoph Martin Wieland (1733 bis 1813), der 1772 als Prinzenerzieher nach Weimar gerufen worden war. Als Dichter der Aufklärungszeit von funkelndem, zuweilen frivolem Witz stand er der »Königlichen Kunst« jahrzehntelang skeptisch, wenn nicht gar ablehnend gegenüber, bis er nach einem grundlegenden Sinneswandel wohl unter dem Einfluß Goethes 1809 um Aufnahme in die »Amalia« ersuchte. Es blieben ihm nur noch vier Jahre bis zu seinem Tode, Krankheit hielt ihn häufig vom Logenbesuch ab. Von seinen vielgelobten drei Freimaurerreden ragt als edelstes Vermächtnis die Hommage an die Stifterin und Förderin der Loge heraus, Herzogin Anna Amalia von Sachsen-Weimar. In dieser Rede »Über das Fortleben im Andenken der Nachwelt« zu Ehren des 48. Stiftungsfestes und gleichzeitig des 73. Geburtstages der bereits verstorbenen Fürstin wird die ewige Frage beleuchtet, wie Leben und Tod gegeneinander abzuwägen sind in unserer diesseitig ausgerichteten und dabei doch so flüchtigen menschlichen Existenz. Leben wir nicht alle, zumindest die meisten, in einer Weise, als würden wir ewig so fortbestehen, kaum mit einem flüchtigen Seitenblick die Sterblichkeit um uns herum registrierend, vielleicht aus dem Unver-

mögen, uns ein *Nichtsein* überhaupt vorzustellen? Liegt es daran, weil wir eine dunkle Ahnung davon haben, daß nicht der hinfällige Leib, sondern das unsichtbare Etwas unseres Denkens und Wollens unser wahres Ich darstellt? Verläßliche Zeugnisse darüber gibt es freilich nicht, so bleibt uns nur der Weg der Selbsterkenntnis, um zu erfahren, daß der Geist vom Körper zwar eingeschränkt, in seinem Wesen jedoch nicht von ihm abhängig ist. Spricht nicht auch dafür, daß die weisesten Männer und schärfsten Denker aller Zeiten die Überzeugung vertraten, unser Denken und Empfinden würden nach der Trennung vom Leibe fortbestehen? Allerdings kann die Frage nach dem Wo und Wie dieses Fortbestehens nicht beantwortet werden. Indessen bleibt die Ungewißheit, der man nur mit dem Glauben begegnen kann, »in der großen Stadt Gottes könne der Tod für gute Menschen unmöglich ein Übel sein«.

Nun gibt es aber noch eine andere Art von Leben nach dem Tode, nämlich das Fortleben im Andenken der Nachwelt, wozu man sich durch entsprechende Tugenden und Verdienste qualifiziert. Am Ende ist dieses Verlangen nach postumem Weiterleben im Gedächtnis der Menschen der mehr oder weniger bewußte Antrieb zu edlen und großen Taten? Natürlich

erhebt sich gleich wieder die Frage, ob sich denn der Verstorbene dieses befriedigenden Gefühls in *seiner* Welt überhaupt erfreuen kann? Aber vielleicht ist schon das *Vorgefühl* künftiger Unsterblichkeit der verdiente Lohn einer guten Tat? Sollte man dieser Spekulation jedoch nicht zugunsten des moralischen Imperativs entsagen, ein menschenwürdiges Dasein grundsätzlich dem Wohl seiner Mitmenschen zu weihen?

Aus dieser sittlichen Forderung heraus geht das Leben von Gegenwart und Vergangenheit eine unsterbliche Verbindung ein, in der die Persönlichkeit niemals erlischt, gleich welcher Art und wie groß ihr segensreiches Wirken ist, dem die Nachwelt ihr Andenken bewahrt.

In diesen Gedankengängen Wielands begegnen wir wahrem freimaurerischen Ringen um ein geistig orientiertes Leben mit seinen Fragen, Zweifeln, seinem Suchen, Streben und getrostem Mutfassen. Drei Monate später zu Wielands Tod sprach Goethe seinen Nekrolog im Tempel am Sarg des Freundes, wobei er einen Lebenslauf rekapitulierte, der im vornehmsten ästhetischen und literarischen Streben im Kreis freimaurerischer Gemeinschaft sein geistiges Echo fand: »Wie froh er in denselben getreten, wie anhaltend er unsere Versammlungen besucht, unsern Angelegenheiten seine Aufmerksamkeit gegönnt, sich der Aufnahme vorzüglicher junger Männer erfreut, unseren ehrbaren Gastmahlen beigewohnt und sich nicht enthalten, über manche wichtige Angelegenheit seine Gedanken zu eröffnen – davon sind wir alle Zeugen, wir haben es freundlich und dankbar anerkannt. Ja, wenn dieser altgegründete und nach manchem Zeitwechsel oft wiederhergestellte Bund eines Zeugnisses bedürfte, so würde hier das vollkommenste bereit sein, indem ein talentreicher Mann, verständig, vorsichtig, umsichtig, erfahren, wohldenkend und mäßig, bei uns seinesgleichen zu finden glaubte, sich bei uns in einer Gesellschaft fühlte, die er, der besten gewohnt, als Vollendung seiner menschlichen und geselligen Wünsche so gern anerkannte ...«

Besinnung auf das Wesentliche

Die Wirkungen der Französischen Revolution, von den einen als Geißel des Antichrist verflucht, von den anderen begrüßt als Akt der Befreiung, leidenschaftslos-gelassen von Goethe registriert, hatten sich als reinigendes Gewitter erwiesen, um alles Morsche und Überlebte hinfortzuschwemmen. Die politische Landkarte bedurfte einer neuen Ordnung, wenn auch wie immer nur Gewalt die Trägheit der alten Geister überwinden konnte. All dies hatte sich auch, weniger dramatisch natürlich, im Spiegel des freimaurerischen Mikrokosmos reflektiert. Inzwischen existierten auf deutschem Boden drei Großlogen. Aus der »Großen königlichen Mutterloge zu den drei Weltkugeln« zu Berlin war 1772 die »Große National-Mutterloge der preußischen Staaten« geworden.

Zwei Jahre zuvor hatte dort der Generalfeldmedikus der preußischen Armee, Johann Wilhelm von Zinnendorf (1731–1782), die »Große Landesloge der Freimaurer von Deutschland« gegründet. Eigenwillig und unduldsam, sollte ihm die Rolle zufallen, Lessing gleich nach dessen Aufnahme in die Hamburger Loge »Zu den drei Rosen« die freimaurerische Praxis für immer durch die Aufforderung zu verleiden, ihm ein vom Dichter verfaßtes Manuskript über die »Königliche Kunst« abzuliefern, da er eine Veröffentlichung nicht billigen könne. Was Lessing geantwortet hat, ist nicht bekannt, eine Loge aber hat er nach dieser Erfahrung nicht mehr betreten.

Zinnendorf glaubte auf der Suche nach der »wahren Maurerei« bei Ablehnung jeglicher Exaltiertheit sein Ideal nunmehr in der sogenannten »Schwedischen Lehrart« gefunden zu haben, die doch mit ihrer Betonung christlicher Mystik und wieder einmal der Bezugnahme auf das Tempelrittertum eine gewisse Parallele zu der überspannten »Strikten Observanz« darstellt. Von unversöhnlichem Charakter und in ständiger Fehde mit den Anhängern des Hundschen Systems starb er 1782 während einer Logenarbeit in den Armen eines Freundes, des Mathematikprofessors Castillon, der die »Große Landesloge« unter

erheblichen Schwierigkeiten durch die kriegerischen Jahre der napoleonischen Ära steuern sollte.

Als dritte Obedienz fungierte seit 1798 die Berliner Großloge »Royal York zur Freundschaft«, hervorgegangen aus einer französischen Gründung. Ihr ursprünglicher Name »De l'amitié«, später »De l'amitié aux trois colombes«, wurde 1765 in »La loge Royale de York de l'amitié« geändert, nachdem sie sich dem Protektorat des Herzogs von York unterstellt hatte, dem Bruder des englischen Königs Georg II.

Diese drei Großlogen erfreuten sich königlicher Protektion in der Person Friedrich Wilhelms III., des Gatten der im Volk verehrten Königin Louise. Der nüchterne Pedant auf dem Preußenthron hatte gleich nach dem Tode seines Vaters im November 1797 die schwüle Hofatmosphäre von wundergläubigem Spiritismus und bigott angehauchter Mätressenwirtschaft befreit. 1798 ließ er durch ein Edikt alle geheimen Gesellschaften und Ver-

bindungen verbieten, wobei die drei Großlogen ausdrücklich davon ausgenommen waren.

In der Großloge »Royal York« wirkte ein Mann, dem wir in der Kontroverse mit Fichte schon begegnet sind, ein abenteuerlicher Wanderer zwischen den beiden Welten des dunkelsten Katholizismus und den Lichtern der Aufklärung in jenen Jahrzehnten des erwachenden europäischen Bürgertums: Ignaz Aurelius Feßler (1756–1839). Ein aus Ungarn gebürtiger Deutscher, Kapuzinerpater, kam er mit 25 Jahren nach Wien, wo er mit den Ideen der Aufklärung Bekanntschaft machte. Er unterbreitete dem jungen Kaiser Josef II. Verbesserungsvorschläge für das Kirchenwesen, plädierte für Priesterehe und Toleranz gegenüber anderen Konfessionen und deckte die barbarischen Zustände in den Klostergefängnissen auf. Starken kirchlichen Anfeindungen ausgesetzt, wurde er Professor für orientalische Sprachen in Lemberg, trat aus dem Kapuzinerorden aus, ließ sich in eine Freimaurerloge aufnehmen und sorgte durch ein antijesuitisches Theaterstück für einen neuen Skandal, so daß er, um sein Leben fürchtend, nach Breslau floh. Dort fand er bei dem Freimaurer Fürst Schönaich-Carolath eine Stelle als Hofmeister, konvertierte zum Luthertum, heiratete und kam 1796 nach Berlin, wo er der Loge »Royal York« beitrat und 1798 Begründer der aus ihr entstandenen Großloge wurde. Seiner Vermittlung hatten die drei Berliner Großlogen den königlichen Schutzbrief zu verdanken.

Feßler ging es wie dem Eklektischen Bund um eine Reinigung und Vereinfachung des Ritualsystems durch Rückbesinnung auf die ursprüngliche englische Johannis-Maurerei, wobei sämtliche Hochgrade beseitigt werden sollten. Er stieß jedoch auf eine ablehnende Stimmung der weitgehend vom mystischen Rosenkreuzertum beeinflußten Köpfe, das von dem reaktionären Staatsminister Wöllner, der übrigens selber Freimaurer war, bewußt gefördert wurde. So mußte Feßler denn einige Hochgrade beibehalten, die er zu sogenannten

Erkenntnisstufen und Unterrichtsgraden unter Verwendung gnostischer Lehrelemente umgestaltete. Da sein System wenig Gegenliebe fand, ihn zudem wirtschaftliche Schwierigkeiten bedrückten, kehrte er Berlin den Rücken, um in St. Petersburg Professor für orientalische Sprachen und Philosophie zu werden. Dort beendete er schließlich seine wechselvolle Karriere als Generalsuperintendent und Kirchenrat.

Strenger als Feßler und auch erfolgreicher hatte der Theatermann Friedrich Ludwig Schröder (1744–1816), ein gebürtiger Schweriner, die freimaurerische Ritualreform angepackt. Er war wohl der größte deutschsprachige Schauspieler seiner Zeit, dem das Verdienst gebührt, Shakespeare auf die deutsche Bühne gebracht zu haben, zuerst in eigenen, später in den Übersetzungen Wielands. Er hatte auch schon sehr früh Goethes »Clavigo«, »Götz« und »Stella« aufgeführt. Seit 1771 bis 1812 hatte er mit Unterbrechungen – 1781 bis 1785 war er am Wiener Burgtheater engagiert gewesen – die Hamburger Bühne geleitet.

Auch Schröder, bereits seit 1774 Freimaurer, sah in den drei Johannisgraden alle Grundwahrheiten der »Königlichen Kunst« versinnbildlicht. Getreu seinem Grundsatz »Da die Wahrheit einfach ist, so muß auch das Symbol einfach sein« machte er sich mit Eifer daran, die ursprüngliche Symbolik des Rituals wieder freizulegen. Er hatte dabei gegen erhebliche Widerstände anzukämpfen, gegen jene, die der Zeitmode entsprechend sich an Mystik, Kabbalistik, Geheimwissenschaften und einen hierarchischen Aufbau klammerten, aber auch gegen andere, die auf jegliche Symbolik überhaupt und damit auf Allgemeinverständlichkeit verzichten wollten. Von Herder beraten, von seinem Freund, dem berühmten Berliner Arzt Hufeland, gebilligt ebenso wie von Goethe, schuf er ein Lehrsystem, wie es noch heute Gültigkeit hat und als »Leitfaden zur sittlichen Freiheit und Bruderliebe von der Geburt bis zum Tode dem denkenden Menschen helfend und erinnernd zur Seite stehen« könne.

So wie Feßler und Schröder für die praktizie-rende »Königliche Kunst« eine neue, endgültige Form erarbeiteten, so versuchte ein Philosoph – ein tragischer noch dazu, denn er ging unverstanden zugrunde – eine Vertiefung ihrer geistigen Basis im Hinblick auf ein erhabenes Menschheitsziel. Karl Christian Friedrich Krause, ein Schüler Fichtes und Schellings, 1781 in Thüringen geboren, sollte ein Leben lang von Mißerfolg und materieller Not gezeichnet bleiben. Er verkündete den Panentheismus, ein von ihm geprägtes Wort für eine Gottesvorstellung, in der sich Theismus und Pantheismus vereinen. So wie dieses aller christlichen Mystik zugrunde liegt, ist die Welt allein ein Erscheinungsbild Gottes, das Weltall ruht in Gott. Im Gegensatz zum Pantheismus, der Gott und Weltganzes gleichsetzt, ist Gott das eigentlich Bestehende; er ist vor und über der Welt und in allen vernünftigen Wesen. In Krauses Schrift »Urbild der Menschheit« entwickelte er die Idee einer Menschheit, die aus Vernunft und Natur besteht, von Anfang an und auf ewig in Gott ist – in allen selbst uns noch nicht bekannten Sonnensystemen.

Unmittelbar nach dem ersten Sturz Napoleons konzipierte er die frühzeitige Vision eines Völkerbundes in föderativer Form auf der Basis sittlich freier Entwicklung und Anerkennung der persönlichen Freiheit und Eigentümlichkeit eines jeden Volkes. Erziehung und Gesetz sollten ohne Zwang und Unterdrückung angewandt werden. Der Beitritt eines jeden Staates sollte freiwillig erfolgen, auch sollte jederzeit die Möglichkeit des Austritts bestehen, sofern die eingegangenen Verbindlichkeiten erfüllt wurden. Aus einem solchen Völker- und Staatenbund würde sich notwendigerweise der Friede von selbst ergeben. Ebenso wie in Europa, sollten sich auch in Asien, Afrika, Amerika und im australisch-polynesischen Raum nach diesem Modell Staatenbünde bilden, um sich am Ende in einem allumfassenden Menschheitsbund zusammenzuschließen. Für Krause war die Freimaurerei das geistige Instrument, um die Menschheit auf dieses kosmische Fernziel einzustimmen. Wie ein Aufruf mit aktuellem Zeitbezug zu unseren Tagen muten seine Zeilen aus dem Jahre 1811 an, als noch napoleonischer Nationalismus imperialistischer Prägung im scheinbar unangefochtenen Zenith stand:

»Wir leben in einer Zeit der Wiedergeburt oder vielmehr der Neugeburt. Die Menschheit erwacht zu neuem Leben. Ein höherer Staatenverein beginnt wirklich zu werden und zuerst die europäischen Völker in einem Ganzen zu umfassen. ... Die meisten und die edelsten Völker Europas streben jetzt im Staate, in der Kirche, in Wissenschaft und Kunst, sowie in allen geselligen Vereinen und in allen menschlichen Dingen mehr als je nach Einheit und Ganzheit, nach organischer Ausbildung und harmonischem Wechselleben. ... Das Erwachen dieses Geistes der Einheit und der harmonischen Organisation bezeichnet den Eintritt eines neuen Lebensalters der Menschheit auf Erden; in ihm wird die Menschheit die volle Blüte ihres harmonischen Lebens beginnen.«

Allerdings warnte Krause davor, die damalige Freimaurerei bereits als den Kern dieses Menschheitsbundes anzusehen. Zwei bedeutende Phasen ihrer Entwicklung gesteht er ihr zu. Die erste als Zusammenschluß der Architekten seit der Entstehung der römischen Baukorporationen, die zweite seit dem endgültigen Übergang zur spekulativen Maurerei mit der Gründung der Londoner Großloge von 1717, wodurch sie sich mit ihren rein humanitären Bestrebungen über die ganze Erde verbreitet hat, allerdings unter Beibehaltung von Zunftgebräuchen und Regeln, die für Krause überflüssiges Beiwerk sind. Nun aber sei es an der Zeit, daß sich in der dritten Phase daraus der Masonenbund entwickele (abgeleitet vom englischen Mason=Maurer/Steinmetz), wie er ihn anstelle des Freimaurerbundes titulierte, als Schrittmacher des von ihm proklamierten Menschheitsbundes.

Die drei Freimaurer-Urkunden, auf die sich Krause stützte und die er für die ältesten der Freimaurerei überhaupt hielt – darunter die angebliche Yorker Urkunde von 926 – erwiesen sich allerdings sämtlich als Fälschungen;

Zeitläufte seinen Niederschlag fand. Die Elite der preußischen Staatsmänner und Militärs gehörte damals dem Freimaurerbund an. Ihnen gebührt das Verdienst, daß sie dem für tot gehaltenen Preußen neues Staatsbewußtsein und Nationalgefühl vermittelten. Dabei artete dieses Nationalgefühl – man muß es ihnen unter dem drückenden napoleonischen Joch zugutehalten – niemals in übersteigerten chauvinistischen Patriotismus aus, sondern blieb im edelsten Sinne Fichtes stets dem höheren Ziel eines anzustrebenden Kosmopolitismus untergeordnet.

Die Stein-Hardenbergschen Reformen – beide Staatsmänner waren Freimaurer – sind gleichermaßen von den Gedanken der Aufklärung wie des Freimaurertums getragen. Zu Beginn des 19. Jahrhunderts ging es darum, ein Staatswesen zu schaffen, in dem der selbständig denkende Mensch freiwillig zum Wohle aller und damit zu seinem eigenen beiträgt.

Karl Reichsfreiherr vom und zum Stein (1757–1831), in Wetzlar noch während seiner Studienzeit in die Loge »Josef zu den drei Helmen« aufgenommen, ist in erster Linie ein pragmatischer Staatsmann gewesen. Den Ideen der Französischen Revolution brachte er Sympathien entgegen, sofern sie der von ihm angestrebten Reform des friderizianischen Staatswesens dienlich waren. Er traf zahlreiche wirtschaftspolitische Maßnahmen zur Lockerung des Merkantilismus, rettete nach der Katastrophe von 1806 den Staatsschatz nach Ostpreußen und legte nach seiner ungnädigen Entlassung im Januar 1807 seine Reformgedanken in einer Denkschrift nieder. Im starren Absolutismus, der jede Eigeninitiative lähmt, sah er die Ursache des Zusammenbruchs, weshalb er für Selbstverwaltung, d. h. für die selbständige Mitarbeit des Volkes plädierte. Dadurch wurde erstmals in der deutschen Geschichte der bescheidene Ansatz zu einer demokratischen Entwicklung eingeleitet. Nach dem unseligen Tilsiter Frieden, der Preußen den Verlust seines halben Staatsgebietes gekostet hatte, übernahm er, von Fried-

auch dies gehört zu Krauses persönlicher Tragik. Man hatte sie wohl in Umlauf gebracht, um Tradition und Glaubwürdigkeit der »Königlichen Kunst« zu festigen, ähnlich der Konstantinischen Schenkung der katholischen Kirche. Diese Yorker Urkunde bezieht sich auf die englische Edwinsage, auf einen König, der historisch im 10. Jahrhundert gar nicht existiert hatte und nach der Zunftlegende angeblich als erster »spekulativer Maurer« in die Steinmetzbruderschaft aufgenommen worden sein soll.

Krause hatte in den Jahren 1810 bis 1813, als er in der Dresdener Loge »Zu den drei Schwertern und den wahren Freunden« als Redner brillierte, sein Werk »Die drei ältesten Kunsturkunden der Freimaurerbrüderschaft« geschrieben, das zur Vertiefung der spekulativen freimaurerischen Tradition beitragen sollte. Diese Schrift wurde ihm wie auch seinem Freund Friedrich Moßdorf in Dresden, der Krauses Schrift ankündigte und später die erste deutsche »Enzyklopädie der Königlichen Kunst« herausgab, zum Verhängnis. Die in Krauses Werk vertretene Auffassung, daß nichts, was dem Wohle der Menschheit diene, ihr als Geheimnis vorenthalten werden dürfe,

erweckte den Protest der Berliner und Hamburger Bauhütten, so daß Krause ausgeschlossen wurde, und Moßdorf die Loge verließ, obwohl sich beide weiterhin als Freimaurer betrachteten. Krauses Unstern führte ihn ins Elend. Einmal, 1814, machte er sich Hoffnung auf die Nachfolge Fichtes an der Berliner Universität. Doch weder in Berlin, noch Göttingen, noch München war ihm die gesicherte Lebensstellung einer ordentlichen Professur beschieden, wie sie seiner geistigen Bedeutung angemessen gewesen wäre. Schließlich ist er, erst einundfünfzigjährig, von Schelling abgelehnt, als gebrochener Mann in München gestorben. Eine gleichgültige Mit- und Nachwelt dankt ihm die Idee jenes Menschheitsbundes, dieser euphorischen Vision des so sehnsüchtig erträumten Weltfriedens, weshalb er zusammen mit Lessing als der herausragende Repräsentant der typisch deutschen humanitären Freimaurerei anzusehen ist.

Wenn sich politische Aktivitäten auch in den Bauhütten, in den deutschen zumindest, verbieten, so kann es doch nicht wundernehmen, daß das in den Logen kultivierte Humanitätsideal in mannigfacher Form in den Maßnahmen der praktischen Politik jener unruhigen rich Wilhelm III. zurückgerufen, im Juli 1807 in Königsberg das Amt des leitenden Ministers mit fast unbeschränkten Vollmachten. Schon im Oktober desselben Jahres hob er für ganz Preußen die Erbuntertänigkeit auf und beseitigte alle Beschränkungen im Grundstückserwerb und in der Berufswahl, womit ein einheitliches Staatsbürgertum geschaffen wurde. Dann folgte eine neue Städteordnung durch die Selbstverwaltung der Stadtgemeinden. Sein weiteres Reformwerk wurde 1808 durch seine von Napoleon geforderte Entlassung aufgehalten, da vom Stein die Heeresreform und damit die heimliche Aufrüstung der preußischen Armee nach dem Krümper-System unterstützte und mit Österreich geheime Militärverhandlungen anknüpfte. Scharnhorst und Gneisenau waren Freimaurer wie auch Gerhard Leberecht von Blücher, der berühmte Marschall »Vorwärts«, der 1813 nach seinem Sieg an der Katzbach in einer Bautzener Loge bewegende Worte für die Doppelnatur des Menschen fand inmitten der grausamen Pflichten des Kriegshandwerks: »Gerne sehnt sich der bessere Mensch aus diesem wilden Gedränge heraus, und segnend preise ich die Stunde, wo ich mich im Geiste mit guten und treuen Brüdern in jene höheren Regionen versetzen kann, wo ein reineres, helleres Licht uns entgegenstrahlt. Heilig ist mir daher die Maurerei, der ich bis zum Tode treulich anhängen werde, und jeder Bruder wird meinem Herzen stets treu und wert sein!«

Es waren ja gerade die Offiziere wie Graf Tauentzien, General von Kleist, Hermann von Boyen, der die allgemeine Wehrpflicht einführte, die sich als Freimaurerbrüder dieses ewigen Zwiespalts zwischen Realität und Ideal schmerzlich bewußt wurden.

Nachdem vom Stein vor der napoleonischen Verfolgung nach Wien geflohen war, wo er bei dem unversöhnlichen Franz I. und dessen Staatskanzler Metternich als »gefährlicher Aufklärer und Neuerer« und »mit Maurergeist begabter Mann« denunziert wurde, setzte der Freimaurerbruder Hardenberg die Reformen durch, allerdings in liberalerer Form und auch

in radikalerem Kurs gegen die Grundlagen des alten Ständestaates, im Sinne der Aufklärung und der politischen Ideen der Französischen Revolution. Durch Hardenbergs Finanzgesetz konnten zum großen Teil die ungeheuren Kriegskontributionen an Napoleon abgetragen werden. 1811 wurden zwecks Beseitigung der wirtschaftlichen Schranken die Zünfte aufgehoben. 1812 erhielten die Juden, wie es in Frankreich längst geschehen war, endlich das volle Bürgerrecht. Auf dem Wiener Kongreß verschaffte Hardenberg dem preußischen Staat einen gewaltigen Gebietszuwachs und stellte seine Großmachtstellung wieder her.

Als nach dem napoleonischen Welttheater der Vorhang niederging, sollte sich für Deutschlands Befreier vom französischen Joch die alte Erfahrung »vom Undank der Welt« bewahrheiten. Nicht nur, daß jene Männer sich als Politiker und Militärs um ihren Lohn betrogen sahen – die Hoffnung auf die Gründung eines einheitlichen deutschen Reiches blieb unerfüllt, die absolutistischen Regime der Vorkriegszeit wurden wiederhergestellt –, darüber hinaus waren sie als Freimaurerbrüder auch noch Verdächtigungen und Verleumdungen ausgesetzt. Wie so oft in der Geschichte tat sich ein Renegat dabei besonders hervor: Christian Graf von Haugwitz (1752–1832). Einst in die Loge »Minerva« in Leipzig aufgenommen, gründete er später eine pietistisch orientierte mystische Bruderschaft, die »Kreuzfrommen«, auch »Gemeinschaft der Johannesvertrauten« genannt, ein Produkt der verstiegenen Geisterseher-Atmosphäre am preußischen Hof, der

kein langes Leben beschieden war. Das Edikt von 1798, das den drei altpreußischen Großlogen die Monopolstellung einräumte, trug noch seine Unterschrift. Zwar erkannte von Haugwitz rechtzeitig die vom republikanischen Frankreich ausgehende Gefahr, schloß aber den für Preußen demütigenden Basler Frieden, später, noch vor der Katastrophe von 1806, unvorteilhafte Verträge mit Napoleon, so daß er, als Werkzeug des französischen Kaisers verschrien, von Hardenberg gestürzt wurde.

Als 1822 auf dem Kongreß zu Verona unter Metternichs Ägide die Wiederherstellung der absolutistischen Monarchie in Spanien beschlossen wurde, wäre es beinahe noch zu einem allgemeinen Freimaurerverbot im gesamten Herrschaftsbereich der »Heiligen Allianz« gekommen. Während der österreichische Kaiser und der russische Zar es in ihren Ländern durchsetzten, verdankte Preußen es dem energischen Einspruch Friedrich Wilhelms III., daß »seine besten Untertanen«, wie der König die Logenmitglieder bezeichnete, unbehelligt blieben.

Jener Graf Haugwitz jedoch, der damals schon seit zwei Jahren in Italien lebte, bestürmte den Kongreß mit einer Denkschrift, in der das alte Märchen von der freimaurerischen Weltverschwörung aufgewärmt wurde: Alle Greuel der Französischen Revolution einschließlich des Königsmords seien allein vom Freimaurerorden beschlossen und durchgeführt worden. Es gab genug Menschen, die es glaubten. Die Kinder des Lichts traten in das Zeitalter finsterster Reaktion.

Fig. 55 Faltbarer Briefbogen, Kupferstich, Frankreich, Anfang 19. Jh.

Die Freimaurerei
im Zeitalter des Liberalismus

Der Deutsche Bund mit seinen 39 souveränen Einzelstaaten anstelle eines geeinten Reiches, die erneut aufkeimende Eifersucht des Kaiserreiches Österreich gegenüber dem wiedererstandenen Preußen, die überall wirksam werdenden polizeilichen Überwachungsmethoden im Stile Metternichs, die Überschwemmung mit britischen Industrieerzeugnissen und die damit einhergehende binnenländische Wirtschaftskrise, endlich die Hungersnöte nach der Mißernte von 1817 – all dies hatte die deutsche Nation in einen Tunnel geführt, aus dessen Nacht sie sehnsüchtig einen Ausweg suchte.

Der Restauration, die sich bereitwilliger staatsrechtlicher Handlanger wie der Professoren Karl Ludwig von Haller (1768–1854) in der Schweiz und Theodor Heinrich Anton Schmalz (1760–1831) in Preußen versicherte, traten die Burschenschaften entgegen, deren Aktivitäten durch die berüchtigte Bücherverbrennung bei der Wartburgfeier bald in Radikalismus umschlugen. Alsbald nach der Ermordung Kotzebues begannen die sogenannten Demagogenverfolgungen. Die ruhige Beschaulichkeit des Biedermeier war nur die gemütvoll scheinende Seite der Wirklichkeit. Hinter der Idylle gärte es, bis sich 1830 und 1848 die Unruhe öffentlich kundtat.

Zwei Persönlichkeiten der Schriftstellervereinigung »Junges Deutschland«, obwohl miteinander nur in gehässiger Gegnerschaft verbunden, sind für die Entwicklung der Freimaurerei von besonderem Interesse, zumal sie, jüdischer Abstammung, im Lichtkreis der »Königlichen Kunst« für eine offenere, liberalere Haltung zeugen: Ludwig Börne (1786 bis 1837) und Heinrich Heine (1797–1856). Während die Aufnahme jüdischer Brüder in englischen und französischen Logen gemäß dem Toleranz- und Gleichheitsprinzip als selbstverständlich und problemlos galt, so stellt die Zugehörigkeit zum deutschen Freimaurerbund für Börne und Heine eine bemerkenswerte Ausnahme dar. Börne wurde schon 1808 in Frankfurt am Main in die vom französischen Großorient gegründete Loge »Zur aufgehenden Morgenröte« (Aurore naissante) aufge-

Fig. 56 Ludwig Börne (1786–1837), Lithographie von F. C. Vogel, Frankfurt, 19. Jh., nach einem Gemälde von M. Oppenheim. Der kritische Publizist des Vormärz wurde 1808 in die Frankfurter Loge »Zur aufgehenden Morgenröte« aufgenommen.

Fig. 57 Heinrich Heine (1797–1856), Radierung von E. L. Grimm, 1827. Heine trat 1844 der Loge »Zur aufgehenden Morgenröte« bei. Er starb wie Börne in Paris.

nommen. Für seinen »Busenfeind« Heine findet sich im Kassenbuch dieser Loge unter dem 4. Januar 1844 die Eintragung: »Erhalten vom Profanen Heinrich Heine, Lufton, die Summe von 50 Francs halbe Gebühr für seine heute erfolgte Initiation.« (Lufton, Sohn eines Freimaurers. Schon Heines Vater war Mitglied einer Loge. Das Wort leitet sich wahrscheinlich vom französischen »Louveteau«, junger Wolf, ab.)

Trotz des in Andersons »Alten Pflichten« klar zum Ausdruck gebrachten Toleranzgedankens stellten sich Vorbehalte ein. Die Vorstellung der Gleichberechtigung von jüdischen Mitgliedern stieß in den deutschen Bauhütten auf Renitenz und gelegentlich erheblichen Widerstand. Hier färbte wohl noch die Schwärmerei des mit christlichem Mystizismus durchsetzten Templertums ab. Zwar hatten die Stein-Hardenbergschen Reformen den Juden das volle Bürgerrecht gebracht, doch wurde der von Anderson formulierte Terminus »Allgemeine Religion« als ausschließlich im christlichen interkonfessionellen Sinne interpretiert. Dabei war gerade Mitte des 18. Jahrhunderts der Toleranzgedanke in Logenreden in bezug auf die Religion – die Rassenfrage spielte damals keine Rolle – wiederholt unmißverständlich behandelt worden. »Wir betrachten alle Maurer als Brüder, sie mögen Christen, Juden oder Muselmänner sein«, sagte ein englischer Logenredner. »Denn die Maurerei ist allgemein und nicht begrenzt auf einen besonderen Glauben, eine Sekte oder eine Art von Gottesverehrung.«

Von jeher war die weltoffene Atmosphäre der Freien Hansestadt Hamburg dieser Geisteshaltung eher zugeneigt, so daß in der dortigen Großloge schon bald nach deren Gründung zumindest zum Logenbesuch portugiesische jüdische Brüder zugelassen wurden. Immerhin wurde in Hamburg sieben Jahre vor der Gewährung von Bürgerrechten den Juden 1841 maurerische Gleichstellung zuerkannt.

Anders die große National-Mutterloge »Zu den drei Weltkugeln« in Berlin, die nur Christen als Ordensmitglieder aufnahm. Erst allmählich öffneten sich die Logen dem reinen Humanitätsprinzip. Nach Hamburg ließ 1828 die damalige Großloge des Königreichs Hannover (1814–1866) jüdische Bürger zu, später folgten die Großlogen von Sachsen und Bayreuth. Bedeutende jüdische Persönlichkeiten wie Gabriel Rießer (1806–1863), zweimaliger Vizepräsident der Frankfurter Nationalversammlung, Vorkämpfer für die Judenemanzipation, und Berthold Auerbach (1812–1882), der Dichter der Schwarzwälder Dorfgeschichten, waren Mitglieder des Freimaurerbundes.

Im Streit um die Judenfrage spielte der Begründer der freimaurerischen Geschichtsforschung, der Frankfurter Medizinprofessor Georg Burkard Kloß (1787–1854), eine entscheidende Rolle. Als Großmeister des Eklektischen Bundes, dessen Vorgänger die Aufnahme von Juden noch entschieden abgelehnt hatten, trug er durch seine Schrift »Über die Unstatthaftigkeit des Versuches, ein positives Christentum in die Freimaurerei hineinzuziehen«, zu einem grundsätzlichen Sinneswandel bei, indem er den christlichen und den Humanitätsstandpunkt gegenüberstellte. Dennoch bildeten sich zwei gegnerische Lager mit unterschiedlichen, oft schwankenden Standpunkten, was dem prinzipiellen Toleranzgedanken der »Königlichen Kunst« nicht gerade zur Zierde gereicht.

Da finden wir auf der einen Seite die humanitäre Maurerei nach britischem Muster, in der Charakter und Persönlichkeit die Türen zur Bauhütte öffnen, ohne nach der Religionszugehörigkeit des Suchenden zu fragen. In diesem ursprünglichen, rein humanitär ausgerichteten Sinne arbeiteten um die Jahrhundertmitte die Große Loge von Hamburg, die Großloge von Hannover, die Große Landesloge von Sachsen in Dresden, die Großloge »Zur Sonne« in Bayreuth und die Große Mutterloge des eklektischen Freimaurerbundes in Frankfurt am Main. Ihnen gegenüber standen in Berlin als Vertreter der christlichen Maurerei die Große National-Mutterloge »Zu den drei Weltkugeln«, die Große Landesloge der

Fig. 58 Berthold Auerbach (1812–1882), Kupferstich nach einer Ölskizze von Fr. Pecht, 1844. Auch der Dichter der Schwarzwälder Dorfgeschichten und des großen Spinoza-Romans war seit 1843 Mitglied der Loge »Zur aufgehenden Morgenröte«.

Freimaurer in Deutschland und die Große Loge von Preußen »Zur Freundschaft«, vormals »Royal York«. Sie verweigerten Juden mosaischen Glaubens grundsätzlich die Aufnahme – und das in Altpreußen, einem Lande, das immerhin schon 1812 den Juden das Bürgerrecht verliehen hatte.

Erst sehr allmählich lockerte sich dieser verhärtete Standpunkt, der angesichts der Prinzipien eines Bruderbundes, dessen Wirken sich zuvörderst dem Toleranzgedanken verschrieben hat, zumindest befremdlich anmutet. Hauptsächlich war diese zögernd einsetzende Konzessionsbereitschaft dem nachmaligen 99-Tage-Kaiser Friedrich III. zu verdanken, der schon von seinem Vater, dem späteren Kaiser Wilhelm, als Zweiundzwanzigjähriger 1853 der Freimaurerei zugeführt worden war. Er war es, der zu einer Zeit, als die ersten Fanatiker des Rassismus in Deutschland und Frankreich noch versponnenen Träumen nachhingen, das vielzitierte Wort prägte »Der Judenhaß ist die Schande des Jahrhunderts«. Wenn

sich die Zurückweisung jüdischer Brüder durch preußische Logen schon gar nicht mit einer grundsätzlich liberalen Haltung vertrug, so war wohl der unmittelbare Auslöser für die spätere Aufhebung dieser engstirnigen Einstellung der heftige Protest seitens der englischen Großloge. Als sich der Prinz 1857 mit der englischen Prinzessin Victoria verlobte, wohnte er auch einer Arbeit der Großen Loge von England bei, wobei man ihm zwar einen fürstlichen Empfang bereitete, jedoch darauf hinwies, daß preußischen Maurern der Besuch englischer Logen solange verwehrt sei, bis Brüder mosaischen Glaubens von preußischen Logen als gleichberechtigt anerkannt und aufgenommen würden.

Die Großloge »Zur Freundschaft« hatte zwar schon 1854 den Besuch jüdischer Brüder gestattet, gewährte ihnen Aufnahme in die Johannisgrade aber erst seit 1872. Auch die 1846 gegründete Großloge »Zur Eintracht« in Darmstadt, die aus Logen entstanden war, die sich strikt der Aufnahme jüdischer Mitglieder widersetzt hatten und sich bewußt zum christlichen Prinzip bekannten, nahm ab 1873 jüdische Brüder auf.

Endlich gewährte Ende der siebziger Jahre auch die Große National-Mutterloge »Zu den drei Weltkugeln« dank der mutigen Intervention Studiendirektor Christian F. L. Herrigs (1816–1889) vom Lichterfelder Kadettencorps jüdischen Brüdern das Besuchsrecht, nicht jedoch deren Aufnahme. Starrer, christlicher Konservativismus ließ zwar Lichtblicke zu, jedoch keine allumfassende Erleuchtung. So blieb es bei unverbindlichen Einsichten, wie man ihnen in einem Brief an die Holländische Großloge begegnet:

»Wir erkennen mit Ihnen im Prinzip, daß die Ausschließung der Israeliten von der Aufnahme in unseren Logen nicht vereinbar mit dem Grundwesen der Freimaurerei ist, und geben uns der sicheren Hoffnung hin, daß diese Schranken in nicht allzu ferner Zeit in unserem Bunde fallen werden.«

Diese Hoffnung war verfrüht. Männer wie der ehemalige Volksschullehrer Hermann Ahl-

4 JANVIER 1895   3 JUIN 1899

wardt (1846–1914) mit seiner Hetzschrift »Judenflinten« und der Hofprediger Stoecker als Führer der christlich-sozialen Partei, der bei der Bekämpfung des »radikalen Liberalismus« so recht die »christliche Tugend der Versöhnung« unter Beweis stellte, hatten die antisemitische Stimmung schon zu weit angeheizt. Zwar war Stoecker 1890 beim Kaiser in Ungnade gefallen, die allgemeine Atmosphäre war jedoch vergiftet, und es gereicht dem Großmeister der Großloge »Zur Freundschaft«, dem über siebzigjährigen Geheimen Regierungsrat Professor Hermann Settegast zur besonderen Ehre, daß er der erneut aufkeimenden Judenfeindlichkeit in seiner Loge durch eine Reform zu begegnen suchte. Anhaltender Widerstand veranlaßte ihn schließlich

in Berlin zu einer Neugründung, der »Großen Freimaurerloge in Preußen, genannt »Kaiser Friedrich zur Bundestreue«, in demonstrativer Verehrung des viel zu früh so tragisch verstorbenen Monarchen, der in seiner liberalen Einstellung und Versöhnungsbereitschaft ein vorbildlicher Freimaurerbruder gewesen war.

Das bereits erwähnte Edikt von 1798, das den drei altpreußischen Logen das ausschließliche Recht von Logengründungen in Altpreußen vorbehielt, schien das Unternehmen zunächst zur Aussichtslosigkeit zu verdammen. Jedoch endete der von dem Freimaurerbruder Rechtsanwalt Alexander-Katz geführte Rechtsstreit mit einem Sieg der Settegast-Bewegung und ermöglichte hinfort auch anderen Großlogen, sich in Preußen anzusiedeln, so daß dort in der

Folge zahlreiche humanitäre Logen gegründet wurden. Die Großloge von Settegast ging später in der Großloge von Hamburg auf.

Dennoch – das Verhältnis zwischen Freimaurerei und Judentum sollte noch lange problematisch bleiben. Nichts kennzeichnet diese wenig rühmliche Politik des Logenwesens in infamerer Weise als die spätere Nazipropaganda, die in einem Schlagwort Judentum und Freimaurerei gleichsetzte. Es handelt sich dabei um eine jener heimtückischen Hetzparolen, die noch immer die Geister verwirren.

Gern greift man dabei auf die angeblichen »Protokolle der Weisen von Zion« zurück, eine längst nachgewiesene Fälschung zur Schürung der Judenpogrome im kaiserlichen Rußland, deren Ursprung in einem satirischen

Pamphlet gegen Napoleon III. zu suchen ist, das um 1900 im antisemitischen Sinne umgeschrieben wurde und als Beweis für eine jüdische Weltverschwörung angeführt werden sollte. Als willkommenes Instrument zur Durchführung dieser Umsturzpläne bot sich dabei das Freimaurertum an, ausgerechnet jene Brudergemeinschaft, der man im ausgehenden 19. Jahrhundert gegenüber dem Antisemitismus zumindest eine weitgehend indifferente Haltung in Deutschland nachsagen muß. Zur Ehre der französischen Freimaurerei sei an dieser Stelle vermerkt, daß in den Jahren der berüchtigten Dreyfus-Prozesse Toleranz und Brüderlichkeit einen vollen Sieg zugunsten des Verfolgten davontrugen.

Nun erhebt sich überhaupt die Frage, ob zwischen Judentum und Freimaurerei eine historische Beziehung besteht. Eine scheinbare Bestätigung könnte man aus dem freimaurerischen Ritual herauslesen, das für den bereits zitierten Tempelbau der Humanität als Ursymbol den salomonischen Tempel in Jerusalem beschwört. Hierbei sollten jedoch Symbolik und Historie nicht verwechselt werden, so gern freimaurerische Eiferer auch die Entstehung des Bauhüttenwesens ins jüdische Altertum verlegen wollten. Juden, die sich um Aufnahme in den Bund bemühten, beriefen sich oft auf diese angebliche Tradition. Eine Talmudstelle scheint sogar darauf hinzuweisen, derzufolge die gelehrte jüdische Elite »Bauleute« genannt wurde. Die Schilderung der Anfänge der Bauhütten zeigt jedoch, daß die These eines derart archaischen Ursprungs nicht haltbar ist. Der gesellschaftliche und berufliche Anteil der Juden an den mittelalterlichen Bauhütten war gering. Dies erklärt sich schon aus dem aufgezwungenen Ghetto-Dasein und den grundsätzlich christlichen Symbolen bei Feiern und Festen der Zünfte und Bauhütten, zu denen Juden von vorneherein keinen Zutritt haben konnten, sowie aus der traditionell feindlichen Haltung der katholischen Kirche, die beim Ausbruch der großen Pest von 1350 das Märchen von der jüdischen Brunnenvergiftung in ganz Mitteleuropa publik machte.

Finden wir in den Tempelarbeiten der Freimaurer gelegentlich hebräische Redewendungen oder jüdisch-esoterisches Gedankengut vor, so ist dies ausschließlich durch das gegenseitige Studium christlicher wie jüdischer Schriften der damaligen Gelehrtenwelt erklärbar. Erst der freiere und damit tolerantere Geist der britischen Handelsnation konnte an der Wende vom 17. zum 18. Jahrhundert ein Umdenken herbeiführen, und es gereicht Frankreich zum Ruhme, daß es unmittelbar nach England den gleichen Weg der Liberalität beschritten hatte.

Dennoch kann man nicht sagen, daß sich die Freimaurerei mit ihrer zögernden Öffnung gegenüber dem Judentum etwa im Sog der Kirche bewegt habe. Die römische Kirche hatte sich längst als beider Feind erklärt, und wenn sie auch in bezug auf ihren jahrhundertelangen Antisemitismus heutzutage Reue an den Tag legt, so ist sie in ihrer Einstellung zur »Königlichen Kunst« manchmal zwiespältig, insgesamt jedoch unversöhnlich geblieben.

Kaum hatte die Freimaurerei auf dem europäischen Kontinent Fuß gefaßt, sah der Heilige Stuhl bereits den Zeitpunkt für heftige Angriffe gekommen. Obwohl zahlreiche Geistliche schon 1733 der ersten Loge in Rom beigetreten waren – vielen bedeutenden Kirchenmännern wird man später unter den Mitgliedern begegnen –, wurde fünf Jahre später die erste Bulle gegen die Freimaurerei erlassen. Ein gutes dutzendmal wurde ihr in Bullen und Enzykliken die »Ehre« des höchsten päpstlichen Fluches zuteil, wobei es sich jedoch zeigte, daß der Katholizismus nicht mehr die Kraft sachlicher geistiger Auseinandersetzung aufbrachte. Zudem fehlten ihm infolge der ständig sinkenden politischen Macht auch immer mehr die Mittel, seine Beschlüsse durchzusetzen. So ist die erste Bulle von 1738, »In eminenti«, die sich gegen die angebliche Staatsgefährdung durch das Freimaurertum wendet, in den damaligen österreichischen Erblanden und in Frankreich gar nicht mehr amtlich veröffentlicht worden. Die nächste Bulle von 1751 bezieht sich hauptsächlich auf

religiöse Motive und verdammt die Freimaurerei als Häresie. Immerhin brachte sie in Spanien eine gnadenlose Verfolgung mit Galeerenstrafen und Todesurteilen in Gang.

Als Papst Pius VII. 1814 nach dem Sturz Napoleons in den Kirchenstaat zurückkehrte, um die vorrevolutionären reaktionären Zustände wiederherzustellen, wobei er auch den 1775 aufgelösten Jesuitenorden neu erstehen ließ, hatte er nichts Eiligeres zu tun, als gegen den Freimaurerbund und die nationale Freiheitsbewegung der Carbonari wegen Staatsgefährdung eine Bulle zu erlassen; allein schon deshalb, weil beide von Napoleon gefördert worden waren. Wieder mußte das beliebte Mittel herhalten, die »verschwiegene Gesellschaft« der »Königlichen Kunst« mit einem politischen Geheimbund gleichzusetzen.

Knapp zehn Jahre später war Leo XII. am Zuge mit der Bulle »Quo graviora mala«, worauf in Spanien im Zeichen der »christlichen Nächstenliebe« die Garotte wieder Arbeit bekam.

Pius IX., der »unfehlbare Papst« – zu dem er sich durch das Dogma von 1870 selbst erheben ließ, womit er im Deutschen Reich den Kulturkampf einläutete –, hatte 1864 mit dem Erlaß des Syllabus, eines Verzeichnisses der »hauptsächlichsten Irrtümer unserer Zeit«, Pantheismus, Naturalismus, Rationalismus, Indifferentismus und Liberalismus gebrandmarkt. Er prägte in bezug auf die Freimaurerei das Wort von der »Synagoge des Satans«.

Sein Nachfolger Leo XIII. (1878–1903) verdammte in seiner Enzyklika »Humanum Genus« die »Königliche Kunst« als Teufelswerk, beschwor alle katholischen Bischöfe, »diese unreine Seuche« auszurotten, um sich schließlich auf dem Stuhl Petri als Opfer eines Hochstaplers weltweit zu blamieren, worüber noch zu berichten sein wird.

Um der Objektivität willen darf man aber nicht die Tatsache unterschlagen, daß Intoleranz, Antipathie und engstirniger Dogmatismus nicht allein dem weiß-gelben päpstlichen Banner vorbehalten blieb. Die protestantische Orthodoxie, gegen die schon Lessing polemisiert hatte, war auch nicht ohne Ehrgeiz. Allen

voran der Theologieprofessor Ernst Wilhelm Hengstenberg (1802–1868), der voller Hysterie in seiner »Evangelischen Kirchenzeitung« gegen alles Freimaurerische zu Felde zog und mit seinem Verdammungsgezeter höchsten Regierungsstellen und selbst den Repräsentanten des Herrscherhauses ständig in den Ohren lag. Von ihm stammt das törichte Pauschalurteil »Die Grundlage des Freimaurerwesens ist der Deismus, die Antipathie gegen das Spezifisch-Christliche«, wobei der erste Teil dieser exemplarischen Qualifikation eine Halbwahrheit beinhaltet, der zweite Teil eine Infamie. Tatsache ist, daß die auf den Religionsphilosophen Lord Cherbury zurückzuführende Glaubensform zur Zeit der Aufklärung in England vorherrschend war. Ihr zufolge existiert Gott zwar als Urgrund der Welt, übt nach deren Erschaffung aber keinerlei Einfluß mehr aus, weder durch Wunder noch durch irgendwelche Formen der Offenbarung. Es waren auch zweifellos überwiegend Deisten, wie man die Anhänger dieser Lehre nennt, die 1717 die spekulative Maurerei mit dem Geist der Toleranz prägten. Aus dieser historisch bedingten Modeerscheinung einer philosophischen Glaubenslehre jedoch einen umfassenden, zeitlich unbegrenzten, noch dazu dogmatischen Totalitätsanspruch für ein freimaurerisches Credo abzuleiten, ist schlechterdings böswillig, zudem es ja gerade dem Toleranzgedanken des Freimaurertums widerspricht.

Damals fand die preußische Freimaurerei in Prinz Wilhelm, dem späteren Kaiser, und dessen Sohn ihre glänzendsten Verteidiger gerade zu der Zeit, als am Hofe Friedrich Wilhelms IV., der 1849 die deutsche Kaiserkrone abgelehnt hatte, sich der klerikale, antifreimaurerische Einfluß immer stärker profilierte. Ostentativ nutzte der Prinz offizielle Anlässe zum Besuch von Logenhäusern, um solcherart gegenüber den mißbilligenden Kirchenvertretern seine treue Verbundenheit mit dem Freimaurertum zum Ausdruck zu bringen. Einem eifrigen Parteigänger Hengstenbergs, dem Magdeburger Superintendenten Johann

Friedrich Möller, sprach er in einem Brief rundweg das Recht ab, ohne tiefere Kenntnis der »Königlichen Kunst« über den Bruderbund ein negatives Urteil zu fällen. Schon zuvor im Jahre 1851 schrieb er an den Ministerpräsidenten Otto von Manteuffel (1805–1882): »Die Freimaurerlogen sind die wirksamsten Pflanzstätten der Gottesfurcht christlicher Frömmigkeit, sittlicher Tugenden, echter Vaterlandsliebe, zuverlässigster Untertanentreue, aufrichtigster Ehrfurcht und Ergebenheit gegen den Landesherrn.« Und an anderer Stelle: »Übrigens sind die Verleumdungen gegen den Freimaurerorden nicht neu, sie sind so alt wie er selbst und wiederholen sich nur von Zeit zu Zeit. Er teilt dies Schicksal mit allen Institutionen, die sich, wenngleich gesetzmäßig, in Geheimnis hüllen.«

Hielten die preußischen Souveräne schützend ihre Hand über den Bruderbund, so nahm in ihren Reihen ein geborener Schweizer, ein berühmter Professor der Staatswissenschaften, in würdigster Form und mit den überzeugendsten Argumenten den Kampf gegen die Widersacher auf: Johann Kaspar Bluntschli (1808 bis 1881).

Neben seiner Gelehrtentätigkeit in Zürich und München, seit 1861 in Heidelberg, entfaltete Bluntschli im Sinne des gemäßigten Liberalismus starke politische Aktivitäten: Als Stifter des deutschen Protestantenvereins, der im Gegensatz zu der damals vorherrschenden protestantischen Orthodoxie für größere Freiheit in den theologischen Wissenschaften eintrat, als Mitglied der badischen 1. Kammer und des 1867 innerhalb des Deutschen Zollvereins geschaffenen Zollparlaments, schließlich als Mitbegründer des Internationalen Instituts für Völkerrecht in Gent.

1838 in die Züricher Loge »Modestia cum libertate« aufgenommen, hielt er in der schweizerischen Großloge »Alpina« bereits 1844 eine Festrede »Über das Verhältnis der Maurerei zu Kirche und Staat«. Als Großmeister der Großloge »Zur Sonne« in Bayreuth arbeitete er die Grundzüge der Verfassung und des dort geübten Rituals aus. Berühmt wurde

1865 in Freimaurerkreisen sein offenes Rundschreiben als Stuhlmeister der Heidelberger Loge »Ruprecht zu den fünf Rosen« an die Adresse des Papstes. Noch war der Kulturkampf nicht eröffnet, aber der sich immer tiefer abzeichnende Graben zwischen fortschrittlichem Liberalismus und ultramontanem Katholizismus war längst nicht mehr zu übersehen. Bluntschli erteilte als Vertreter der »Synagoge Satans« darin dem mittelalterlichen »Pereat« einer dem schändlichsten Aberglauben verhafteten Institution »christlicher Nächstenliebe« die gebührende Antwort. Gerade das, was man dem Bruderbund vorwirft, streicht Bluntschli als seine Stärke heraus: »... Der erste und gewichtigste Grund, welchen alle Päpste ihrem Verdammungsurteil vorangestellt haben, ist der Vorwurf, daß unser Bund Männer von verschiedenen Religionen und Sekten einige. Dadurch wird, wie Benedikt XIV. (1675–1758) sich ausdrückte, ›die Reinheit der katholischen Religion getrübt‹. Dieser erste und schwerste Vorwurf, meine Brüder, gestehen wir es offen, ist in Wahrheit begründet. Wenn es ein Verbrechen ist, daß Männer verschiedenen Glaubens ohne Rücksicht auf ihr kirchliches Bekenntnis sich freundlich die Hände reichen, so sind wir dieses Verbrechens geständig und

schuldig. Allerdings hat unser Verein, von Ursprung an und mit der Zeit immer entschiedener, sich zu der Wahrheit bekannt, daß es unter allen Religionen ehrbare und tüchtige Männer gebe, wohl wert, einander als Brüder zu achten und zu lieben. Zu allen Zeiten hat der Maurerbund jede Verfolgung eines Menschen seines abweichenden Glaubens wegen für ein Vergehen an der Menschheit gehalten. Die sittliche Pflichterfüllung wird wirklich von den Maurern weit höher geschätzt als alle Rechtgläubigkeit. Aber diese Grundsätze, welche geraume Zeit sich in den Logen verbergen mußten, sind schon lange trotz aller Abmahnungen der kirchlichen Eiferer zu Grundsätzen der gebildeten Welt geworden und haben ihre Bestätigung gefunden in den Gesetzen aller zivilisierten Staaten. Wird die Maurerei deshalb verdammt, so sind die gebildete Welt und die zivilisierten Staaten derselben Verdammnis teilhaftig.

Als zweiten Grund seiner Verdammung führt Benedikt XIV. das Geheimnis an, in welches unser Bund sich hülle. In der Tat hat das Geheimnis, welches wir geloben, von jeher viel Mißtrauen erweckt und zu mancher Mißdeutung den Vorwand gegeben. Sie wissen aber auch, welche groben Mißverständnisse, und leider nicht bloß außerhalb des Bruderkreises, sich daran knüpfen. Weder die Grundsätze noch die Ziele des Bundes, weder seine Existenz noch seine Mitglieder an ihrem Wohnsitz sind heute noch geheim. Wer irgend will, kann sich über alles dies leicht unterrichten. Geheim sollen bleiben die Erkennungszeichen, damit die Brüder überall sich leichter auch in der Fremde finden, und geheim die inneren Arbeiten der Loge, damit hier das persönliche Vertrauen sich voller entfalte und die Meinung sich freier äußere. Die stille und persönliche Einwirkung, welche der Bund auf den Charakter und das sittliche Leben seiner Glieder ausübt, bedarf dieses Schutzes. Ist es denn in der katholischen Kirche anders? Ist die Beichte öffentlich oder geheim? Werden die Verhandlungen der katholischen Orden und Behörden öffentlich gepflogen? Hat nicht jede Familie,

jeder engere Freundeskreis, jede Privatgesellschaft auch ihre Geheimnisse für sich? Vielleicht sind unsere Logen in dieser Hinsicht noch allzu ängstlich in einer Zeit, welche die Öffentlichkeit liebt. Aber nimmermehr kann diese scheue Sorgfalt ein Verbrechen genannt werden, welches eine Verurteilung rechtfertigt.

Endlich führt Benedikt XIV. als letzten Grund seiner Verdammung an, daß viele kluge und ehrbare Männer eine ungünstige Meinung von dem Bunde haben. Wie wenig aber darauf eine Verurteilung zu gründen sei, das sollte, denken wir, auch in Rom schon deshalb klar sein, weil es ohne Zweifel ebenfalls viele kluge und ehrbare Männer gibt, welche eine ungünstige Meinung von sämtlichen kirchlichen Ordnungen und Klöstern, ja sogar von der ganzen römischen Hierarchie haben.

Von allen diesen Gründen hat also nur der erste Wahrheit und Gewicht. Aber derselbe Grund, aus dem der Papst uns verdammt, ist in den Augen der zivilisierten Welt der höchste Ruhm unseres Bundes. Weit heftiger als seine Vorgänger auf dem päpstlichen Stuhle spricht sich Pius IX. gegen die Freimaurer aus. Er nennt unseren Bund eine ›verbrecherische Sekte‹, obwohl ihm kein anderes Verbrechen als das humaner Duldsamkeit nachgewiesen wird, und eine unsittliche Sekte, obwohl das sittliche Gesetz das eigentliche Lebensprinzip der Maurerei ist. Er beschuldigt uns, die Revolutionen und Kriege verschuldet zu haben, durch welche Europa in Brand gesteckt worden, während alle Welt weiß, daß die Erschütterungen und Kriege in Europa von ganz anderen und mächtigeren Kräften veranlaßt worden sind, als uns zur Verfügung stehen, und es für jeden Kundigen offenbar ist, daß unser Bund von seinen Mitgliedern gewissenhafte Beachtung der Staatsgesetze fordert, daß die Logen verfassungsgemäß sich jeder aktiven Teilnahme an den politischen Kämpfen der Gegenwart enthalten und ausschließlich humane und sittliche Zwecke verfolgen, daß unsere Bauhütten Stätten des Friedens und neutraler Boden sind, dessen Schwellen die Leiden-

schaft der Parteien nicht überschreiten darf. Er wirft uns vor, wir seien von glühendem Haß gegen die christliche Religion erfüllt, ungeachtet wir grundsätzlich jeden aufrichtigen Glauben achten, ungeachtet die Mehrzahl der Brüder sich zur christlichen Religion bekennt, ungeachtet das sittliche Ideal, welches Christus der Welt in seinem Leben wie in seiner Lehre offenbar gemacht hat, von einem sittlichen Verein unmöglich anders als mit Bewunderung und Verehrung betrachtet werden kann. Er nennt uns sogar feindlich gesinnt gegen Gott, obwohl wir unsere Gebete zu Gott richten und aus dem göttlichen Urquell alles sittlichen Lebens unsere sittliche Stärkung schöpfen. Folgen wir, meine Brüder, nicht dem Beispiel des römischen Kirchenfürsten... Setzen wir dem kirchlichen Fluche nicht unsere Verwünschungen entgegen... Bitten wir den allmächtigen und allwissenden Gott, daß er das Trugbild zerstöre, welches den Zorneseifer des Papstes entflammt hat und den Geist desselben die schlichte Wahrheit erkennen lasse, damit auch er seinen Fluch in Segen wandle.«

Ein frommer Wunsch. Das »Trugbild« wurde, von vorübergehenden Retuschen in lichten Momenten abgesehen, die sich bald wieder der Unduldsamkeit beugten, bis heute nicht zerstört.

Freimaurerei und katholische Kirche

Wenn auch bis heute die katholische Kirche der prominenteste Widersacher der Freimaurerei geblieben ist, so muß man doch der bürgerlichen oder fürstlichen Obrigkeit den Vortritt lassen. Schon 1698, zu einer Zeit also, als der Umwandlungsprozeß der alten Steinmetz-Bauhütten zur spekulativen Maurerei noch gar nicht abgeschlossen war, zirkulierte in London ein Flugblatt, das vor den finsteren Gestalten warnte, die nächtens durch die Gassen schleichen und sich an geheimen Orten versammeln:

»Da ich es für notwendig erachtet habe, euch vor den von jenen sogenannten freigesprochenen Maurern im Angesicht Gottes begangenen Un- und Übeltaten zu warnen, sage ich: ›Nehmt euch in acht, damit ihre Zeremonien und geheimen Schwüre nicht von euch Besitz ergreifen. Und seht euch vor, daß keiner euch von eurer Frömmigkeit abirre! Denn diese teuflische Sekte von Männern trifft sich insgeheim und flucht allen außerhalb ihrer Gefolgschaft. Sie sind der Antichrist, der kommen sollte, um die Menschen von der Gottesfurcht abzubringen. Denn wie wollten Menschen das Werk Gottes tun, die sich an geheimen Orten treffen und mittels geheimer Zeichen dafür Sorge tragen, daß niemand sie beobachtet? Sind das nicht die Wege von Übeltätern? In dem Bewußtsein, daß Gott sie heimlich beobachtet, die in der Finsternis sitzen, sollen sie heimgesucht und die Geheimnisse ihrer Herzen bloßgelegt werden. Mischt euch nicht unter diese verderbten Leute, damit ihr beim Weltenbrande nicht unter ihnen gefunden werdet.‹«

1735, noch drei Jahre vor der ersten päpstlichen Bulle, wurde in den nichtkatholischen Gebieten Holland und Friesland die Freimaurerei verboten. Die »verschwiegene Gesellschaft« (La société discrète) wurde gleich anfangs als »geheime Gesellschaft« qualifiziert, mit jenem Adjektiv also, das gerade bei politischen Institutionen Mißtrauen erregen mußte. Die niederländische Republik befürchtete wohl damals, da der Logengroßmeister gleichzeitig Schatzmeister des Prinzen von Oranien

war, eine Rückkehr der Oranier in das Statthalteramt. Die 1736 in Genf protestierende calvinistische Geistlichkeit, die Feindseligkeit des Großen Rates und das bald kursierende Modewort von der »Schule der Gottlosigkeit« wurden schon erwähnt. Ebenso die Ablehnung des französischen Hofes gegenüber den ersten Pariser Logen und deren Verfolgung durch die Polizei.

Bereits 1737 ließ der letzte Großherzog von Toskana durch einen päpstlichen Inquisitor in Livorno mehrere Logenbrüder verhaften, wobei sich der Stuhlmeister der Loge mit einigen Logenbeamten gerade noch ins Ausland retten konnte.

Kurz darauf verhängte auch der Hamburger Senat, wie eingangs bereits berichtet, ein Tätigkeitsverbot, das jedoch 1740 wieder aufgehoben wurde. Im selben Jahr wurden auch in Schweden vom protestantischen König jegliche Freimaurer-Zusammenkünfte sogar bei Todesstrafe verboten.

In Bern streifte die Verfolgung die Bereiche der Burleske, als sich die Frauen der Freimaurer bei der Regierung beklagten, daß sie trotz Anwendung aller amourösen Ränke und Listen das Freimaurergeheimnis nicht hätten erkunden können. Bald wurde in der gesamten Eidgenossenschaft Freimaurerei mit hohen Geldstrafen und dem Verlust aller öffentlichen Ämter bestraft. Auch Kaiserin Maria Theresia hatte – wie schon berichtet – keine Sympathie für die Jünger der Königlichen Kunst trotz des freimaurerischen Engagements ihres Gatten. 1745 wurde allen Geistlichen durch das königliche/kurfürstliche Konsistorium von Hannover die Zugehörigkeit zur Freimaurerei verboten.

Eine allgemeine Atmosphäre des Mißtrauens hatte die staatlichen Instanzen Europas erfaßt, als der sechsundachtzigjährige Papst Clemens XII. 1738 seine berühmt gewordene Bulle »In eminenti apostolatus specula« erließ, um »Irrtümern und Lastern den Zugang zu verweh-

ren, damit die Reinheit der Religion erhalten werde«.

Das Papsttum hatte begonnen, die Existenz der Freimaurerei offiziell zu registrieren. Nach zweihundert Jahren Reformation glaubte man einen neuen Feind erkannt zu haben, die »Gegenkirche des Rationalismus«, der man zunächst die Geheimhaltung ihrer Gesetze und Gebräuche sowie die Androhung schwerer Strafen gegenüber Brüdern, die ihr Stillschweigen brechen, anlastete. Nicht nur die Ruhe des Staates, sondern auch das Heil der Seele sei dadurch in Gefahr, weshalb allen Gläubigen, Laien wie Priestern, bei Strafe der Exkommunikation verboten wurde, sich der Freimaurerei anzuschließen.

Natürlich ist die päpstliche Stellungnahme aus katholischer Sicht und der geistigen Entwicklung der Zeit durchaus zu verstehen. Der Papst ist Hüter der reinen christlichen Lehre. Die ständig zunehmende Begeisterung für die Ideen der Aufklärung, die Abkehr ihrer zahlreichen Anhänger vom orthodoxen Christentum, die Hinwendung zur Vernunftreligion des Deismus ließen selbstverständlich jenen auch heute noch vorherrschenden Indifferentismus aufkommen, den das kirchliche Oberhaupt mit seinem Alleinvertretungsanspruch nicht hinnehmen konnte. Die Diskretion und Verschwiegenheit, die man gern als Geheimniskrämerei deutete, war Kirche wie absolutistischem Herrschertum zugleich ein Dorn im Auge. Zudem ist die Kirche seit jeher gegen den sogenannten Synkretismus aufgetreten, die Vermengung von verschiedenen Religionselementen, wie sie ja in den anderen außerkatholischen christlichen Bekenntnissen zum Ausdruck kommt, und deren Duldung die Freimaurerei – wie es auch Bluntschli ausdrücklich hervorhebt – zu ihren vornehmsten Prinzipien rechnet.

Erstaunlicher war noch, daß ein so »aufgeklärter und konzilianter« Papst wie Benedikt XIV., der mit dem Deisten Voltaire und dem Atheisten Friedrich dem Großen in lebhaftem Briefwechsel stand, durch seine Bulle »Providas« 1751 erneut die Freimaurerei verurteilte.

Auch ihm mußte es in erster Linie um die Reinhaltung der katholischen Lehre gehen, ferner stieß er sich wie alle absolutistischen Herrscher an der Verschwiegenheit der Freimaurerbrüder sowie an der Tatsache, daß Profane zu deren Zusammenkünften keinen freien Zutritt hatten. Zum Schluß vermerkt er in Anspielung auf sittliche Verfehlungen einzelner Logenbrüder, »daß die vorgenannten Gesellschaften und Zusammenkünfte bei vorsichtigen und tugendhaften Menschen Verdacht erregen, und wie immer sie sich auch nennen mögen, nach deren Urteil das Merkmal der Verderbtheit und Untugend tragen«.

Allem päpstlichen Eifer zum Trotz reagierte das 18. Jahrhundert eher gelassen mit Ausnahme der streng katholischen Länder Polen, Portugal und Spanien. In Spanien ließ sich der Zensor und Revisor der Inquisition, der Franziskanermönch José Torrubia, in eine Madrider Loge aufnehmen, nachdem er sich zuvor von dem abzulegenden Eid hatte entbinden lassen. Einige Monate später erfolgte dann seine Anklage, in der er die Bruderschaft der Ketzerei, Zauberei, Sodomie und schlimmsten moralischen Verfehlungen bezichtigte und den Tod auf dem Scheiterhaufen und Einziehung des Vermögens forderte. Auf der Liste finden sich die gleichen Anklagepunkte, die vierhundertvierzig Jahre zuvor die Templer-Verfolgung eingeleitet hatten. Und wenn es nun auch nicht wie 1307 zu einer erneuten Massenvernichtung quer durch Europa kam, so hatte die Freimaurerei nach dem königlichen Verbot von 1751 in Spanien doch noch zahlreiche Opfer zu beklagen.

Das 18. Jahrhundert mit den hell aufscheinenden Lichtern der Aufklärung einerseits, den dunkel glühenden Lampen eines neu aufkeimenden Mystizismus andererseits, bringt es mit sich, daß paradoxerweise Tausende von Priestern und Mönchen Freimaurer geworden waren. So bestand die Loge »Zu den drei Disteln« in Mainz (1765–1767) hauptsächlich aus hochgestellten Geistlichen, bis sie auf Befehl des Kurfürsten geschlossen wurde. Der

Fig. 63 »L'Histoire pittoresque de la Franc-Maçonnerie«, Stich von Monnin, 1843. Diese allegorische Darstellung zeigt den Großen Architekt aller Welten, Hirams Tod, Salomos Tempel und die Kinder der Witwe.

berühmte Fürst-Primas Dalberg, Erzkanzler des Deutschen Reiches und hervorragendster Repräsentant der katholischen Aufklärung in Deutschland, der als Erzbischof von Regensburg starb, war 1783 unter den Gründern der Loge »Karl zu den drei Rädern« in Erfurt.

Die Wiener Loge »Zur Beständigkeit« (1779) zählte fünf, die Loge »Zur gekrönten Hoffnung« (1775) dreizehn Geistliche zu ihren Mitgliedern. Und selbst Joseph de Maistre (1753–1821), der royalistische französische Staatsphilosoph, der den Absolutismus und die streng katholische feudale Gesellschaftsordnung des Ancien Régime in seinen Schriften verteidigte, ließ sich in seiner Jugend in die

Loge von Chambéry aufnehmen und ist trotz mancherlei Vorbehalten der Freimaurerei treu geblieben. 1782 sandte er anläßlich des Konvents von Wilhelmsbad an den Herzog von Braunschweig ein »Mémoire«, in dem er die vollständige Übereinstimmung der freimaurerischen Esoterik mit der christlichen Lehre bestätigt.

Im 19. Jahrhundert stellten sich dann die beiden Gegner zum offenen Kampf. In der fortwährenden Wechselwirkung zwischen antiklerikalem Wirken der Logen, besonders in den romanischen Ländern, und den entschiedenen Stellungnahmen der katholischen Kirche ist dies in den Geschichtsbüchern nachzulesen.

Wie entscheidend der Anteil der Freimaurer an antiklerikalen Maßnahmen und Aktionen gewesen ist, wird im nachhinein unterschiedlich beurteilt. Daß er jedoch groß gewesen ist, läßt sich nicht bestreiten. Nach über einem Jahrhundert der Verleumdung und Unterdrückung befreiten sich die Verfolgten aus ihrer passiven Rolle, was sie nicht immer zu den feinsten Mitteln greifen ließ. Zu Hilfe kam ein Skandal unter Pius' IX. Nachfolger Leo XIII. Ausgerechnet dieser Papst, der im Einvernehmen mit Bismarck den Kulturkampf beendete, das Vatikanische Archiv öffnete, die Bibelforschung förderte, Thomas von Aquin zum maßgebenden Theologen und Philosophen, zum Doctor ecclesiae erklärte und sich selbst mit beachtlichem Erfolg in der lateinischen Dichtung versuchte, ausgerechnet dieser Mann der Wissenschaft und des politischen Ausgleichs war bezüglich der Freimaurerei von Furcht erfüllt. Die schlechten Erfahrungen mit den radikalen Methoden der Carbonari hatten sicherlich dazu beigetragen. In seiner Enzyklika »Humanum Genus« vom April 1884 heißt es gleich zu Anfang: »In unserer Zeit scheinen diejenigen, die der schlechten Sache dienen, sich miteinander zu verschwören und den heftigsten Anlauf zu nehmen unter dem Vorgange und der Hilfeleistung jener weit verbreiteten und fest organisierten Gesellschaft von Menschen, die man Freimaurer nennt.«

»Möge sich niemand von ihrer erheuchelten Sittlichkeit irreführen lassen«, warnt der Papst. »Es kann nämlich den Schein erwecken, als verlangten die Freimaurer nichts, was offenbar gegen die Heiligkeit der Religion und der guten Sitten verstoße. In Wirklichkeit ist die Sekte ihrem ganzen Wesen nach und von Grund aus Laster und Schande...«

Zum Schluß wird die Gottesmutter um Fürsprache angerufen: »Sie, die von ihrer Empfängnis an den Satan besiegte, möge sich auch mächtig erweisen, über die gottlosen Sekten, in denen offenbar jene trotzigen Geister des Teufels mit unbändiger Treulosigkeit und Verstellungskunst wieder aufleben...«

Hilfe kam. Nicht von der Gottesmutter, sondern von Léo Taxil, der eigentlich Gabriel Jogand-Pagès hieß. Von Jesuiten erzogen, war er wie soviele Renegaten schon früh ins Lager der radikalen Freidenker übergelaufen, er trat auch einer Loge bei, von der er bald wieder wegen unsauberer Geschäfte ausgeschlossen wurde.

Bekannt als erklärter Feind des Klerikalismus, schwor er 1885 ohne äußeren Anlaß seiner bisherigen Überzeugung ab und bekehrte sich zur katholischen Kirche. Niemand ahnte zu diesem Zeitpunkt, daß es ihm nicht um religiöse Überzeugung, sondern lediglich um ein gewinnbringendes Geschäft ging. Er begann mit wohlwollender Billigung Roms seine jahrelange Antifreimaurerkampagne. Sein erstes Elaborat nannte er »Die Drei-Punkte-Brüder« (Les frères troispoints) in Anspielung an den freimaurerischen Brauch, beim Schriftverkehr bestimmte Worte nur mit den Anfangsbuchstaben und anschließenden drei Punkten niederzuschreiben. Dabei mixte er Richtiges mit Erfindung, um dann in den folgenden Werken seiner Fabuliergabe freien Lauf zu lassen. Er behauptete, daß im Freimaurertempel, besonders in dem Hochgradsystem des in Frankreich weit verbreiteten Schottischen Ritus, Teufelskult betrieben werde, wo die Brüder durch Teufelsbeschwörung und Schwarzkünste mit den Geistern des Bösen, Luzifer und Eblis, Verbindung aufnähmen.

Auch von orgiastischen Ausschweifungen, die Taxil in den französischen Frauenlogen festgestellt haben wollte, wird berichtet; eine Steigerung erfolgte dann noch in der detaillierten Beschreibung der »Palladischen Satanslogen«, wo Luzifer als Prinzip des Guten, der christliche Gott als der Geist des Bösen verhöhnt wird. Der legendäre Baphomet aus dem Umkreis der Templer-Verfolgung tauchte wieder auf, »ein infames Götzenbild mit Bocksfüßen, Frauenbrüsten und Fledermausflügeln«. Selbst des Teufels Großmutter, eine frei erfundene Sophie Walder, durfte die Schauermär beleben, ferner eine gewisse Diana Vaughan, die 1874 geborene Tochter des Teufels Bitru, die schon als Zehnjährige in einer amerikanischen Palladistenloge dem Teufel Asmodeus angetraut worden sei. Sie war die Erfindung von Taxils Mitarbeiter, dem italienischen Antifreimaurer Domenico Margiotta, der zusammen mit einem anderen Mitverschworenen, dem rheinländischen Schiffsarzt Dr. Hacks – der unter dem Pseudonym »Dr. Bataille« über den Teufelskult dozierte –, dem Schwindel die nötige Popularität verschaffte.

Miss Vaughan, die Teufelstochter, die wohlweislich nur über Léo Taxil persönlich Verbindung zur Öffentlichkeit aufnahm, enthüllte in ihren »Erinnerungen einer Ex-Palladistin« sensationelle Scheußlichkeiten, die immense Auflagenziffern erreichten. Für eine Spende zu einem geplanten Antifreimaurerkongreß übermittelte ihr der Generalvikar Parocchi im Auftrag des Papstes sogar den Apostolischen Segen, zahlreiche Kirchenfürsten ließen sich gutwillig für Taxils Antifreimaurerpropaganda einspannen.

Es erscheint uns heute unfaßbar, daß in einer schon damals hochzivilisierten Welt Aberglaube einen Satanskult nähren konnte, dem zahlreiche Priester und Prälaten in ehrlicher Überzeugung verfallen waren. Wenn der Papst auch Argwohn hegte, so vermochte Taxil es doch durchzusetzen, von ihm empfangen zu werden. Vergeblich warnte der Jesuitenpater Gruber, ein Mann, der sich ein Leben lang als

ehrlicher Gegner in fairer Form mit dem Freimaurertum befaßt hatte, und meldete Zweifel an Taxils Glaubwürdigkeit an.

Auf dem Antifreimaurerkongreß von 1896, der bezeichnenderweise in Anknüpfung an eine große Tradition in Trient stattfand, und zu dem 36 Bischöfe und 50 bischöfliche Delegierte erschienen, stand Miss Vaughans Fall im Mittelpunkt heftiger Diskussionen. Als einige deutsche Kleriker die Existenz der Miss Vaughan ins Reich der Phantasie verwiesen, konterte Léo Taxil, in die Debatte eingreifend mit einer Fotografie der Teufelstochter. Wenn Taxil auch nach einem heftigen Angriff auf Pater Gruber die Rednertribüne als Triumphator verließ, so blieb dennoch Unbehagen zurück. Man setzte eine Untersuchungskommission ein, die jedoch weder für noch gegen die Existenz der Miss Diana Vaughan eine Entscheidung fällte. Pater Gruber und sein Gesinnungsgenosse Monsignore Gratzfeld wurden wegen ihrer strikten Ablehnung der Taxilschen Phantastereien zeitweilig sogar selber als Freimaurer verdächtigt und denunziert.

Taxil, durch seine Schriften, die auch in Deutschland durch die Zeitschrift »Pelikan« weite Verbreitung fanden, inzwischen wohlhabend geworden, ließ am Ostermontag 1897 in der Salle de Géographie in Paris die Bombe platzen. Obwohl sein Mitarbeiter »Dr. Bataille« schon vorher den Schwindel verraten hatte, war Taxils Prestige unangetastet geblieben, bis er nun selbst vor einem entrüsteten Publikum und Vertretern des internationalen Journalismus seinen Betrug zugab, nicht ohne das kokette Eigenlob, daß ihm damit wohl die größte Mystifikation aller Zeiten gelungen sei.

Léo Taxil hatte nach diesem Eklat noch jahrelang seine Eulenspiegelei durch Vorträge und satirische Schriften zum Vergnügen des Publikums gegen klingende Münze ausgewertet, bis er 1907 in Sceaux starb. Die Freimaurerei hatte einen Sieg davongetragen, den sie allerdings nicht zu nutzen wußte. Das Vorurteil in kirchlichen wie in profanen Kreisen blieb im wesentlichen unverändert.

Einsichtige und Unentwegte

Da sich der Satanskult des Léo Taxil als reine Erfindung erwiesen hatte, zog man nun feinere Register, wobei man sich einmal mehr auf die klassischen Prügelknaben der Geschichte, nämlich die Juden, besann. Die internationale Presse war dafür ein brauchbares Instrument. Allen voran ist die 1912 gegründete »Revue internationale des sociétés secrètes« anzuführen, eine katholische Zeitschrift, die sich durch ihre geschickt präsentierte Ambivalenz ein beachtliches Renommee verschaffen konnte. Indem sie durchaus brauchbares und sachliches Material in Form von Dokumenten über alte Rituale und okkulte Wissenschaften veröffentlichte, dessen sich sogar die freimaurerische Forschung bediente, konnte sie dank ihrer Reputation geschickt ein altes Märchen wieder aufnehmen und für authentisch erklären, die schon erwähnten »Protokolle der Weisen von Zion«. Damit wurde das Schlagwort von der jüdischen Weltverschwörung propagiert, das bereitwillige Gläubige fand und Kreaturen, die sich zu den bekannten Gegenmaßnahmen aufgerufen fühlten. Für den Gründer und Herausgeber der Zeitschrift, Monsignore Jouin, war Freimaurerei grundsätzlich jüdischer Natur. Die erste kombinierte Kampagne gegen Freimaurerei und Judentum nahm von Frankreich ihren Ausgang. Noch aber fehlte die große Katastrophe wie seinerzeit die Pest von 1350, um die absurde These zu untermauern, absurd schon wegen des verschwindend geringen Anteils jüdischer Logenmitglieder, der im Deutschland der zwanziger Jahre nicht einmal vier Prozent betrug.

Mit dem Ausbruch des 1. Weltkrieges war für Antisemiten und Antifreimaurer dann die Sachlage klar. Die Freimaurer hätten ihn angezettelt – präziser – die jüdische Weltfreimaurerei: Das Attentat von Sarajewo sei von langer Hand von Freimaurern vorbereitet worden, auch der früheren Anschuldigungen, die vornehmlich von einzelnen Fürsten vorgebracht worden waren, besann man sich wieder. Die Revolutionen von 1789, 1830, 1848, die dritte französische Republik von 1870 wären ebenfalls Freimaurerwerk.

Nun aber – und das zeigt die Wirrnis der Antifreimaurerkampagne – schieden sich die Anti-Geister, je nachdem, welchem Lager sie angehörten. Für die Verlierer waren es die »Logenbrüder« Wilson, Poincaré, Clémenceau, gar Lenin und Trotzki, die allesamt dem Bruderbund *niemals* angehört hatten und ihm auch völlig fernstanden, denen das deutsche Volk das Unglück seiner Niederlage verdankte, für die französischen Sieger und Chauvinisten waren es wiederum die Freimaurer in Politik und Wirtschaft, die den Eintritt des besiegten Deutschlands in den Völkerbund begünstigt hatten, die vorzeitige Beendigung der Rheinlandbesetzung, die Revision des Versailler Vertrages anstrebten und damit Frankreich um die Früchte seines Sieges bringen wollten.

Bald sollte es noch viel schlimmer kommen. Ein Trommler war schon am Werk, der in seiner diabolischen Sophistik für die »verbrecherischen Weltverschwörer« bald eine höchst groteske Propagandaformel finden sollte, indem er zwei Erzfeinde verkoppelte: Freimaurer und Jesuiten! Diese zynische Formel, bald eines der beliebtesten Requisiten im nationalsozialistischen Rundumschlag, hatte ihre Wurzel in den erneuten Angriffen auf die Freimaurerei von päpstlicher Seite.

Papst Pius XI. (1922–1939) hatte 1929 in einer Ansprache vor polnischen Pilgern die Freimaurer als »Kräfte der Hölle« bezeichnet, wobei er zum Beten ermahnte, »da gegen diesen Feind menschliche Kraft nicht ausreiche«. Zuvor hatte er in seiner Enzyklika »Quas prima« die Verweltlichung der menschlichen Gesellschaft und ihre Lostrennung von Gott und Christus als die »Pest des modernen Zeitalters« gegeißelt. Wenn auch in dieser Enzyklika die Freimaurerei nicht direkt angesprochen wurde, so konnte über die Hauptadresse der Kritik und Vorwürfe kein Zweifel bestehen. Aus katholischer Sicht strebte die Freimaurerei systematisch die Zerstörung der gegenwärtigen, christlich orientierten Zivilisation an, um sie durch eine atheistische, naturalistische zu ersetzen, deren Pseudo-Religion durch Vernunft und Wissenschaft gebildet wird.

Materialismus – hier nicht etwa durch die marxistische Ideologie, sondern durch die »Königliche Kunst« vertreten – und Christentum würden sich unversöhnlich gegenüberstehen, somit die Menschenrechte gegen die Rechte Gottes. Verschärft wird die katholische Argumentation auch durch die gelegentliche und manchmal begründet erscheinende Gleichsetzung von Freimaurerei und Protestantismus. Nun ist es allerdings eine unwiderlegliche Tatsache, daß führende deutsche Persönlichkeiten auf staatlichem und kulturellem Gebiet protestantische Freimaurer waren; Namen wie Lessing, Wieland, Herder, Goethe, Fichte, von Stein, Blücher, Scharnhorst, Gneisenau sind dafür eine anschauliche Bestätigung. Und es ist auch keine Frage, daß der Protestantismus das soziale, kulturelle und politische Leben im Liberalismus des 19. Jahrhunderts stärker beeinflußt hat als sein katholischer Widerpart. Daraus wollte man bald den oberflächlichen Schluß ziehen, daß Freimaurerei als modernes Endprodukt des Protestantismus anzusehen sei, zumindest, daß Protestantismus die Neigung zum Freimaurertum begünstige.

Bald hatte man in beiden Lagern, dem freimaurerischen wie dem kirchlichen, eingesehen, daß man wenigstens das gemeinsame Gespräch suchen müsse, wenn schon keine Verständigung möglich sei, um sich nicht gegenseitig in Polemik zu erschöpfen. Es galt, den jeweiligen geistigen Standpunkt einmal klar und unmißverständlich zu definieren.

Hier muß man einem erklärten, jedoch fairen Gegner die Ehre erweisen, der sich schon in der Taxil-Affäre sachlich und durchaus nicht zu seinem persönlichen Vorteil profiliert hatte. Es war Pater Hermann Gruber (1851–1930), die jahrzehntelange antifreimaurerische Autorität des Klerikalismus schlechthin, der mit dem Wiener Freimaurer Dr. Kurt Reichl in einen umfangreichen Briefwechsel trat, nachdem er in einer katholischen Wochenzeitung die Artikelreihe »Der Kampf gegen die Freimaurerei im Lichte jüngster Kundgebungen Pius XI.« veröffentlicht hatte. Gruber, streng

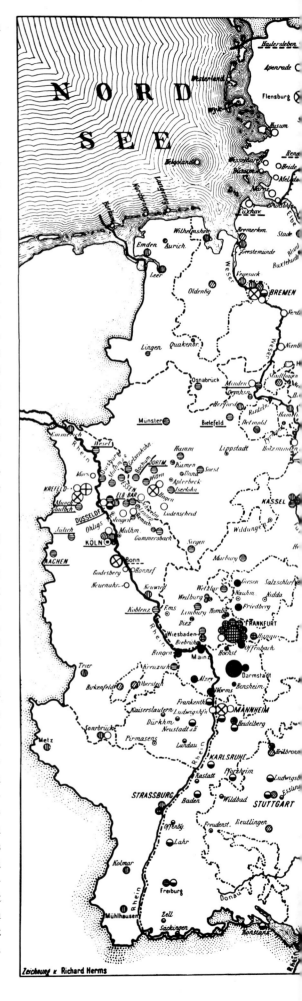

um Objektivität bemüht, sah in der Freimaurerei die Antithese zur katholischen Weltanschauung, nämlich die grundsätzliche spirituelle Trägerin des Laizismus und der reinen »Diesseitskultur«, der er nun allerdings nicht mehr den Atheismus, sondern vielmehr den traditionellen Deismus vorwarf, der in den Augen eines Katholiken immerhin weniger verdammungswürdig ist. Reichl stimmte ihm in den Punkten Laizismus und Diesseitskultur durchaus zu, indem er die freimaurerische Ethik als »Erdtüchtigkeit«, nicht »Erdflüchtigkeit« charakterisierte. Die Verweltlichung der menschlichen Gesellschaft sei eine durch den wirtschaftlichen und sozialen Entwicklungsprozeß entstandene Tatsache, die eine »Akklimatisation« verlange, um mit Hilfe dieser Diesseitskultur die Leiden der Menschheit an der Zivilisation zu mindern. Nicht das metaphysische, sondern das rein irdische soziale Problem sei für die maurerische Ethik das Hauptanliegen, wodurch sie durchaus als humanitär-naturalistisch einzustufen sei.

»Die freimaurerische Weltanschauung«, schrieb Dr. Reichl, »steht mit ihrer Metaphysik und Ethik der katholischen Weltanschauung gegenüber. Niemals aber hat das Freimaurertum, das nicht irreligiös, sondern lediglich nichtdogmatisch-religiös ist, die Betätigung seiner Weltanschauung zu bewußtem, absichtlichen Kampfe gegen die katholische Kirche mißbraucht. Es stünde dies im vollen Widerspruch zur ›Adogmatik‹ der maurerischen Geistesrichtung. Wenn jedoch die Kirche das Wirken des Freimaurertums, das aus seiner Weltanschauung heraus natürlich niemals mit dem Wirken des Katholizismus zusammenfallen kann, zum ständigen Anlaß nimmt, um daraus eine bewußt kirchenfeindliche Betätigung des Freimaurerbundes zu konstruieren, so geschieht dies aus dem Motiv heraus, jener Geistesrichtung, von der die Kirche nur allzu gut fühlt, daß sie vermöge ihres ›Laizismus‹, ihrer ›Diesseitskultur‹, ihrer ›positiven Religion‹ eine nicht zu unterschätzende Rivalin ist, öffentliche Mißgunst zu verschaffen.«

Zum erstenmal wechselte die Auseinandersetzung von plumper Polemik zu sachlicher Argumentation, die mit Anstand ausgetragen wurde.

»Mit Ihnen«, antwortete Pater Gruber, »stimme ich durchaus in der Grundauffassung überein, daß Auseinandersetzungen zwischen Katholizismus und Freimaurerei (...) in der einzig und allein maßgebenden Absicht geführt werden, daß im Interesse aller die objektive Wahrheit obsiege (...) Und da ist wieder das für alle Menschen ohne Ausnahme am leichtesten und überzeugendste zum Ziele führende Kriterium das von Christus selbst immer wieder betonte Kriterium: An ihren Früchten sollt ihr sie erkennen, das heißt: die wahren und falschen Propheten (...) Auch vom wahrhaft katholischen Standpunkt halte ich es für die wichtigste Aufgabe – unter den tatsächlich noch immer bestehenden Verhältnissen – vor allem kindische, irrige Vorstellungen über Freimaurerei ... zu bekämpfen, die noch immer in weiten Kreisen vorherrschen...«

Man muß es dem Pater hoch anrechnen, daß er sich mit dieser Einstellung gegen die inzwischen von General Ludendorff (1865–1937) und seiner Frau Mathilde inszenierte Aktion wandte, der nun, ehemaliger Weggefährte Hitlers, das rassistische Element ins Spiel brachte, den Juden als Todfeind und Zersetzer des deutschen Volkstums, wovon noch eingehender zu berichten sein wird. Wenn auch zahlreiche Jesuiten in den verschiedensten Ländern sich Grubers Neuorientierung anschlossen, nämlich in der Kontroverse zwischen Freimaurertum und Katholizismus nur noch den Unterschied in der Weltanschauung gelten zu lassen, so regte sich in seinem eigenen Lager doch nicht weniger der Widerstand der Unentwegten. Erneut gereichte es der »Revue Internationale des sociétés secrètes« zum traurigen Ruhm, die ehrlichen Bestrebungen Grubers ins Zwielicht zu rücken. Bald verbreitete sich die Version, daß Pater Gruber von den Freimaurern »gekauft« sein müsse, was man mit der Tatsache zu rechtfertigen glaubte, daß im Juni 1928 in der Aachener Jesuitenresidenz Gruber mit den Freimaurerbrüdern Dr.

Reichl, Ossian Lang und Eugen Lennhoff zu einer privaten Aussprache zusammentraf. Pater Gruber hatte sich jedoch durch die Anfeindungen, vor allem seiner französischen Glaubensbrüder, die sich trotz ihres christlichen Katholizismus als radikale Chauvinisten gebärdeten, nicht beirren lassen. Seine sachlich noble Gesinnung dokumentiert sich in folgendem Schreiben an Dr. Reichl:

»Um die Katholiken für eine Verständigung zu gewinnen, muß vor allem alles getan werden, um das tief gewurzelte Mißtrauen gegen den Freimaurerbund im engeren Sinne des Wortes allmählich herabzumindern, während die päpstlichen Verurteilungen der Freimaurerei sich gegen einen gottesfeindlichen, grundsätzlichen Naturalismus wenden, welcher seit 1848 in anderen geheimbündlerischen freimaurerähnlichen Verbindungen und profanen Richtungen in viel radikalerer und aggressiverer verderblicher Weise auftritt, als in der Freimaurerei im engeren Sinne des Wortes, und im allgemeinen von dieser selbst aufs entschiedenste bekämpft wird.«

Die Nationalsozialisten, damals noch eine weit unterschätzte Minderheit in der Weimarer Republik, meinten es nun ganz genau zu wissen: Freimaurer und Jesuiten hatten sich verbündet im Kampf gegen das deutsche Volk! Bevor ihr Führer fünf Jahre später »dem Spuk ein Ende machte«, wie er sich ausdrückte, besorgte die »Vorarbeiten« ein zeitweilig hochstilisierter Volksheld des 1. Weltkrieges, der Niederlage und persönliche Fehleinschätzung des strategischen Kräfteverhältnisses moralisch niemals verkraftet hatte: General Erich Ludendorff. Mit pathologischer Sturheit redete er sich ein, die wahren und einzigen Schuldigen des für Deutschland verlorenen Weltkrieges gefunden zu haben: die Juden und die Freimaurer. So meinte er die Kritik an der von ihm allein verantworteten und durchgesetzten Kriegführung, die in die Katastrophe von 1918 geführt hatte, von seiner Person abzulenken. Er, der »unfehlbare« Feldherr, sei durch den Verrat der überstaatlichen Mächte, von Juden, Freimaurern und Jesuiten um den schon greifba-

ren Sieg gebracht worden. Der Kernsatz seiner Hetze umreißt eine »Erkenntnis«, die er in seinem Presseorgan »Ludendorffs Volkswarte« als seine persönliche Entdeckung propagierte: »Das Geheimnis der Freimaurerei ist überall der Jude!«

Natürlich wußte er ganz genau, daß der Prozentsatz der jüdischen Freimaurer verschwindend gering war, daß sich die preußischen Großlogen, denen damals Dreiviertel aller Freimaurer angehörten, jüdischen Brüdern gegenüber noch immer ablehnend verhielten, daß die Großloge Royal York, die sich 1872 den Juden geöffnet hatte, diesen Beschluß 1924 sogar wieder rückgängig gemacht hatte. Mit diesen für jedermann nachprüfbaren Fakten hätte er seine These nicht stützen können. So kam er denn auf die perfide Idee, den »künstlichen Juden« zu erfinden. Da mochten sich die deutschen Großlogen noch so nationalistisch gebärden, in Trauer und Empörung über den verlorenen Krieg und Deutschlands Demütigung, da mochten ihre Mitglieder stolz ihr Frontkämpfertum hervorkehren, selbst mit dem Hinweis, unter dem Befehl des großen Feldherrn treu dem Vaterland gedient zu haben, da mochten sie so gar nicht brüderlich Beziehungen zu ausländischen Logen ablehnen, solange die Kriegsschuldfrage nicht bereinigt sei und fremde Truppen auf Reichsgebiet stünden, sie waren *alle Juden*, wenn nicht des Blutes, so doch des Geistes. »Die deutschen eingeweihten Freimaurer sind in jüdischen Banden und für immer für Deutschland verloren!« So das Glaubensbekenntnis eines einstmals angesehenen Militärs, der sich unter jüdischem Verfolgungswahn allmählich zum antifreimaurerischen Amokläufer wandelte. Schon von weitem behauptete er einem Menschen anzusehen, ob er Freimaurer, also ein »sittlich und geistig minderwertiger« Mensch sei. Natürlich hagelte es Proteste. In einem »Offenen Brief« verwahrten sich zahlreiche frühere Offiziere, die dem Freimaurerbund angehörten, gegen die beleidigenden Ausfälle des Generals, nachdem schon zuvor die Großmeister aller neun deutschen Großlogen im

Namen von 80000 vaterländisch gesinnten Freimaurern protestiert hatten:

»Ew. Exzellenz haben in Ihrer Schrift ›Vernichtung der Freimaurerei‹ die Zehntausende von deutschen Männern, welche sich zu dieser bekennen, als intellektuell oder moralisch minderwertig hingestellt. Damit versuchen Sie treu vaterländisch gesinnte Volksbrüder, die zum großen Teil an Ihrer Seite und unter Ihrer Führung für Deutschland geblutet haben, ehrlos zu machen... Einst hat ein großer preußischer Heerführer, Feldmarschall Blücher, nach mehr als 30 Jahre langer Zeit leitender Tätigkeit innerhalb unseres Bundes gegenüber ähnlichen Verleumdungen erklärt: ›Ich kenne sie sehr wohl, diese Verfolger, und weiß recht gut, daß manche uns gern vertilgen möchten, aber wir haben nichts zu fürchten, und die elenden Versuche der Verleumdung und der Bosheit werden nicht gelingen ... Wahrheit und Tugend sind die Grundpfeiler unseres Bundes, und unser Tempel steht fest in der Meinung aller guten Menschen und durch die Ausdauer, den Mut und die Standhaftigkeit der Brüder.‹ Das ist auch unsere innigste Überzeugung.«

Ludendorff ließ sich nicht beirren. Postum beschuldigte er den verdienstvollen Marschall sogar, sein Eid gegen den König sei nicht ehrlich gewesen.

Anläßlich der Einweihung des Tannenbergdenkmals glaubte er zu seinem Entsetzen die auf der Torbogenfront zum Ehrenhof niedergelegten Schwerter als den »jüdisch-kabbalistischen Baum, das heiligste Symbol der jüdisch-freimaurerischen Weltherrschaft« zu identifizieren, worauf er seinen sofortigen Austritt aus der evangelischen Kirche erklärte, da diese »die freimaurerische Unmoral decke und ebensowenig eine Kirche sei wie jene, die sich dem Jesuitentum ausliefere«.

Der Psychopath steigerte sich ins Grenzenlose, als er den traditionellen Schurz, den der Freimaurer für die Tempelarbeit anlegt, nicht als ein Relikt aus der Zeit der mittelalterlichen Bauhütten, sondern als ein Kleidungsstück des jüdischen Hohenpriesters interpretierte, und

selbst der Chefideologe der Nationalsozialisten, Alfred Rosenberg, alles andere als ein Freimaurerfreund, dem Ludendorffs Angriffe eigentlich hätten willkommen sein müssen, fand nur Worte des Spottes für diese »kindliche Bauklotzspielerei«.

Und wenn auch Frau Mathilde Ludendorff schrieb: »Die Freimaurerei ist durch diesen Schlag des Feldherrn vernichtet und das deutsche Volk wieder einmal durch ihn vor dem Untergang gerettet«, so war im Gegenteil nur das Ansehen des einstmals hoch geschätzten Generals vernichtet worden, der dennoch, trotz zahlreicher Beleidigungsklagen an seine Adresse, unverdrossen seine Kampagne fortsetzte. Seine sieben Grundthesen gegen die Freimaurerei blieben:

»1. Das Geheimnis der Freimaurerei ist überall der Jude.

2. Es gibt nur eine Weltloge.

3. Beziehungen zum Christentum sind in der Freimaurerei nur rein äußerlich vorhanden, und zwar auch nur soweit sie im Grunde im Alten Testament wurzeln.

4. Das Ziel der Freimaurerei ist die Verjudung der Völker und die Errichtung der Juden- und Jehova-Herrschaft mit Hilfe aller Völker.

5. Die Organisation der Weltloge geschieht nach Ordensprovinzen, an deren Spitze die Vicarii Salomonis stehen. Der Name des über den Vicarien stehenden Oberen bleibt Geheimnis, bis er die Regierung persönlich übernimmt.

6. Freie, aufrechte, stolze Männer kann die Freimaurerei nicht schaffen, sondern nur eingeschüchterte Menschen.

7. Die Verbindungen der Freimaurer sind staatsgefährlich, vielleicht geradezu landes- und hochverräterisch.«

Von freimaurerischer Seite einwandfrei widerlegt, konnte Ludendorff natürlich für keine dieser Behauptungen schlüssige Beweise erbringen. Er blieb unbeirrt und bereitete mit seiner giftigen Saat den Boden für einen anderen, teuflischeren Demagogen vor.

schließlich den abrupten Schurzwechsel im Freimaurertempel, wenn der Geselle zum Meister erhoben wird, als symbolischen Akt der Beschneidung. Natürlich mußten auch die längst als Fälschung erkannten »Protokolle der Weisen von Zion« zur »Beweisführung« seiner unsinnigen Thesen herhalten. Mathilde Ludendorff sorgte dann zusätzlich durch ihre

Märchen vom freimaurerischen Mördersyndikat für einen neuen sensationellen Gruseleffekt: Schiller wurde unter Goethes Mitwisserschaft von Freimaurern ermordet. Lessing und Mozart, selbst der ahnungslose Martin Luther (!), sind Mordopfer des Bruderbundes gewesen. Vergebens widerlegten namhafte Wissenschaftler diese absurden Schauergeschichten,

Vom zweiten ins Dritte Reich

Über den politisch-geistigen Aktivitäten der freimaurerischen Widersacher bis in die jüngste Vergangenheit sollte nicht der chronologische Faden der geschichtlichen Entwicklung verloren gehen.

Die Reichsgründung von 1871 hatte die vielgeschmähten »Weltverschwörer« mit der gleichen patriotischen Begeisterung erfüllt wie die übrigen nationalen Kreise, und im Zuge der politischen Einigung der zersplitterten deutschen Freimaurerei neue Impulse in ihrem Streben nach einer einigen Großloge vermittelt. Schon Bode (1790) und Schröder (1801) hatten dieser Forderung Nachdruck verliehen, doch die Deutschen hatten es mit Einigungsbestrebungen schon immer schwer. Die Zeit lief davon, und erst 1868 konstituierte sich in Berlin der sogenannte »Deutsche Großmeistertag«, der in recht umständlicher Art vorging, indem er alljährlich von den Großlogen gebilligte allgemeine Grundsätze erarbeitete. Das Beispiel der Reichsgründung führte dann im Mai 1871 in Frankfurt am Main zur Gründung des Deutschen Großlogenbundes, dessen Protektorat Kaiser Wilhelm I. angetragen wurde. Bismarck riet dem Kaiser mit Rücksicht auf den Einspruch der katholischen Kirche jedoch von der Annahme ab. Von Anfang an war der Deutsche Großlogenbund, dem die acht deutschen Großlogen angehörten, kein glückliches Gebilde, zumal er nur eine beratende, keine bestimmende Funktion hatte und sich im Ablehnen von Anträgen stärker erwies als auf dem Gebiet geistiger Erneuerung. Eine einzige Gegenstimme konnte jeden Beschluß hinfällig machen. Immerhin hielt er 1873 an dem Grundsatz fest, daß Verschiedenheit der Hautfarbe und Rasse kein Hindernis für die Aufnahme in den Bruderbund sei, 1877 betonte er als Antwort auf die Streichung der Formel »Allmächtiger Baumeister aller Welten« durch den Grand Orient: »Das den Freimaurern heilige Sittengesetz hat seine tiefste und stärkste Wurzel in Gott!«

1883 wurde anläßlich der Silberhochzeit des deutschen Kronprinzen mit seiner englischen Gemahlin die »Victoria-Stiftung« zur Unterstützung von Freimaurerwitwen und -kindern eingerichtet, 1893 der schon erwähnten Settegast-Loge die Anerkennung verweigert. Um die Jahrhundertwende kam es darüber zu Streitigkeiten zwischen der Großloge von Hamburg und den altpreußischen Großlogen. 1907 wurde die 1895 gegründete Grande Loge de France einstimmig anerkannt, die im Gegensatz zum Grand Orient die Formel vom »Allmächtigen Baumeister aller Welten« ausdrücklich beibehalten hatte. 1909 wurde gegen die Stimmen der altpreußischen Großlogen die Wiederaufnahme der Beziehungen zum Grand Orient beschlossen. Eine Einigung, die Gründung einer Einheitsgroßloge, hatte dies alles nicht bewirkt. 1917, mitten im 1. Weltkrieg, wurde noch die Aufnahme der Freien Vereinigung der fünf unabhängigen deutschen Logen vollzogen (»Archimedes zu den drei Reißbrettern« in Altenburg, »Archimedes zum ewigen Bunde« in Gera, »Karl zum Rautenkranz« in Hildburghausen, »Minerva zu den drei Palmen« und »Balduin zur Linde« in Leipzig).

Und zur hohen Ehre gereicht dem Deutschen Logenbund der durch Funksprüche übermittelte Appell an die Großlogen von England und der Vereinigten Staaten, unmittelbar nach dem Waffenstillstand von 1918, mit Rücksicht auf die deutschen Frauen und Kinder, sich für eine Milderung der harten Bedingungen einzusetzen. Gleichzeitig erging ein Aufruf an die Großlogen der neutralen Staaten, diese Bitte zu unterstützen. Das scheinbare Zusammenstreben der deutschen Großlogen im Bemühen, die mannigfachen Schwierigkeiten der Kriegsfolgen zu überwinden, endete dann aber doch mit einem Eklat, als die drei christlich orientierten preußischen Großlogen anläßlich des fünfzigjährigen Jahrestages der Gründung des Deutschen Großlogenbundes am 19. Mai 1922 ihren Austritt erklärten.

Zur Begründung wurde das Fazit eines halben Jahrhunderts angeführt: die praktische Handlungsunfähigkeit des Bundes, die nach wie vor bestehenden Gegensätze zwischen christlicher und humanitärer Maurerei, das Übergewicht der letzteren, deren pazifistisch-kosmopolitische Weltanschauung im Gegensatz zur streng patriotischen der Altpreußen. Nicht zuletzt auch die Judenfrage, in der die Altpreußen nach wie vor den Standpunkt der Ablehnung vertraten, zu dem – wie schon erwähnt – auch die Großloge »Zur Freundschaft« nach ihrer Öffnung von 1872 wieder zurückgefunden hatte.

Die politischen Ereignisse, das tief verwundete deutsche Nationalgefühl nach dem verlorenen Weltkrieg, der wirtschaftliche Niedergang, Ratlosigkeit und aufkommender Radikalismus in völkischen und religiösen Fragen, die Zerrissenheit der deutschen Volksseele – dies alles stand auch der Entwicklung zur Einheitsloge mehr denn je im Wege.

Was in den siebziger Jahren, einer Epoche der Euphorie und des nationalen Aufstrebens, der von dem Journalisten Findel 1861 mitbegründete »Verein Deutscher Freimaurer« nicht zustande gebracht hatte, nämlich die Maurer aller Lehrarten und Systeme zu vereinigen, ebensowenig nach Findels Austritt 1878 dessen kurzlebiger »Lessingbund deutscher Freimaurer«, das konnte in den turbulenten Nachkriegsjahren, als gerade auch in der Freimaurerei nationale und internationale Zielsetzungen aufeinanderprallten, erst recht nicht gedeihen.

Als die Nationalsozialisten 1933 in Deutschland die Macht übernahmen, war die Intoleranz in ihrer wohl schärfsten politischen Form seit Beginn der Aufklärung mit an die Macht gekommen, wenn man von dem bolschewistischen System Sowjetrußlands einmal absieht. Die Jünger der »Königlichen Kunst« im zweiten Deutschen Kaiserreich hatten sich stets der Protektion und Sympathie der höchsten Souveräne erfreut, auch wenn Wilhelm II. entgegen der Hohenzollernschen Tradition nicht Freimaurer geworden war. Von Hitler, der zwar persönlich die Freimaurerei für harmlos hielt und ihre deutschen Mitglieder als einen verschrobenen Spießerverein abqualifizierte, waren weder Wohlwollen noch Förderung zu erwarten. Dies war schon aus weltanschaulichen Gründen nicht möglich für eine Partei, die grundsätzlich dem Liberalismus mit all seinen Facetten und damit dem Kosmopolitismus den Kampf angesagt hatte. Letzterer Begriff brachte natürlich auch gleich wieder Internationalismus und Judentum in die vorderste Schußlinie als Ausgangspunkt der nun beginnenden und sich langsam steigernden Rassenhetze. Die von Ludendorff geprägten Schlagwörter »Jesuit–Jude–Freimaurer« wurden nun begierig aufgegriffen und mit glaubwürdig scheinenden pseudowissenschaftlichen Argumenten den Massen eingehämmert. Ludendorffs Behauptung der »Überstaatlichen Mächten«, die von Juden in der Absicht dirigiert werden, die Völker durch Lösung von rassischen und völkischen Bindungen zu seelenlosen und gefügigen amorphen Menschenherden zu deklassieren, sollte zum Glaubensbekenntnis einer ganzen Generation werden. Zuvor hatte Hitler bereits 1924 in »Mein Kampf« dazu seine maßgebliche Stellung bezogen: »Zur Stärkung seiner politischen Stellung versucht der Jude, die rassischen und staatsbürgerlichen Schranken einzureißen, die ihn zunächst noch auf Schritt und Tritt beengen. Er kämpft zu diesem Zwecke mit aller ihm eigenen Zähigkeit für die religiöse Toleranz und hat in der ihm vollständig verfallenen Freimaurerei ein vorzügliches Instrument zur Verfechtung wie aber auch zur Durchschiebung seiner Ziele. Die Kreise der Regierenden sowie die höheren Schichten des politischen und wirtschaftlichen Bürgertums gelangen durch maurerische Fäden in seine Schlingen, ohne daß sie es auch nur zu ahnen brauchen.«

Scharf im Gegensatz standen diese Worte allein schon zu den Prinzipien der 1930 gegründeten »Symbolischen Großloge« von Deutschland, zu der sich Brüder der verschiedensten Systeme, die den streng nationalistischen Kurs der deutschen Freimaurerei mißbilligten, zusammengeschlossen hatten. Ihnen ging es gerade nach den fürchterlichen Erfahrungen des 1. Weltkrieges um die Vertiefung der internationalen pazifistischen Zusammenarbeit. Verstärkung hatte die »Symbolische

Großloge« durch 600 Mitglieder des 1905 gegründeten Freimaurerbundes »Zur aufgehenden Sonne« erhalten, einer niemals anerkannten Obedienz, die auf der Grundlage einer monistischen, religionslosen Weltanschauung eine Reform der traditionellen Freimaurerei anstrebte. 1932 waren 26 Bauhütten mit 1200 Brüdern in der »Symbolischen Großloge« vereinigt.

Ihr erster Großmeister war Dr. Leo Müffelmann, dem es beschieden sein sollte, das freimaurerische Licht 1933 ins Exil zu retten, nachdem er unter dem Druck der Verhältnisse die Bauhütten der »Symbolischen Großloge« hatte schließen lassen. Ihm war es auch zu danken, daß sämtliche schriftlichen Unterlagen nach Palästina gebracht werden konnten, wo der Schweizer Arzt und Zionist Bruder Emanuel Propper die »Symbolische Großloge im Exil« gründete und sie bei der britischen Verwaltung registrieren ließ. Während der zwölfjährigen freimaurerlosen Zeit brannte das Tempellicht in Palästina und in einer Auslandsloge in Valparaiso, von der die Anregung erging, die am 30. Juli 1935 aufgelöste Hamburger Großloge dorthin ins Exil zu überführen. Leo Müffelmann, Hauptmann des 1. Weltkrieges, starb dreiundfünfzigjährig 1934 in Berlin, geschwächt von den Strapazen in einem der Sammellager, in welche die Nationalsozialisten alle ihnen mißliebige oder verdächtige Personen geschickt hatten. Unter der Bezeichnung »Konzentrationslager« sollten sie bald zum Inbegriff eines unmenschlichen, verabscheuungswürdigen Regimes werden.

Mit besonderem Mißtrauen begegneten die Nationalsozialisten dem sogenannten Schottischen Ritus, einem internationalen Hochgradsystem in 33 Graden, das man im Gegensatz zur blauen Maurerei als die rote Maurerei bezeichnet. Ihm im besonderen lasteten sie all die »Weltverschwörungspläne« unter der Direktive geheimnisvoller Oberer an, die General Ludendorff mit seiner Gattin in freier Dichtung erfunden hatte.

Der Schottische Ritus in seiner heutigen Form hat seinen Ursprung in Amerika, wo sich 1801

in Charleston (Süd-Carolina) der Oberste Rat (Supreme Council/Conseil suprême) konstituierte, von dem sich alle Obersten Räte in den verschiedensten Ländern herleiten. Grundlage des Systems bilden die »Großen Konstitutionen« eines Ritualgebäudes von 33 Graden, die kurz vor Ausbruch der Französischen Revolution festgelegt wurden und in den neunziger Jahren in den Vereinigten Staaten auftauchten. Ihr Ursprung wurde fälschlicherweise Friedrich dem Großen zugeschrieben, der für die seinerzeit grassierenden verschiedensten Schottischen Riten ein einheitliches System gefordert haben soll.

Mit dem 4. Grad beginnend fungieren die höheren Grade als Fortsetzung der blauen Maurerei. Den esoterischen Aspekt betonend, sich ständig vertiefend, führen sie bis zur vollkommenen Einweihung. In sogenannten Perfektionslogen, Kapiteln, Aeropagen und Konsistorien werden die verschiedenen Grade bearbeitet.

Durch den französischen Kavallerieoffizier Graf de Grasse-Tilly, dessen Vater als Admiral im Kampf gegen die Engländer George Washington wertvolle Dienste geleistet hatte, gelangte dieses System nach Paris, wo der Graf 1804 den ersten europäischen Obersten Rat (Conseil suprême) einsetzte, der schon einen Monat später die Gründung einer Großloge des Schottischen Ritus verkündete. Im Laufe des 19. Jahrhunderts hatte sich der »Alte und Angenommene Schottische Ritus«, wie er offiziell benannt wird, in England und Irland sowie in fast sämtlichen romanischen und lateinamerikanischen Ländern etabliert.

1873 erfolgte in der Schweiz erstmals eine Logengründung auf deutschsprachigem Gebiet, 1925 in Österreich, wo ja nach dem Zusammenbruch der Monarchie von 1918 die Freimaurerei wieder zugelassen war, 1930 in der Weimarer Republik.

Auf dem Pariser Kongreß von 1929, wo sich nach dem üblichen Intervall von fünf Jahren die Delegationen von 27 Obersten Räten trafen, erließ man folgende Friedensresolution: »Die Welt muß zu wahrer Freundschaft und

wahrem Vertrauen, zu einer allumfassenden selbstlosen Liebe gelangen. Der Friede muß einer reinen Quelle entspringen, die ungetrübt ist von Haß, Selbstsucht, Aberglauben und Mißtrauen. Wir verfolgen mit heißem Interesse die Anstrengungen, die von den Vertretern der verschiedenen Völker unternommen werden, um zu freundschaftlichen, von gutem Willen diktierten Abmachungen zu gelangen. Wie jede maurerische Organisation eine Pflegestätte der Vaterlandsliebe und Bürgertreue ist, so haben auch wir Boten des Friedens, Pioniere einer aufwärts schreitenden Zivilisation zu sein ...«

Den Nationalsozialisten, für die das Wort »Friede« ohnehin nur ein jüdisch-dekadentes Fremdwort war, galt dies freilich nur als hohles Lippenbekenntnis. Sie bliesen zum Endkampf gegen die überstaatlichen Mächte, sprich: das internationale Judentum, das sich ihrer Erkenntnis und Propaganda zufolge der Freimaurerei als williges Werkzeug zur Durchsetzung seiner Weltherrschaftspläne bediente.

Dem Ideal der Humanität wurde in der Person des Philosophen Zenon des Jüngeren (gest. 264 v. Chr.) schon deshalb eine Absage erteilt, weil der Begründer der »Stoa« »Vollblutsemit«, also jüdischer Herkunft, gewesen sei und somit nur zur heillosen Verderbnis des Menschengeschlechts beitragen könne. Geschickt daran anknüpfend verbreitete man die Sentenz, daß »Vorderasien mit Hilfe der Freimaurer und ihrer vorgeblichen Ideale das Abendland überschwemmen wolle«.

Es gab genügend Argumente, um die Emotionen der Massen anzufachen. Ging die Idee eines Völkerbundes, der damals so kläglich versagte, nicht auf die Anregung eines französischen Deputierten zurück, des Freimaurers André Lebey, der im Sommer 1917, also mitten im Krieg auf einem Großlogenkongreß der Entente- und neutralen Großlogen, seinen Vorschlag zur Diskussion stellte?

Zu einer Zeit, da die militärische Entscheidung noch lange nicht gefallen war, kann die Sprache der Humanität in den folgenden Erklärungen nur allerhöchsten Respekt abfordern: »Die Menschheit ist eine große Familie, von der sich nur diejenigen ausschließen, die deren nationale und internationale Gesetze verletzen.«

»Wurden 1789 die Gesetzestafeln der *Menschenrechte* aufgestellt, so werden vom Völkerbund vor allem die Gesetzestafeln der *Völkerrechte* zu schaffen sein.« Und: »Keine Nation hat das Recht, einer anderen den Krieg zu erklären, denn der Krieg ist ein Verbrechen gegen das ganze Menschengeschlecht. Jeder Streit zwischen Staaten muß vor das internationale Parlament gebracht werden. Die Nation, die dem zuwiderhandelt, stellt sich selbst außerhalb des Völkerbundes.« Obwohl der bereits 1916 von dem Nichtfreimaurer Woodrow Wilson geforderte Völkerbund und dessen spätere Verwirklichung nichts mit Lebeys Vorschlägen und der freimaurerischen Ideologie zu tun gehabt hat, und keiner der sich dort profilierenden großen Politiker außer Beneš und Stresemann dem Bund angehört hatte, wurde von Völkischen und Rechtsradikalen jeder Fehlentscheid und jegliches Scheitern dieser Institution dem Freimaurertum angelastet.

Es kamen den Nazis auch die Zeitumstände entgegen. Seit Mitte der zwanziger Jahre war der Zustrom von »Suchenden« in den deutschen Logen ständig zurückgegangen. Die irritierende Ludendorffsche und nationalsozialistische Antipropaganda blieb auf den zu erwartenden Nachwuchs in der allgemeinen politischen Orientierungslosigkeit und zuneh-

menden Wirtschaftskrise nicht ohne Wirkung. Die Logen drohten zu »vergreisen«, zumal die jüngere Generation aus der Not der Zeit heraus statt esoterische Vertiefung lautstarke politische Bekenntnisse forderte, die von den deutschen Bauhütten im Gegensatz zu den romanischen nicht zu erwarten waren. Die altpreußischen Logen konservierten in patriotisch-schmerzlicher Erinnerung die unwiederbringlich verklungene Zeit von Glanz und Gloria; die humanitären Logen praktizierten abseits von den Turbulenzen des Weltgeschehens im Elfenbeinturm ihrer Ideale die Veredelung des Menschen. Weder die einen noch die anderen wirkten nach außen, sie schienen ins Zeitgeschehen nicht mehr integriert.

Irre geworden an ihren Prinzipien durch die ständigen Angriffe von außen, innerlich zerstritten und als apolitische Institution ohnehin nicht in der Lage, sich gegen radikale nationalistische Bedrohung aufzulehnen, ohne größere Sympathie für eine Staatsform, mit der sie sich nicht identifizieren konnte, fiel die Freimaurerei zusammen mit der Weimarer Republik in Agonie. 1933 löste sich der Großteil der humanitären Logen selbst auf. Bis 1935 wurden die verbliebenen christlichen und nationalen Logen unter dem Anschein der Legalität aufgelöst, indem die Nationalsozialisten Liquidatoren einsetzten und das Vermögen der Logen durch Kaufverträge an staatliche Institutionen übertragen ließen. Doch kam es im Rahmen der Gleichsetzung von Freimaurern und Juden auch zu Deportationen, Plünderungen und verhöhnenden Zurschaustellungen, das ominöse Pappschild mit der Aufschrift »Ich bin ein Judenschwein« blieb mit der Textvariante »Freimaurerschwein« manchem Logenbruder nicht erspart.

Die längst gleichgeschaltete Presse liefert ein Zeitdokument der damaligen Hetze und Geistesverwirrung, wenn sie am 21. Juli 1935 die Auflösung der noch bestehenden altpreußischen Logen meldet:

»... jetzt besteht in ganz Preußen keine Freimaurerorganisation mehr. In Kürze werden sich auch in Sachsen die letzten beiden Logen

Die Überstaatlichen Mächte

Fig. 67 Der Kampf der sogenannten »Überstaatlichen Mächte«, wie die Nationalsozialisten die Feindschaft zwischen der »jüdischen« Freimaurerei und der katholischen Kirche in einer Karikatur um 1930 zu sehen vorgaben.

profiliert hatte, bestand im sofortigen Beförderungsstop. Zahlreiche hervorragende Persönlichkeiten des Logenlebens wurden, sofern ihnen nicht die Flucht ins Ausland gelungen war, in Konzentrationslager verschleppt wie Leo Müffelmann oder umgebracht. So fielen zum Beispiel von den 110 Mitgliedern der Münchner Loge »Zur Kette« zehn Mitglieder dem Naziterror zum Opfer. Allein der materielle Verlust der deutschen Freimaurerlogen beziffert sich an Haus-, Grund- sowie Bar- und Wertpapiervermögen zuzüglich der Archive, Bibliotheken, Einrichtungen und Stiftungsvermögen auf über zweihundert Millionen DM. Das deutsche Logenleben war erloschen, aber die Nationalsozialisten waren hartnäckige Gegner.

Noch im letzten Kriegsjahr heißt es im Schulungsprogramm der SS: »Der Nationalsozialismus setzt einen bedingungslosen völkischen Nationalismus dem kosmopolitischen Internationalismus der Freimaurerei entgegen. Der Ausrichtung des deutschen Volkes auf die Grundbegriffe des Nationalsozialismus standen die ›Lehrarten‹ und ›Erziehungssysteme‹ der Freimaurer mit ihren artfremden Symbolen und ihrem jüdischen Tempeldienst entgegen. Es war daher unerläßlich, daß die freimaurerischen Organisationen in Deutschland zerschlagen und freimaurerische Einflußmöglichkeiten weitestgehend ausgeschaltet wurden. Stück für Stück hat die Politik des Führers Europa aus der freimaurerischen ›Weltkette‹ herausgebrochen.« Stellte die Gestapo fest, daß trotz der Auflösung der Logen der Kontakt unter den Brüdern aufrecht erhalten wurde, wobei sich die Logenmitglieder an dem kleinen blauen »Vergißmeinnicht«-Zeichen erkannten, so wurde das berüchtigte Heimtücke-Gesetz angewandt, das sofortige Verhaftung zur Folge hatte. Ein kleiner Kreis der Getreuen und Unentwegten ließ sich nicht unterkriegen in Hoffnung, Glaube, Liebe. In ihnen brannte unverändert das Licht, das sie nach dem Zusammenbruch der Naziherrschaft in den neu entstehenden Tempeln Schritt für Schritt wieder entzünden sollten.

auflösen, so daß dann in Deutschland die Freimaurerei restlos beseitigt ist. Wenn man annimmt, daß die Freimaurerei in den Bauhütten oder Steinmetzbruderschaften des Mittelalters ihren Ursprung hat, so ist das ein grundlegender Irrtum. Zwar hat sie sich der Formen dieser Gemeinschaft bedient, ihre Anfänge liegen aber wesentlich weiter zurück, sie ist so alt wie der mosaische Gedanke selbst. Das letzte Ziel dieser jüdisch-liberalistischen Idee ist die Weltherrschaft des Judentums!«

Alsbald organisierte man mit dem beschlagnahmten oder geplünderten Gerät Wanderausstellungen, um die Bevölkerung mit entsprechend zugeschnittenen Kommentaren das Gruseln zu lehren oder die phantastisch anmutenden Hochgradbezeichnungen der Spottlust anheimzugeben. Über die Ideale der Toleranz und Menschenliebe wurde dabei natürlich kein Wort verloren. Voller Erschütterung können wir im Originalprotokoll über die Auflösung der Vereinigten fünf Hamburger Logen im Beisein der Gestapo das vom Großmeister Richard Bröse gesprochene Abschiedsgebet an den großen Baumeister aller Welten nachlesen:

»Nicht weil wir unseres Dienstes an den Säulen der Weisheit, Stärke und Schönheit überdrüs-

sig geworden sind, sondern weil unsere Regierung es zum Nutzen unseres Volkes erwartet, legen wir jetzt die Werkzeuge, mit denen wir und unsere Vorgänger, um Dich zu ehren, fast zwei Jahrhunderte am geistigen Dombau arbeiteten, in Deine Hände zurück. Du hast uns in Deiner Weisheit nicht vollkommen, sondern mit Fehlern und Mängeln geschaffen, aber in uns das tiefste Verlangen gelegt, uns aus eigener Kraft zu größerer Vollkommenheit emporzuarbeiten. Trotz allem Eifer und aller Mühen war unser Tun nur Stückwerk, aber wir bitten Dich: Sieh nicht auf unser unvollkommenes Werk, sondern auf den guten und reinen Willen, der uns beseelte... Eine tiefe und schmerzliche Trauer hat sich nun auf uns niedergesenkt. Gib uns die Kraft, sie mit Standhaftigkeit und Würde zu tragen. In Glaube, Liebe, Hoffnung beschließen wir unser Werk. Mögen diese drei, besonders aber die Liebe, bis zur Wiedervereinigung mit Dir unsere Führer sein! Gelobet seiest Du in Ewigkeit! Amen.«

Nach der »ordnungsgemäßen Auflösung« begann die Verfolgung. Freimaurer wurden aus Amt und Würden gejagt, die Mindestvergeltung für einen beamteten Freimaurer, der sich nicht durch Bekleidung eines Logenpostens

Neubeginn

Das unrühmliche Ende der deutschen Freimaurerei unter einem Regime, das in seinem Totalitätsanspruch weder Freiräume noch Toleranzzonen für anders und tiefer Denkende zuließ, die Labilität innerhalb der Bruderschaft selbst, als sie im Nachkriegselend der zwanziger und dreißiger Jahre und der Weltwirtschaftskrise zuweilen an ihren Idealen irre wurde und der Not gehorchend oftmals sich für chauvinistische Tendenzen zumindest anfällig zeigte, die keineswegs gefestigte Immunität unter dem Trommelfeuer kontroverser Ideologien, die eigene Zerrissenheit des Bruderbundes in einem schwer überschaubaren Organisationsaufbau, der einen wirksamen Widerstand gegen Angriffe der Gegner und schließlich des Todfeindes unmöglich machte, der ganze unheroische Untergang – mag dieses Beiwort auch schlecht zu den kosmopolitischen Idealen von Humanität, Toleranz und Brüderlichkeit passen –, all dies zusammen genommen hatte in den Jüngern der »Königlichen Kunst« ein übertriebenes Schuldgefühl wachgerufen.

Dennoch sollte man die Hypothese eines einheitlichen »Freimaurerlagers« angesichts von Verleumdung und Verfolgung nicht überschätzen, zumal sie im nachhinein auch müßig ist. Humanitäre Systeme, die Demokratie wie auch das Freimaurertum sind auf den Dialog angewiesen. Totalitäre Systeme wie Faschismus und Bolschewismus suchen nicht das Gespräch, sondern Konfrontation und Vernichtung.

Hätte sich das deutsche Freimaurertum 1933 nicht in seiner zersplitterten, sondern in geschlossener Form zur Wehr gesetzt, so wäre sein Untergang vielleicht in einem würdigeren Rahmen erfolgt, am tragischen Endergebnis hätte es jedoch nichts geändert.

Als »neues Leben aus den Ruinen erblühte«, machten sich die Freimaurer wieder ans Werk; diesmal in dem Bestreben, Zwietracht und Uneinigkeit in den eigenen Reihen für immer zu überwinden und endlich eine solide Gesamtvertretung aller Systeme zu schaffen.

Bereits im November 1945 trafen sich in Bens-

heim an der Bergstraße ehemals führende Mitglieder der sogenannten humanitären Großlogen, wobei der Beschluß gefaßt wurde, da in den früheren humanitären Großlogen weder rituell noch lehrmäßig wesentliche Unterschiede bestanden, Hausgesetz und Rituale nunmehr einheitlich zu gestalten. Um in Zukunft jede Zersplitterung der neu auflebenden Logenarbeit zu vermeiden, wurde die Gründung der Bundesgroßloge »Zu den alten Pflichten« vollzogen, deren Verfassung einen bundesstaatlichen Aufbau vorsah. Jedoch hatte sie noch keine Lebenskraft. Als ihr Großmeister wenige Monate später verstarb, war ihr Zerfall nicht mehr aufzuhalten.

Ein Jahr später trafen sich in Herford überwiegend Angehörige der altpreußischen Lehrsysteme, die sich zu einer Zusammenarbeit mit den humanitären Logen bereit erklärten. Im Juni 1947 begegneten sich dann in Frankfurt am Main – also in der amerikanischen Besatzungszone – einundzwanzig Mitglieder früherer humanitärer und christlicher Großlogen, um die Möglichkeiten eines einheitlichen Aufbaus der deutschen Freimaurerei zu untersuchen. Die dort konstituierte Arbeitsgemeinschaft führte schließlich zu folgender Erklärung:

»Es soll fortan nur *eine* Johannisfreimaurerei in Deutschland geben, für die Christlich und Humanität nichts Trennendes ist. Indem wir uns alle zu der Humanität bekennen, der schönen, reinen Menschenliebe, der Brüderlichkeit aller, bekennen wir uns zu der Religion, in der alle Menschen übereinstimmen. Die Brüder können darüber hinaus auch in der Nachfolge Jesu als dem Meister tätigen, aber dogmen- und kirchenfreien Christentums sich binden. Also verpflichten wir uns vor allem und ohne Ausnahme zu der brüderlichen Liebe, die der Grundstein und Schlußstein, der Kitt und der Ruhm unserer alten Bruderschaft ist.«

Bei einem erneuten Treffen des Herforder Kreises, an dem vorwiegend Mitglieder der früheren altpreußischen, also »christlichen« Großlogen »Zu den drei Weltkugeln« und »Royal York« teilnahmen, wurde noch einmal

ausdrücklich unterstrichen, daß Christlich und Humanität keine trennenden Begriffe darstellen:

»...Indem wir uns zu dieser Humanität bekennen, erkennen wir die metaphysische Bindung, in der alle Menschen übereinstimmen können. Die hieraus erwachsende und uns verpflichtende Aufgabe der Freimaurerei ist also die Erziehung ihrer Mitglieder zu tätiger Gottes-, Bruder- und Menschenliebe.

Unsere geistige Haltung gestattet also eine Aufnahme von allen Menschen, die sich zur tätigen Gottes-, Bruder- und Menschenliebe bekennen. Die Ausführung dieses Leitgedankens bleibt den einzelnen Logen überlassen.«

Der Verwirklichung dieser edlen Grundsätze war jedoch noch ein dorniger Weg beschieden, zumal die Militärregierungen in den verschiedenen Besatzungszonen teilweise nur zögernd kooperierten.

Im November 1947 befaßte sich die Frankfurter Arbeitsgemeinschaft mit der Berufung eines Ausschusses, in dem jedes Land durch einen Beauftragten vertreten sein sollte, worauf sich im Laufe des Jahres 1948 in den westlichen Besatzungszonen einschließlich West-Berlin Landesgroßlogen konstituierten.

Im Oktober berieten die Großmeister der einzelnen Länder in Bad Kissingen über den Entwurf eines Grundgesetzes der Vereinigten Großloge der Freimaurer von Deutschland, wobei eine Präambel ausgearbeitet wurde, der der Vertreter der christlichen Logen, der sogenannten »Großen Landesloge der Freimaurer von Deutschland«, da er keine Vollmachten hatte, zunächst nur mit Vorbehalt zustimmte:

»Überzeugt von der entscheidenden Bedeutung ihrer gemeinsamen Beratungen für das Schicksal der deutschen Freimaurerei und in dem von den Vertretern aller deutschen Logen ausgesprochenen Bekenntnis, daß es eine Freimaurerei gibt, die alle auf der Erdoberfläche der Erde zerstreuten, durch die ›königliche Kunst‹ aber verbundenen Brüder Freimaurer umfaßt; daß die deutschen Freimaurer durch Schicksal, Erleben und Erleiden unlösbar zu

Fig. 68 Freimaurerische Symbolik in künstlerischer Darstellung: Das Schwert in einer Grafik von Gideon Hausmann, 1971. – Privatbesitz.

engster Gemeinschaft verbunden sind; daß von den alten Formen und Ritualen, dem vielgestaltigem Leben und dem eigenen Wesen der alten deutschen Großlogen nichts untergehen darf, was über Zeit und Raum gültig zu sein verdient; daß wir verpflichtet sind, die Sehnsucht vieler freimaurerischer Generationen endlich Wirklichkeit werden zu lassen; daß alle Fragen der Ordnung in einem festen, unlöslichen Zusammenleben geregelt werden können, wenn die Fragen der Lehre nicht angetastet werden und Geist und Form der Zusammenarbeit freimaurerischen Ursprungs sind, sehen die in Bad Kissingen versammelten ehrwürdigsten Brüder einen Weg zur Einigung der deutschen Freimaurerei ...«

Das dieser Präambel folgende Grundgesetz wurde von den Großmeistern der inzwischen konstituierten neun Landesgroßlogen unterzeichnet, von denen ein Name und eine hervorragende Persönlichkeit für die deutsche Nachkriegsfreimaurerei historische und richtungweisende Bedeutung haben sollte:
Theodor Vogel von der Großloge von Bayern war der Mann, der nach vielen Enttäuschungen und Schwierigkeiten das große Einigungswerk zustandebrachte. Als man ihn am 8. Oktober 1948 zum Großmeister der Vereinigten Großloge der Freimaurer von Deutschland wählte, war der entscheidende Schritt zur Vereinigung getan.
Indessen sollte der Beitritt der christlichen Logen noch auf sich warten lassen. Als es schließlich am 19. Juni 1949 in der Frankfurter Paulskirche zur feierlichen Gründung der

»Vereinigten Großloge von Deutschland« kam, wobei das seinerzeit von Leo Müffelmann nach Israel gerettete Licht der ehemaligen »Symbolischen Großloge« wie auch das nach Valparaiso überführte Licht der großen Loge von Hamburg wieder eingebracht wurden, hatten sich bereits zahlreiche Bauhütten aus dem christlichen wie humanitären Lager zusammengeschlossen. Theodor Vogels geschicktes Taktieren hatte sowohl symbolische wie magnetische Wirkung auch auf die noch Zögernden, der Trend war nicht mehr aufzuhalten, auch wenn die Verhandlungen zuweilen noch zu versanden drohten.
Inzwischen schaltete sich die »Vereinigte Großloge von England« als Mutter aller Freimaurerlogen ein, indem sie im Dezember 1956 die »Vereinigte Großloge von Deutschland« anerkannte und somit in die Weltfreimaurerei

einführte. Die Engländer luden die noch immer abseits stehende »Große Landesloge der Freimaurer von Deutschland« als Hauptvertreter der christlichen Freimaurerei zusammen mit der »Vereinigten Großloge von Deutschland« unter Theodor Vogel nach London ein mit dem dringenden Appell, sich endlich unter einem gemeinsamen Dach zu vereinigen. Dem eindringlichen Aufruf des Großkanzlers der »Großen Landesloge von Schweden«, von Heidenstam, konnte sich die »Große Landesloge« nicht mehr verschließen: »...ihr müßt euch einigen, um der Jugend, um der Zukunft willen, und ihr sollt alle Hilfe haben, aber einigt euch!«

In der Magna Charta vom 17. Mai 1958, dem mit anspruchsvollem Bezug auf das englische Grundgesetz des 13. Jahrhunderts formulierten Vertragswerk zwischen den vereinigten Lagern, gab sich die gemeinsame nationale Ordnung nunmehr den folgenden Namen: »Vereinigte Großlogen von Deutschland, Bruderschaft der Deutschen Freimaurer.«

1970 schloß sich dieser Vereinigung auch noch die traditionsreiche »Große National-Mutterloge zu den drei Weltkugeln« an. Und gleichzeitig – ein ermutigender Aspekt im Hinblick auf eine kosmopolitische Weltentwicklung – traten die Provinziallogen der Amerikanisch-Canadischen und der Britischen Freimaurer, die sich aus den jeweiligen Besatzungstruppen rekrutieren, als gleichberechtigte Partner bei.

Die häufig modifizierten Bezeichnungen der freimaurerischen Organisation während dieses Entwicklungsprozesses sind geeignet, nicht nur beim Laien, sondern auch beim Freimaurerbruder Verwirrung zu stiften. Um das organisatorische Bild nicht durch Verwechslungen und Mißverständnisse zu trüben, änderte die von Theodor Vogel gegründete »Vereinigte Großloge von Deutschland« unter dem nunmehr endgültigen Prädikat *Vereinigte Großlogen von Deutschland*« als eine der daran beteiligten Großlogen ihren Namen in »Großloge der Alten Freien und Angenommenen Maurer von Deutschland«.

Optisch ergibt sich für die Struktur des deutschen Logenwesens folgende Übersicht:

Vereinigte Großlogen von Deutschland Bruderschaft der Freimaurer		
Großloge der Alten Freien und Angenommenen Maurer von Deutschland (223 Logen)	Große Landesloge der Freimaurer von Deutschland (77 Logen)	Große National-Mutterloge »Zu den drei Weltkugeln« (24 Logen)
American-Canadian Grand Lodge (43 Logen)	Grand Lodge of British Freemasons in Germany (14 Logen)	

Mit sechs weiteren der Dachorganisation direkt unterstellten Logen beziffern sich die in der Bundesrepublik tätigen Bauhütten auf 387.

Es ist sicherlich nicht das Verdienst einer einheitlich auftretenden Freimaurerei, wenn die Bruderschaft nicht mehr ins direkte Schußfeld öffentlicher Polemik, Anfeindung oder gar Verfolgung gerät, wie das zu Zeiten Ludendorffs und des aufstrebenden Hitler der Fall war. Mehr denn je sind die Freimaurer heutzutage »die Stillen im Lande«.

Anonyme Beschimpfungen und versuchte Attentate auf Persönlichkeiten der Freimaurerei zeugen von einer immer noch vorhandenen Gegnerschaft, wie sich in jüngster Zeit anläßlich des P-2-Skandals in Italien erwies, der den Gegnern Argumente zu bieten schien, obwohl diese stark kompromittierte Organisation des selbsternannten »Großmeisters« Gelli mit der *regulären Weltfreimaurerei nichts* zu tun hat.

Ein Feind indessen blieb unverändert offen auf dem Plan: Die katholische Kirche. Ungewollt hatte sie seinerzeit dem Nationalsozialismus als Folge ihrer jahrhundertelangen Gegnerschaft Argumente für Hetzparolen geliefert.

Wir haben gesehen, wie gerade das heiligste Prinzip der »Königlichen Kunst«, nämlich die religiöse Toleranz, auf den unversöhnlichen Widerstand der Kirche traf. Politische Motive wie die Solidarität der britischen Freimaurerei mit dem anglikanischen Königshaus – der Papst hätte lieber einen katholischen Stuart auf dem englischen Thron gesehen –, die patriotisch begeisterte Teilnahme der Bruderschaft an der italienischen Freiheitsbewegung, die schließlich zur Beseitigung des Kirchenstaates führte, oder laizistische Maßnahmen des Staates im Hinblick auf die Beschneidung des kirchlichen Einflusses in den romanischen Ländern, die auf maurerische Initiative zurückgingen, haben da mehr eine sekundäre Rolle gespielt.

Nach dem Codex Juris Canonici von 1917 verfällt dem Kirchenbann, wer der Freimaurergesellschaft oder einer anderen Vereinigung angehört, »die gegen die Kirche oder die rechtmäßigen staatlichen Gewalten wühlt«.

Nun hatte sich seit dem zweiten Vatikanischen Konzil 1961/1962 die Haltung der Kirche in bezug auf die Religionsfreiheit zwar grundlegend gewandelt – niemand sollte fortan in religiösen Dingen gezwungen werden, gegen sein Gewissen zu handeln –, doch ist dieser Toleranzgedanke kirchlicherseits gegenüber der Freimaurerei bis heute bei einem uneingelösten Lippenbekenntnis geblieben.

Ansätze der Verständigung waren vorhanden, etwa in der »Lichtenauer Erklärung« während des vierjährigen Dialoges zwischen den beiden Lagern von 1968 bis 1972, als die freimaurerische Seite nochmals ausdrücklich feststellte, keine gemeinsame Gottesvorstellung zu haben, da Freimaurerei weder eine Religion sei noch eine solche lehren wolle. »...Freimaurerei verlangt dogmenlos eine ethische Lebenshaltung und erzieht dazu durch Symbole und

Rituale... Die Freimaurer huldigen dem Grundsatz der Gewissens-, Glaubens- und Geistesfreiheit und verwerfen jeden Zwang, der diese Freiheit bedroht... Die Gesetze der Großlogen der Welt untersagen den Logen die Einmischung in politische und konfessionelle Streitfragen.«

Indem man sich gegen jahrhundertealte unsachliche Beschuldigungen verwahrte, insbesondere gegen die ehrenrührige Apostrophierung als »Synagoge des Satans«, gleichzeitig aber auch eigene Fehler zugab, sprach man die Erwartung aus, daß die bekannten kirchlichen Vorurteile nunmehr der Historie angehören würden, zumal in einer Zeit, in der pseudoreligiöse Ideologien Menschenwürde und Menschenrechte und damit die Existenz der großen Religionen selber zunehmend bedrohen. Mit dem Hinweis auf die »Alten Pflichten« von 1723 wird das freimaurerische Unverständnis gegenüber den kirchlichen Gesetzen angesprochen, die den Gläubigen die Zugehörigkeit zum Bruderbund verbieten, während die

freimaurerischen Gesetze jedem Katholiken gestatten, Mitglied des Bruderbundes zu werden, »ohne daß seinem Glauben und seinem Bekenntnis ein Schaden oder ein Schimpf geschieht oder geschehen darf«.

Die Antwort der päpstlichen Glaubenskongregation von 1974 blieb im Ton versöhnlich, aber doch ausweichend, indem sie sich auf die verschiedenartige Situation der Freimaurerei in den einzelnen Ländern bezog und damit einem definitiven Entscheid auswich. Während im folgenden die Bischofskonferenzen in Skandinavien, Großbritannien und den Niederlanden die Vereinbarkeit der Zugehörigkeit zur Kirche und gleichzeitig zum Freimaurerbund akzeptierten, beharrte die Deutsche Bischofskonferenz auf ihrem alten Standpunkt. Ein erneuter Dialog endete 1980 mit der Erklärung und Feststellung seitens der Kirche, daß sich die Freimaurerei in ihrem Wesen nicht gewandelt habe. »Die Zugehörigkeit stellt die Grundlagen der christlichen Existenz in Frage... Die gleichzeitige Zugehörigkeit

zur katholischen Kirche und zur Freimaurerei ist unvereinbar.«

Die Ernüchterung der Vereinigten Großlogen von Deutschland war groß über diesen Mangel an Bruderliebe, die nach Gottes Gebot auszuüben doch das Anliegen einer Kirche sein sollte. Mit dem Hinweis, daß sich der überwiegende Teil der Freimaurer in der freien Welt zum Christentum bekenne, wurde die anmaßende These zurückgewiesen, der zufolge die Zugehörigkeit zum Bruderbund »die Grundlagen der christlichen Existenz in Frage stelle«. »Mit den christlichen Kirchen vieler Länder besteht eine fruchtbare Zusammenarbeit. Die evangelische Zentralstelle für Weltanschauungsfragen hat in einer 1973 herausgegebenen Information festgestellt, daß ›ein Einwand gegen eine Mitgliedschaft evangelischer Christen in der Freimaurerei nicht erhoben‹ werden könne. Dies sei in das freie Ermessen des einzelnen gestellt.«

Aus katholischer Sicht summiert sich die Ablehnung aus dem antiklerikalen und politi-

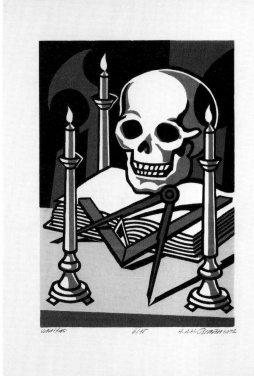

schen Wirken – und dies trifft in erster Linie auf Frankreich zu –, das in der Tat den ursprünglichen freimaurerischen Prinzipien widerspricht, ferner aus dem Synkretismus, also der Verschmelzung heidnischer Kulte mit dem Christentum und schließlich aus dem freimaurerischen »Geheimnis«, zu dem der Laie keinen Zugang findet, weshalb mancher hinter den Schleiern der Verschwiegenheit ein Verschwörungskomplott vermutet.

Mit umgekehrten Vorzeichen könnten diese aufgezählten Thesen auch dem Katholizismus zum Vorwurf gemacht werden.

Es ist in diesem Zusammenhang festzuhalten: Auch die Griechisch-Orthodoxe Kirche vertritt die Meinung, daß Christentum und Freimaurertum nicht in Einklang zu bringen seien und somit einem Priester nicht erlaubt werden kann, dieser Gesellschaft beizutreten, »weil sie eine Geheimorganisation ist, die im Dunklen und Geheimen arbeitet und lehrt sowie den Rationalismus vergöttert«.

Vor allem stört dieser scheinbare Widerstreit von Glaube und Vernunft, wobei man die Kopflastigkeit der Ratio dem Bruderbund zum Vorwurf macht, ohne sich die Frage zu stellen, ob es nicht auch für die Kirche Zeit wäre, ein ausgewogenes Verhältnis beider Elemente herzustellen?

Während die protestantischen Kirchen nach wie vor unterschiedlich urteilen, verharren die amerikanischen Calvinisten in unbedingter Ablehnung, da sie »allen geheimen Verbindungen« gegenüber feindlich eingestellt sind. Die Differenzierung zwischen »Geheim« und »Verschwiegen« – wie schon eingangs angesprochen – vermag sich offensichtlich nicht durchzusetzen.

Methodisten, Baptisten und Presbyterianer vertreten uneinheitliche Standpunkte bezüglich der Zugehörigkeit zum Freimaurertum, während die anglikanische Kirche nur gelegentlich Bedenken gegen eine Mitgliedschaft anmeldet. König Georg VI. als Haupt der anglikanischen Kirche war Großmeister der Londoner Großloge, und selbst der jüngst verstorbene Erzbischof von Canterbury gehört dem Bruderbund an.

Mögen Vorbehalte und Vorwürfe in bezug auf den »Grand Orient«, die »Grande Loge« von Frankreich und den »Grand Orient« von Belgien vom kirchlichen Standpunkt aus gesehen zuweilen berechtigt sein, so sollte man nicht außer acht lassen, daß es sich dabei um Großlogen handelt, die von der englischen Mutter-Großloge nicht anerkannt werden, da sie nicht einheitlich nach den »Basic principles«, den freimaurerischen Grundsätzen arbeiten: Anerkennung des »Großen oder allmächtigen Baumeisters aller Welten«, Auflegen der Bibel, Glaube an die Unsterblichkeit, spiritualistische Lebensanschauung, Ausschluß von Atheisten und Diskussionsverbot über Politik und Religion.

Die »reguläre« Freimaurerei wiederum sollte unter regionalen Aspekten beurteilt werden, da sie in den verschiedenen Ländern sehr unterschiedliche Entwicklungen genommen hat. So ist sie auf dem Gebiet der deutschen Bundesrepublik zum großen Teil sehr lutherisch, nirgends jedoch antikatholisch oder überhaupt antiklerikal orientiert. Zudem sollten kirchliche Kritiker auch die ständige Fluktuation zur Kenntnis nehmen. Beispielsweise arbeitet die ehemals zum »Grand Orient« von Brüssel gehörende Großloge von Belgien nunmehr im Namen des »grand architecte de l'univers«, legt die Bibel auf und ist inzwischen regulär geworden. Auch der »Grande Oriente« von Rom hat diesen Weg beschritten.

Während bei der erwähnten Schottischen Maurerei mit ihren Hochgraden für den im strengen kirchlichen Dogmatismus verhafteten Gläubigen Vorbehalte zumindest verständlich erscheinen können, hat die nur drei Grade umfassende symbolische Johannis-Maurerei starke Berührungspunkte mit der christlichen Religion. Immerhin leitet sie ihren Namen von Johannes dem Täufer ab. Die Sommersonnenwende am Johannistag wie die Wintersonnenwende am Tag des gleichnamigen Evangelisten gelten ihr als die höchsten Festtage überhaupt. Es ist ja gerade das Licht, das in der Finsternis leuchtet – dieses niemals ganz faßbare Erlebnis seines Mysteriums –, das beherrschende Element der freimaurerischen Symbolik. Während der kirchliche Weg dieses Lichterlebens allerdings in die Transzendenz hinüberleitet, endet der freimaurerische bewußt am Grenzpunkt des diesseitigen menschlichen Erfahrungsbereiches. Heilserwartung bleibt den Kirchen überlassen.

Da die »reguläre« Freimaurerei mit ihren rund sechs Millionen Mitgliedern in der ganzen Welt im Gegensatz zu der Behauptung von Don Gobbi, dem Begründer der Internationalen Marianischen Priesterbewegung, nirgendwo in die Kirche eindringt oder sie gar angreift, bleibt die Verurteilung durch die Kirche unverständlich, falls sie die Begründung dafür nicht in den sechzigtausend Mitgliedern der antiklerikal eingestellten romanischen Logen sucht, die knapp ein Prozent der Freimaurermitglieder ausmachen.

Freimaurerei ist keine Religion, wohl aber ein ethisches System. Wie oft ist die Religion, präziser die Konfession, Ursache grauenvoller Kämpfe gewesen. Als das Übermaß der religiösen Auseinandersetzungen das christliche Bekenntnis fragwürdig werden ließ, fanden sich

Fig. 74 Stich mit freimaurerischen Werkzeugen. Links das Sonnenrad, als Symbolisierung des Höchsten Wesens von einer Schlange umflochten, die sich als Zeichen der Ewigkeit in den Schwanz beißt.

in der spekulativen Maurerei Menschen zusammen, um im Rahmen dieser vom Blut unbefleckten Gemeinschaft nach der Wahrheit zu suchen. Diese sittliche Verpflichtung eines jeden Menschen wird auch in einer Erklärung des zweiten Vatikanischen Konzils bestätigt: »Weil die Menschen Personen sind, d. h. mit Vernunft und freiem Willen begabt und damit auch zu persönlicher Verantwortung erhoben, werden alle – ihrer Würde gemäß – von ihrem eigenen Wesen gedrängt und zugleich durch eine moralische Pflicht gehalten, die Wahrheit zu suchen, vor allem jene Wahrheit, welche die Religion betrifft.«

Die Freimaurer werden auch weiterhin unbeirrt die Wahrheit suchen, weil sie diese Suche als ihre vornehmste Aufgabe empfinden. Sie strecken dabei die Bruderhand aus, auch denen gegenüber, die ihre Ansichten nicht teilen und ihnen feindselig begegnen. Sie wollen niemanden bekehren, Missionierung liegt ihnen fern. Sie bekennen sich zu der wohl vornehmsten humanitären Aussage, die der Freimaurerbruder Voltaire gegenüber einem Diskussionsgegner einmal so formuliert hatte: »Ich stimme zwar mit keiner der von Ihnen vorgebrachten Ansichten überein, aber ich werde Ihr Recht, Ihre Meinung zu sagen bis zum letzten verteidigen.«

Diese Einstellung der Toleranz ist die unsichtbare, stets gegenwärtige Krone aller freimaurerischen Bestrebungen. Sie zu erringen sei allen Menschen guten Willens ans Herz gelegt, Christen und Nicht-Christen, Freimaurern und Nicht-Freimaurern, allen Menschen auf dieser Welt.

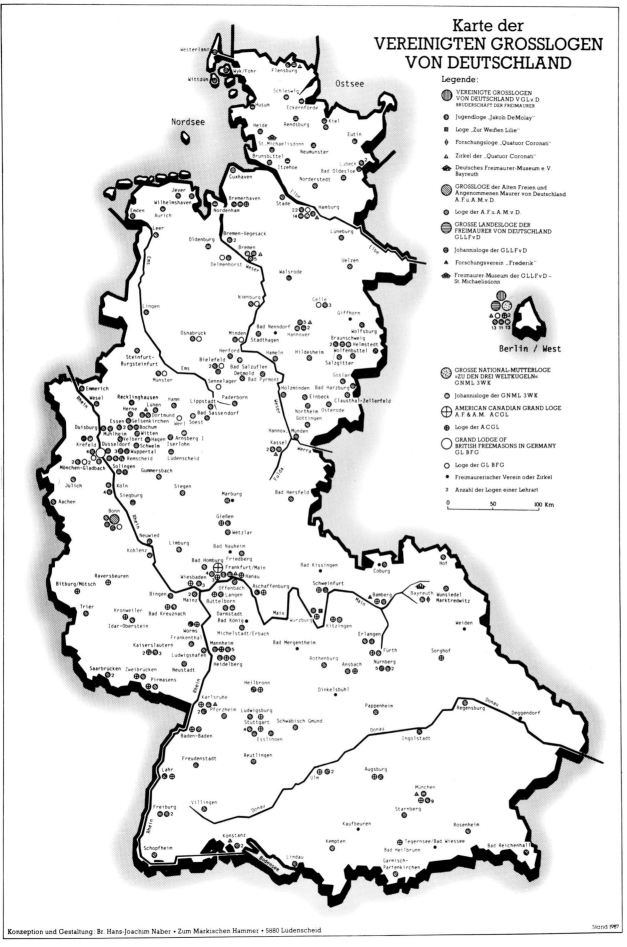

Fig. 75 Übersicht der in der Bundesrepublik Deutschland bestehenden Logen, Zeichnung von Hans-Joachim Naber, Lüdenscheid 1987.

BILDTEIL

BILDTEIL

1   Karte der Bauhütten zur Zeit des Regensburger Hütten-
tages 1459, gezeichnet von Schatz, Ende 18. Jh. Die größer
gezeichneten Kreise geben Sitze der Haupthütten, die kleineren Punkte Bauhütten zweiter und dritter Ordnung im
Bereich der Wiener Hütte an. – ÖFM, Rosenau.

2 Das Straßburger Münster, erbaut im 11. bis 15. Jh. Stahlstich, 1850. Kein Geringerer als der Dichter und Freimaurer Goethe schrieb über das berühmte Bauwerk einen begeisterten Essay. Ihm gebührt das Verdienst der Wiederentdeckung der Gotik und ihres Baumeisters Erwin von Steinbach im Zeitalter des Spätrokoko.

Von den Steinmetzen des Mittelalters, die als Schöpfer der gewaltigen Kathedralen ihr architektonisches Wissen zum Schutz ihrer Korporation streng geheimhielten, haben die Freimaurer ihr Ritual weitgehend übernommen.

3 Aufriß eines Strebepfeilersystems, Frankreich, um 1240. Federzeichnung aus dem Bauhüttenbuch des Villard de Honnecourt, der u. a. den Chor der Kollegiatkirche in St. Quentin erbaute. Sein »Skizzenbuch« ist eine der Hauptquellen für die Erkenntnis des gotischen Stils. – Bibliothèque Nationale, Paris.

4 Kölner Dom, Stahlstich von Carl Mayer nach einer Zeichnung des Kölner Dombaurates Zwirner, 1842. Die Abbildung zeigt den Dom kurz vor dem Beginn seines jahrhundertelang unterbrochenen Weiterbaus. Bei der Fertigstellung und Einweihung 1880 war der damals ranghöchste Freimaurer, Kaiser Wilhelm I., Ehrengast.

5 Rosette am Westportal der Kathedrale von Beauvais. Der Bau wurde im 13. Jahrhundert begonnen, jedoch niemals fertiggestellt.

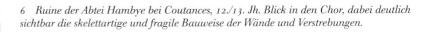
6 Ruine der Abtei Hambye bei Coutances, 12./13. Jh. Blick in den Chor, dabei deutlich sichtbar die skelettartige und fragile Bauweise der Wände und Verstrebungen.

7 Wasserspeier an einem der Türme der Kathedrale von Laon, erbaut 1170 bis 1230. Heidnisches magisches Denken spiegelt sich in der drachenartigen Gestaltung zur Abwehr böser Geister. Ein Beispiel der künstlerischen Phantasie mittelalterlicher Steinmetzen.

8 Kathedrale von Beauvais, unvollendeter Bau des 13. Jahrhunderts. Südliche Chorwand und Ostwand des Südquerhauses.

9 *Basler Münster, 1185–1225. Partie am oberen Teil des Martinsturmes mit Krabben und Steinmetzzeichen.*

10–12 *Steinmetzzeichen an den Türmen des Basler Münsters.*

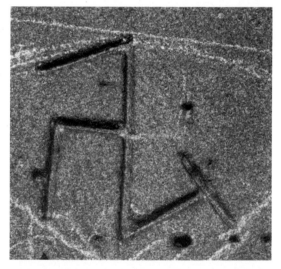

13 Schildhaltender Putto mit Steinmetzzeichen IK am Münster von Freiburg im Breisgau, begonnen 1120.

14 Ornament- und Proportionsstudien, Federzeichnung aus dem Bauhüttenbuch des Villard de Honnecourt, Frankreich, um 1240. – Bibliothèque Nationale, Paris.

15/16 Die vierzehn Hauptschlüssel der Steinmetzzeichen.

17 Die Steinmetzzeichen des Reichsinnungs-Verbandes und seiner Bezirksstellen des Bildhauer- und Steinmetzhandwerks Deutschlands seit der Hamburger Tagung 1934–1945 nach dem Mutterschlüssel der Straßburger Hütte (Quadratur).

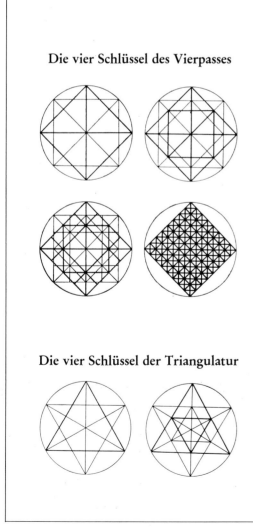

Die vier Schlüssel des Vierpasses

Die vier Schlüssel der Triangulatur

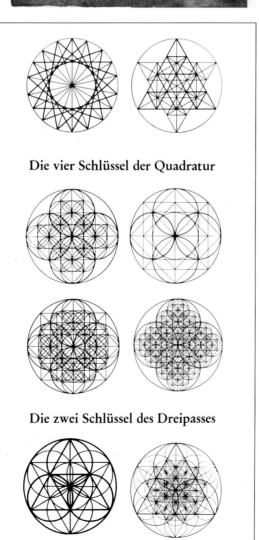

Die vier Schlüssel der Quadratur

Die zwei Schlüssel des Dreipasses

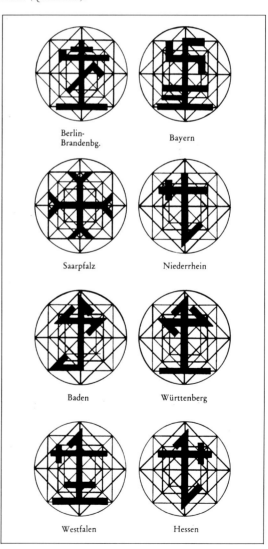

Berlin-Brandenbg.

Bayern

Saarpfalz

Niederrhein

Baden

Württenberg

Westfalen

Hessen

Selbstbildnisse von Kirchenbaumeistern sind in vielen mittelalterlichen Gotteshäusern anzutreffen. Sie zeugen von deren gesellschaftlicher Wertschätzung und Bedeutung.

18 König Offa besichtigt mit seinem Architekten die Bauarbeiten. Zeichnung des Matthäus von Paris (gest. um 1259) in »Lives of the Offas«. – British Library, London.

19 Dombaumeister Hugues Libergier, Grabplatte in der Kathedrale zu Reims, ehemals in der Abteikirche St. Niçaise, Reims 1229. Der Dargestellte hält mit der Linken den Zollstab. Unten links und rechts Winkelmaß und Zirkel. Den hohen gesellschaftlichen Rang dokumentiert die reiche Kleidung, die auch in vielen Anstellungsverträgen ausführlich erwähnt wurde.

20 Schlußstein, frühes 16. Jh., am Gewölbe im Altarraum des Berner Münsters, erbaut von 1421 bis 1598.

21 Kanzel des Meisters Anton Pilgram im Wiener Stephansdom, 1515. Selbstbildnis des Meisters, oben im Bild ein Steinmetzzeichen. Pilgram, als Bildhauer und Baumeister 1502 und 1508 in Brünn erwähnt, meißelte für den Stephansdom den Orgelfuß und die Kanzel, die er beide mit Selbstbildnissen versah.

22 Pilgrambüste im Schloß Rosenau, Kopie nach der Büste des Meisters am Orgelfuß von St. Stephan in Wien, 1513. – ÖFM, Rosenau.

91

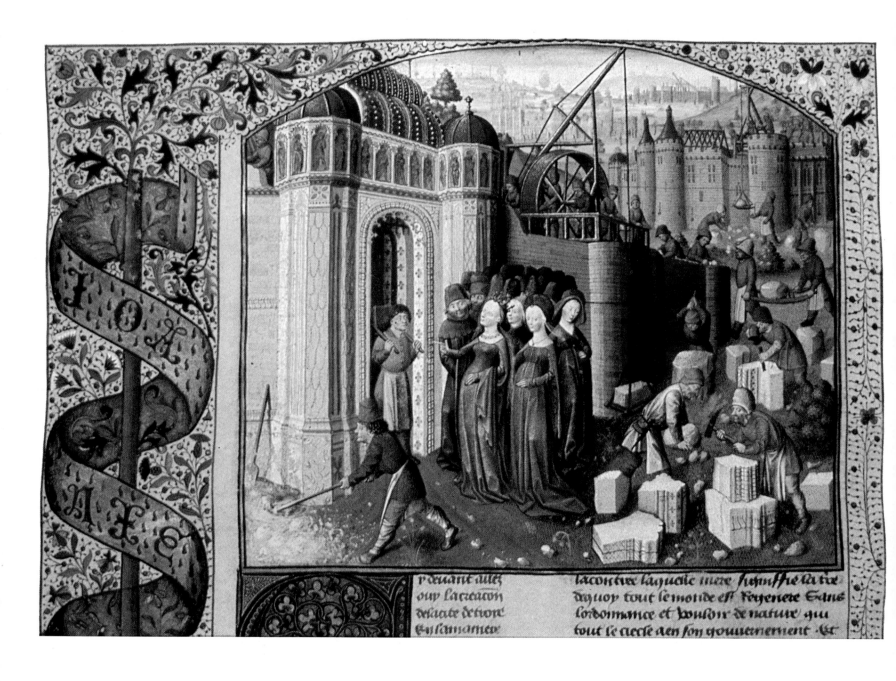

23 *Steinmetze beim Bau einer mittelalterlichen Stadt,
niederländische Buchillustration, Den Haag um 1460. –
Rijksmuseum Meermanno-Westreenianum, Den Haag.*

24   Für sein Idealbild der »Errichtung des Salomonischen
Tempels« in der Miniatur »Antiquités judaïques« übernahm der Maler Jean Fouquet (um 1420–1480)
zeitgenössische Formen und Techniken des Bauens. –
Bibliothèque Nationale, Paris.

*Mittelalterliche Steinmetzwerkzeuge, wie sie auch noch heute in
der Dombauhütte von St. Stephan Verwendung finden.*

25 △

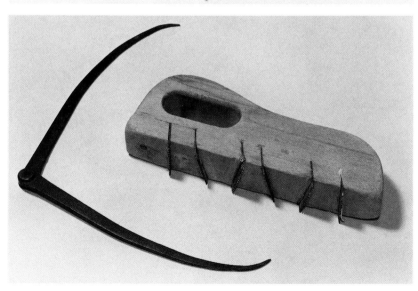

26 Winkel, Fäustel, Spitzfläche. – ÖFM, Rosenau.

27 Knüpfel, Spitzeisen, Sprengeisen. – ÖFM, Rosenau.

28 Zirkel und Steinhobel. – ÖFM, Rosenau.

29 Bau einer mittelalterlichen Stadt, französische Buchminiatur, Illustration zu einem Roman von Gerhard von Roussillon, 14. Jh.

gegenüberliegende Seite:

25 »Die Befestigung der Stadt Jaffa«, kolorierte Buchillustration, um 1450. Die Bilder der von Philipp dem Guten von Burgund in Auftrag gegebenen Prachtchronik illustrieren die Ereignisse des 1. Kreuzzuges von 1096 bis 1099. Jaffa wurde auf Befehl von Richard Löwenherz befestigt. Der Bau der Mauer und der Wehrtürme wird vom ersten bis zum letzten Arbeitsgang dargestellt. Links im Vordergrund sind sämtliche Arbeiten der Steinmetzen gezeigt, von der Gewinnung des Rohlings im Steinbruch bis zum Behauen des Mauerquaders und der Durchbildung des Werkstücks mit Kannelüren. – Österreichische Nationalbibliothek, Wien.

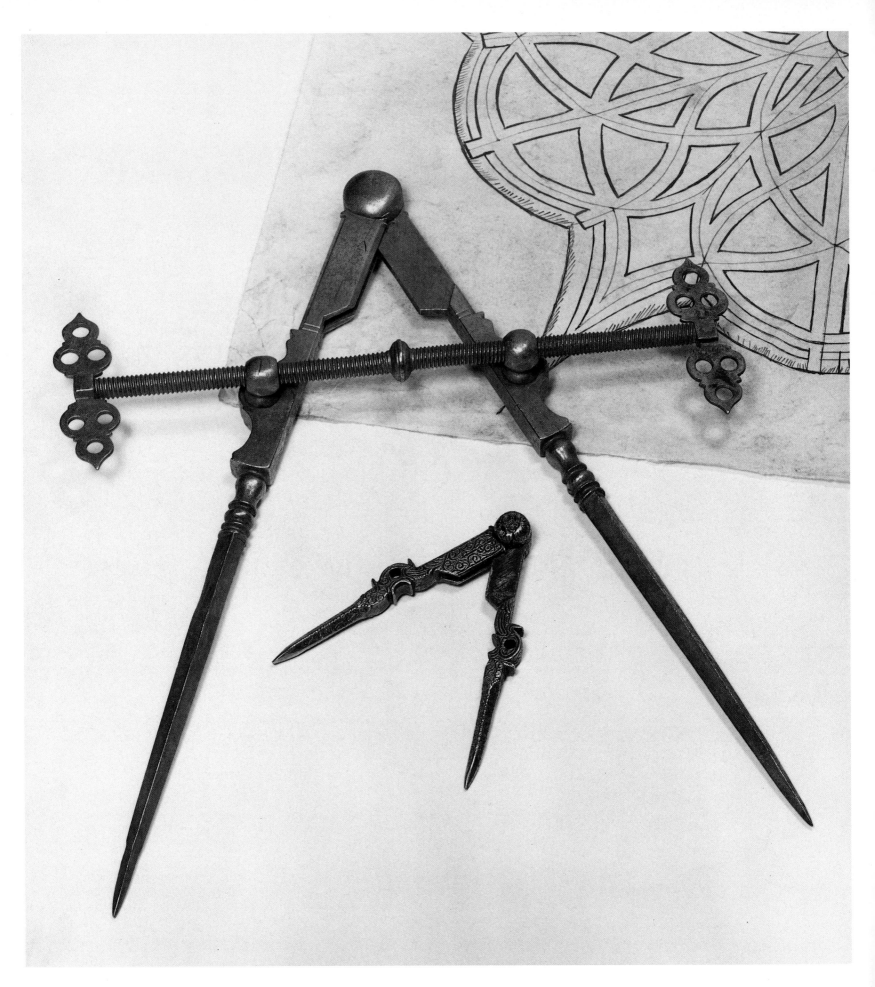

△ 30 Zirkel, Deutschland, um 1650. Eisen, geätzt, Handwerkszeug des entwerfenden Meisters. – ÖFM, Rosenau. Leihgabe der
Großloge von Österreich, Wien.

31 Allegorische Darstellung des Werkzeugarsenals eines Steinmetzen, Holzschnitt, Nürnberg 1547.

32 Winkelmaß, süddeutsch, 1561 und Maßstab, dat. 1560,
Eisen geätzt, Handwerkszeug des entwerfenden Meisters. Das
Winkelmaß ist reich verziert mit Jagdszenen, einem Zeitvertreib
der höfisch-aristokratischen Welt. Der Maßstab zeigt vier Por-
träts in reicher Tracht. Beide Geräte sind Zeichen von gesell-
schaftlichem Anspruch und der Selbstachtung der Meister. –
ÖFM, Rosenau. Leihgabe Österreichisches Museum für ange-
wandte Kunst, Wien.

Die vier gekrönten Märtyrer, Quatuor Coronati, deren Erinnerungstag in der katholischen Kirche am 8. November gefeiert wird, sind die traditionellen Schutzheiligen der deutschen Steinmetzen.

33   Siegel der Bauhütte St. Stephan in Wien, 1651, mit dem Wappen des Hüttenmeisters und den Vier Gekrönten.

34   Epitaph des Baumeisters Wolfgang Tenk, 1514, mit Wappen der Wiener Bauhütte St. Stephan und den Vier Gekrönten mit Handwerkszeichen. – Stadtpfarrkirche Steyr/Oberösterreich.

35 Quatuor Coronati, Nischenstatuen der Vier Gekrönten von Nanni d'Antonio di Banco, um 1415. Sie befinden sich an der Außenfront der alten Verkaufshallen Orsanmichele in Florenz.

36 Quatuor Coronati im Protokollbuch der Handwerkergilde Gent, 1617.

37 Die Vier Gekrönten vom Grabmal des Kölner Dombaumeisters Nikolaus von Büren, Köln 1445.

35 Quatuor Coronati, Nischenstatuen der Vier Gekrönten von Nanni d'Antonio di Banco, um 1415. Sie befinden sich an der Außenfront der alten Verkaufshallen Orsanmichele in Florenz.

36 Quatuor Coronati im Protokollbuch der Handwerkergilde Gent, 1617.

Sir Christopher Wren, englischer Architekt (1632–1723), der Erbauer der St. Pauls-Kathedrale, soll Großmeister der Freimaurer gewesen sein. Seine Zugehörigkeit zum Bruderbund konnte bisher jedoch nicht mit Sicherheit festgestellt werden.

40 Übergabe der Konstitutionen, Kupferstich, 1723. Titelbild des Andersonschen Konstitutionenbuches. Großmeister Herzog von Montagu, am Hosenband erkenntlich, übergibt seinem Nachfolger, Herzog von Wharton, die noch nicht gedruckten Konstitutionen.

38/39 Medaille zum Andenken an Sir Christopher Wren, Augsburg, 18. Jh. – Im Besitz von G. D. Gaab, Augsburg.
38 Auf der Vorderseite das Profil des 91jährigen.
39 Auf der Rückseite die Fassade der von ihm erbauten St. Pauls-Kathedrale, London.

41 »Die Nacht«, Kupferstich von William Hogarth, 1738.
Die englischen Freimaurer des 18. Jh.s hatten meist keine
eigenen Logenhäuser oder Versammlungsstätten, sondern
hielten ihre Sitzungen in öffentlichen Gaststätten ab. Der
Freimaurer Hogarth geißelt auf diesem Blatt die Trinksitten der damaligen Zeit. Der Meister ist noch vollständig
freimaurerisch gekleidet, lediglich den Degen hat ihm ein
Logendiener abgenommen.

42 Wappen der Großloge von England, Anfang 19. Jh. –
Im Besitz des Londoner Freimaurermuseums.

43 John Locke (1632–1704), Schabkunstblatt von Smith
nach Keller, 18. Jh. (?) Die berühmten Briefe über Toleranz
des englischen Philosophen – der Grundgedanke ist Duldung jeder religiösen Ansicht und Gemeinschaft – haben
die Abfassung der freimaurerischen Konstitutionen durch
den Presbyterianer Anderson entscheidend beeinflußt.

41 »Die Nacht«, Kupferstich von William Hogarth, 1738.
Die englischen Freimaurer des 18. Jh.s hatten meist keine
eigenen Logenhäuser oder Versammlungsstätten, sondern
hielten ihre Sitzungen in öffentlichen Gaststätten ab. Der
Freimaurer Hogarth geißelt auf diesem Blatt die Trinksitten der damaligen Zeit. Der Meister ist noch vollständig
freimaurerisch gekleidet, lediglich den Degen hat ihm ein
Logendiener abgenommen.

43 John Locke (1632–1704), Schabkunstblatt von Smith
nach Keller, 18. Jh. (?) Die berühmten Briefe über Toleranz
des englischen Philosophen – der Grundgedanke ist Duldung jeder religiösen Ansicht und Gemeinschaft – haben
die Abfassung der freimaurerischen Konstitutionen durch
den Presbyterianer Anderson entscheidend beeinflußt.

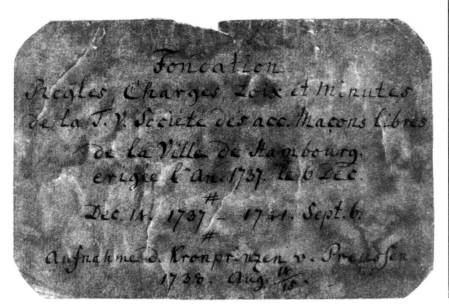

44 *Protokollbuch der Hamburger Loge »Absalom«, Anfang 18. Jh. Es ist das älteste freimaurerische Dokument in Deutschland und trägt den Vermerk der Aufnahme des Kronprinzen Friedrich II. von Preußen. – Im Besitz der Loge »Absalom zu den drei Nesseln«, Hamburg.*

45 *Verteidigungsrede des Freimaurerordens, verfaßt von einem unbekannten Freimaurer, erschienen in Den Haag 1745. – FM, Bayreuth.*

46 *Das Hamburger Logenhaus, um 1800. Zeichnung von H. Haase, Hamburg.*

gegenüberliegende Seite:

47 *Bijou des Royal-Arch-Grades, bemaltes Porzellan, England, Ende 18. Jh. Der Royal-Arch-Grad gehört zu den frühesten Hochgraden, deren Symbolik an die Tradition des Salomonischen Tempels anknüpft. In den vierziger Jahren des 18. Jahrhunderts taucht er in England und Irland auf. – ÖFM, Rosenau. Leihgabe der Großloge von Österreich, Wien.*

49   Jean Le Rond d'Alembert (1717–1783), Kupferstich von Henriquez nach einem Gemälde von Jollain. Der französische Enzyklopädist und Mathematiker war Mitglied der Pariser Loge »Neuf sœurs«. In seiner Vorrede zur Enzyklopädie verkündete er das Jahrhundert der Wissenschaft, welches das Zeitalter der Theologie und der Philosophie ablösen würde. ▽

50   Denis Diderot (1713–1784), Stich, 18. Jh. Einer der einflußreichsten Schriftsteller der französischen Aufklärung wurde durch die Royal Society zur Abfassung der großen französischen Enzyklopädie angeregt und fand dabei die rege Unterstützung freimaurerischer Kreise. ▷

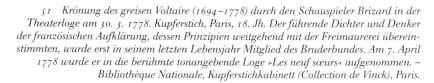

51   Krönung des greisen Voltaire (1694–1778) durch den Schauspieler Brizard in der Theaterloge am 30. 3. 1778. Kupferstich, Paris, 18. Jh. Der führende Dichter und Denker der französischen Aufklärung, dessen Prinzipien weitgehend mit der Freimaurerei übereinstimmten, wurde erst in seinem letzten Lebensjahr Mitglied des Bruderbundes. Am 7. April 1778 wurde er in die berühmte tonangebende Loge »Les neuf sœurs« aufgenommen. – Bibliothèque Nationale, Kupferstichkabinett (Collection de Vinck), Paris.

52 *Französischer Salon des ausge-*
henden Rokoko. Holzstich nach der
Zeichnung von Philippoteaux, Paris
um 1780. Lesung von »Paul et Virgi-
nie« in einer Gesellschaft des Finanz-
ministers Necker. Die Salons waren
Treffpunkt der geistigen Größen dieser
Zeit, der Denker, Philosophen und der
Männer, die durch neues Gedanken-
gut die Französische Revolution vor-
bereiten halfen. Viele von ihnen waren
Freimaurer.

53 *Gotthold Ephraim Lessing (1729–1781), Gemälde von O. May. Als Dichter, Philosoph und Freimaurer war er der erste Repräsentant der Aufklärung in Deutschland und Verkünder des humanitären Toleranzgedankens.*

54 *Illustration zum letzten Auftritt des »Nathan«, Kupferstich von Weinrauch, Berlin 1793. Mit seiner berühmten »Ringparabel«, in der »Nathan der Weise« die Toleranz in Glaubensdingen verficht, hat Lessing wohl das vornehmste Bekenntnis zur Freimaurerei in deutscher Sprache abgelegt. – Im Besitz der Herzog-August-Bibliothek, Wolfenbüttel.*

55 *Immanuel Kant (1724–1804). Kant als Spaziergänger, Zeichnung in Schattenrißmanier von Puttrich, um 1798. Der Philosoph aus Königsberg forderte, den Menschen der feudal-absolutistischen Gesellschaftsordnung aus seiner Unmündigkeit herauszuführen. Sein Aufruf »Habe Mut, dich deines Verstandes zu bedienen!« wurde zum Wahlspruch der Aufklärung.*

56 *Titelblatt zu »Erläuterung der Freymaurerey«, deutsche Ausgabe 1776, von William Preston (1742–1818). Der aus Edinburgh gebürtige Londoner Buchdrucker verfaßte vor seinem oben genannten Hauptwerk »Illustrations of Masonry« (1772) die berühmten »Lectures«, in denen er die Lehre der Freimaurerei erklärte und vertiefte. – FM, Bayreuth.*

Façade du Chateau, du Pavillon et de la
Maison des Cavalliers en
tirée auprès de la Grotte,
Perspective, du Côté du Lac,
marquée au Plan Litt E.

gegenüberliegende Seite:

57 Friedrich der Große als Kronprinz, um 1740, Kopie nach einem Gemälde von Antoine Pesne. Im Alter von 26 Jahren trat Friedrich II. dem Freimaurerbund bei. – Privatbesitz.

58 Schloß Rheinsberg, Gravure von J. C. Krüger, 18. Jh. Hier verlebte Friedrich vor seinem Regierungsantritt 1740 die glücklichste Zeit seines Daseins im Kreise gleichgesinnter Künstler, Philosophen und Freimaurer. – Kunstbibliothek, Westberlin.

59 Aufnahme des Markgrafen Friedrich von Brandenburg-Bayreuth in den Freimaurerbund, 1740. Illustration nach einer Zeichnung von G. Hoffmann, 1740, und einem anonymen Ölgemälde im Besitz der Bayreuther Loge »Eleusis zur Verschwiegenheit«. – FM, Bayreuth.

60 Scharlatane und Geisterbeschwörer, 1773. Zeichnung von W. Friedrich, 19. Jh. Nach dem Vorbild des Abenteurers und Geheimwissenschaftlers Cagliostro hielt der ehemalige Kaffeehausbesitzer Johann Georg Schrepfer (1739–1774) spiritistische Seancen ab, wobei er sich einer Laterna magica bediente. Er endete in einem exaltierten Selbstmord.

61 Ferdinand von Braunschweig-Wolfenbüttel (1721–1792), Held des Siebenjährigen Krieges unter dem Oberbefehl seines Schwagers Friedrich dem Großen. Gemälde von Johann Georg Ziesenis, 18. Jh. Er war ein Grandseigneur, aber auch ein Schwarmgeist mit einer kritiklosen Schwäche für Aberglauben, Mystik und Magie.

Auch das schöne Geschlecht hat, vor allem im ausgehenden 18. Jahrhundert, versucht, sich dem Freimaurerbund anzuschließen. Neben der modischen Verirrung des sogenannten Mopsordens, zu dem Männer und Frauen Zutritt hatten, bildeten sich bald Adoptionslogen, die weibliche Variante einer regulären Freimaurerloge, in der besonders die Damen der französischen Hofgesellschaft brillierten.

62/63   Siegel des Mopsordens, 10. Januar 1745. –
FM, Bayreuth.

64   Porzellanskulptur eines Freimaurermeisters, Meißen nach 1745. Der Mops zwischen seinen Füßen spielt auf die vorübergehende Modeerscheinung des Mopsordens an, der hauptsächlich an den kleineren deutschen Höfen Verbreitung fand. Dem Orden, dessen Ritual oberflächliche freimaurerische Anklänge hatte, gehörten meist Frauen und Töchter von Freimaurern an. – ÖFM, Rosenau.

65 Darstellung der Aufnahme einer Dame in eine Adoptionsloge, Kupferstich, Frankreich, 18. Jh.

66 Dame mit zwei Möpsen, Meißener Porzellanskulptur, um 1745. – Kunstgewerbemuseum Köln.

67 Aufnahme einer Dame in den Mopsorden, Kupferstich, um 1745. Gezeigt wird die Aufnahme einer »Möpsin«. Die Kandidatin trägt eine Augenbinde, ihre Hände sind durch eine Kette gebunden. Man reicht ihr einen Mops aus Stoff zum Kuß. Im 18. Jahrhundert war der Mops der beliebteste Schoßhund.

68 *Franz Stephan von Lothringen (1708–1765), Gemälde aus dem Umkreis Martin Meytens, 18. Jh. Der Gatte Maria Theresias trat schon im Alter von 23 Jahren in Den Haag 1731 dem Freimaurerbund bei. Zeitlebens war er bemüht, ihn vor Eingriffen Maria Theresias zu bewahren, die der Bruderschaft aus staatspolitischen Gründen keine Sympathie entgegenbrachte. – ÖFM, Rosenau. Leihgabe der Großloge von Österreich, Wien.*

69 *Joseph von Sonnenfels (1732–1817), Stich von F. Meßner, um 1770. Der Sohn eines Rabbis aus Nikolsburg wurde Professor der politischen Wissenschaften in Wien und 1794 Rektor der dortigen Universität. Ihm ist es zu verdanken, daß Maria Theresia 1776 die Tortur abschaffte. Als Humanist und Freimaurer machte er seine Studenten mit den Ideen der Toleranz und des Kosmopolitismus vertraut. – ÖFM, Rosenau.*

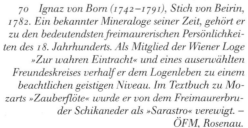

70 *Ignaz von Born (1742–1791), Stich von Beirin, 1782. Ein bekannter Mineraloge seiner Zeit, gehört er zu den bedeutendsten freimaurerischen Persönlichkeiten des 18. Jahrhunderts. Als Mitglied der Wiener Loge »Zur wahren Eintracht« und eines auserwählten Freundeskreises verhalf er dem Logenleben zu einem beachtlichen geistigen Niveau. Im Textbuch zu Mozarts »Zauberflöte« wurde er von dem Freimaurerbruder Schikaneder als »Sarastro« verewigt. – ÖFM, Rosenau.*

72 *Guckkasten mit der Darstellung einer Freimaurerloge, drei hintereinander angeordnete kolorierte Kupferstiche von Martin Engelbrecht, um 1750. Im Vordergrund sind Freimaurer mit Schurz um den Erdball versammelt – eine Symbolisierung der Arbeit zum Wohle der Menschheit. Im Hintergrund sitzt der Meister vom Stuhl, vor sich die aufgeschlagene Bibel. – ÖFM, Rosenau.*

73 *Joseph Haydn (1732–1809), Punktierstich von Th. Hardy, um 1780. Der Komponist gehörte wie von Born der Loge »Zur wahren Eintracht« an, in die er am 11. Februar 1785 aufgenommen wurde. Mozart war bei seiner Initiation zugegen. Durch die Logenzugehörigkeit der beiden Männer vertiefte sich auch ihre Freundschaft.* ▷

74 *»Die Maurerfreude«, Informationsblatt der Firma Artaria, 1785. Die von Mozart komponierte Kantate wurde am 24. April 1785 zu Ehren Ignaz von Borns zum ersten Mal gesungen. – ÖFM, Rosenau.* ▷ ▷

75 *Die Familie Mozart, konzertierend. Stich nach dem Gemälde von Nepomuk de la Croce, um 1780. Wolfgang Amadeus Mozart, der mit seiner »Zauberflöte« der Freimaurerei wohl das schönste Denkmal gesetzt hat, wurde am 7. Januar 1785 in die Wiener Loge »Zur Wohltätigkeit« aufgenommen. Auf Veranlassung des Sohnes trat auch sein Vater, Leopold Mozart, dem Freimaurerbund bei.* ▷

76 Joseph II. (1741–1790), römisch-deutscher Kaiser, Stich von Mansfeld, 1765. Obwohl er selbst dem Freimaurerbund nicht angehörte, waren seine staatsreformerischen Maßnahmen, sein ganzes Denken und Handeln, vom aufklärerischen Geist des Freimaurertums geprägt. – Österreichische Nationalbibliothek, Wien.

77 Epitaph auf den Tod Josephs II., 1790. Faksimile, gedruckt von Löschenkohl, Wien 1790. Auf der mit seinem Bildnis gekrönten Pyramide sind die Verdienste und Errungenschaften unter seiner Regierung verzeichnet. – ÖFM, Rosenau.

78 Triumph des josephinischen Reformwerks, Stich,
Österreich, 1781, eine Glorifizierung der liberalen Ideen
und kirchenpolitischen Maßnahmen Josephs II. – Historisches Museum der Stadt Wien.

79 Angelo Soliman (gest. 1796), Porträtstich, um 1760.
Soliman, ein abessinischer Neger, war Leibmohr des Für-
sten Lobkowitz in Wien, später des Fürsten Liechtenstein.
Er war hochgebildet und wurde durch seine Heirat mit
einer Frau von Christiani, deren Tochter Hofrat von
Feuchtersleben heiratete, Großvater des Dichters Ernst
Freiherr von Feuchtersleben. Als Mitglied der Wiener Loge
»Zur wahren Eintracht« hat er dieser den Freiherrn von
Born zugeführt. – Österreichische Nationalbibliothek,
Wien.

80 Der Schwur im Ballhaus, 20. Juni 1789. Federzeichnung von Jacques Louis David, 1791. Das Bild zeigt den
Schwur der Deputierten des dritten Standes, nicht eher
auseinanderzugehen, bis Frankreich eine Verfassung habe.
– Musée National de Versailles. Leihgabe des Musée National du Louvre, Paris.

Die Ideale und liberalen Ideen der Französischen Revolution, deren Devise »Freiheit, Gleichheit, Brüderlichkeit« in
einer Freimaurerloge geprägt wurde, fanden in der praktischen Politik nicht immer ihre würdigsten Vertreter. Auch
unter den Politikern, die den humanitären Zielen der Freimaurerei entsprechen wollten, verkehrten sich die besten
Absichten oftmals in ihr genaues Gegenteil.

81 Jean Paul Marat (1744–1793), Holzstich nach E. Viol-
lat, 19. Jh. Ursprünglich Sprachlehrer im Ausland, dann
Arzt, war der Freimaurer Marat einer der radikalsten
Volksführer der Französischen Revolution. Seine Person
stellt den humanitären Zielen des Bruderbundes jedoch
kein gutes Zeugnis aus. Marat wurde von Charlotte de
Corday im Bade ermordet. ▷

82 Georges Danton (1759–1794), nach einem Gemälde
von Constance Charpentier, 18. Jh. Auch der Gründer des
Revolutionstribunals, Justizminister und Mitglied des
Wohlfahrtsausschusses, geriet als Freimaurer ins Zwielicht.
Er starb auf dem Schafott. ▷ ▷

83 Marie-Joseph, Marquis de Lafayette (1757–1834), Kupferstich von Bollinger, 18. Jh. Der bekannte General und Freiheitsheld wurde in den siebziger Jahren in eine amerikanische Militärloge von Washington persönlich aufgenommen. In Frankreich war er Mitglied der Loge »Contrat social«. ▽

84 Friedrich Wilhelm von Steuben (1730–1794), preußischer Offizier im Siebenjährigen Krieg, später Generalinspektor der amerikanischen Revolutionsarmee, Mitglied der Trinity Lodge Nr. 12 in New York. Zeitgenössischer Stich. ▽

85 George Washington (1732–1799) mit seiner Familie in Mount Vernon. Stich nach dem Gemälde von A. Chappel, 18./19. Jh. Der erste Präsident der USA wurde schon 1752 Mitglied der Fredericksburg Lodge Nr. 1 in Virginien. Die Grundsteinlegung des Kapitols in Washington nahm er in freimaurerischer Bekleidung vor.

Zahlreiche Militärs des 18. und beginnenden 19. Jahrhunderts gehörten dem Freimaurerbund an. Sie alle mögen den Widerspruch zwischen Ideal und Realität, zwischen humanitärer Verbesserung der menschlichen Gesellschaft und den anti-humanitären Pflichten des Kriegshandwerks schmerzlich empfunden haben.

86a, b Franklin und Washington in freimaurerischer Bekleidung. Porzellanfiguren, 18. Jh. (?). – Im Besitz der Loge »Zur Kette«, München.

88 *Michel Ney (1769–1815), Lithographie von Nicolas Eustache Maurin nach Delpeche, 1825. Der berühmteste napoleonische Marschall deutscher Herkunft war Freimaurer und wurde am 7. Dezember 1815 zu Paris erschossen. Hartnäckig hält sich die Legende, daß er von Freimaurerbrüdern in letzter Minute gerettet wurde und in Amerika bis zu seinem Tode als Schullehrer tätig war.* ▷

90 *Die Schlacht bei Waterloo, 18. Juni 1815. Gemälde von Jan Willem Pienemann, um 1815. Die verbündeten preußischen und englischen Truppen besiegen Napoleon I.: In der Bildmitte der britische Heerführer Herzog von Wellington. In der Schlacht waren sich vier bedeutende Heerführer und Freimaurer gegenübergestanden: Ney und Grouchy auf französischer, Wellington und Blücher auf alliierter Seite.*

87 *Joseph Bonaparte (1768–1844), König von Spanien. Anonymer Stahlstich, Anfang 19. Jh. Der Bruder Napoleons I. wurde 1804 Großmeister des »Großorients« von Frankreich, obwohl er vorher niemals Freimaurer gewesen war. Schon ein Jahr später wurde er von Cambacérès, Erzkanzler des 1. Kaiserreiches, abgelöst.*

89 *Emanuel Graf von Grouchy (1766–1847), Stich, Anfang 19. Jh. Durch einen falsch aufgefaßten Befehl Napoleons verursachte er indirekt die Niederlage von Waterloo. Wie die meisten napoleonischen Marschälle war auch Grouchy Freimaurer. – Staatsbibliothek Preußischer Kulturbesitz, Berlin.*

91 *Gerhard Johannes David von Scharnhorst (1755–1813), Gemälde von Friedrich Bury, vor 1813. Der Freimaurer Scharnhorst gehörte als Reorganisator der preußischen Armee zu den herausragenden Persönlichkeiten im Befreiungskrieg von 1813.*

92 *Gebhardt Leberecht Blücher (1742–1819), Gemälde von Richlake, um 1800. Der »Marschall Vorwärts« wurde 1782 in Stargard in die Loge »Augusta zur goldenen Krone« aufgenommen. Er hat sich zeitlebens mit Eifer freimaurerisch betätigt. Berühmt ist seine Rede nach dem Sieg an der Katzbach 1813, in der er nach der rauhen Pflicht des Kriegshandwerks dankbar die »geistige Verbundenheit mit guten und treuen Brüdern« feiert.*

Friedrich Ludwig Schröder (1744–1816), Stich, um 1800. Schröder war Theaterdirektor und Bühnendichter, einer der bedeutendsten Schauspieler seiner Zeit, der Shakespeare in den deutschen Spielplan einführte. Er reformierte das freimaurerische Ritualsystem, worüber er mit Herder in lebhaften Briefwechsel trat. Von 1814 bis 1816 war Schröder Großmeister der Großen Loge von Hamburg.

94   *Christoph Martin Wieland (1733–1813), Gemälde von Carl Jäger, um 1870 – in Anlehnung an zeitgenössische Bildnisse. Wieland, der der Freimaurerei jahrzehntelang skeptisch gegenübergestanden hatte, trat erst im hohen Alter, wohl unter dem Einfluß Goethes, im Jahre 1809 der Loge »Amalia« bei.*

95 △

96 ▽

Die Revolution von 1848 war eine Bewegung, die ganz Europa erfaßte. Ähnlich wie in der Aufklärung und in der Französischen Revolution bemühten sich progressive Männer um ein Aufbrechen der feudalistisch erstarrten Gesellschaftsordnung. Da Freimaurertum immer noch ein Synonym für unorthodoxe und antiautoritäre Ideen war, befanden sich viele Freimaurer unter den führenden Köpfen der Zeit.

98   Das Frankfurter Parlament, kolorierter Stich, 2. Hälfte 19. Jh. Der 1. Präsident des Frankfurter Parlaments, Heinrich von Gagern, war Freimaurer. Unter den 568 Abgeordneten gehörten viele wie Robert Blum und Fürst Lichnowski dem Bruderbund an.

99 *Camillo Benso, Graf von Cavour (1810–1861), Aufnahme um 1860. Der Einiger Italiens, Führer der gemäßigten Liberalen und heimlicher Bundesgenosse des großen Freiheitshelden Garibaldi, war wie die meisten hervorragenden Geister des Risorgimento (1848–1870) Freimaurer.*

100 *Giuseppe Garibaldi (1807–1882), Aufnahme um 1870. Der große italienische Staatsmann und Freiheitsheld wurde 1844 in die französische Loge »Les Amis de la patrie« zu Montevideo/Uruguay aufgenommen. 1867 wurde er Ehrengroßmeister des italienischen Großorients. Garibaldi war begeisterter Freimaurer und von der Überzeugung durchdrungen, daß die stetige Anwendung der heiligen Grundsätze des Bruderbundes zu einem brüderlichen Bündnis aller Nationen führen würde.*

99 △   100 ▽   101 △   102 ▽

101 *Bernard Pierre Magnan, französischer Marschall (1791–1865), Xylographie, um 1860. Magnan, der den späteren Kaiser Napoleon III. durch den Staatsstreich vom 2. Dezember 1851 in den Sattel gehoben hatte, wurde von diesem 1862 als Großmeister des »Grand Orient de France« eingesetzt, obwohl Magnan zuvor niemals Freimaurer gewesen war.*

102 *Pariser Barrikaden 1848, zeitgenössische Zeichnung aus der Zeitschrift »Humanisme«, 19. Jh. Erst die 2. französische Republik nach der Februarrevolution von 1848 stellte sich unter die Devise »Freiheit, Gleichheit, Brüderlichkeit«. An den Barrikadenkämpfen zur Durchsetzung einer republikanischen Verfassung waren viele Freimaurer beteiligt.*

103   Kaiser Wilhelm I. (1797–1888), anonymes Gemälde,
19. Jh. Prinz Wilhelm trat 1840 dem Freimaurerbund bei
und war bis zu seiner Thronbesteigung sehr aktiv für den
Bund tätig. Er bezeichnete die Logen als die wirksamsten
Pflanzstätten wahrer Gottesfurcht, christlicher Frömmigkeit, sittlicher Tugenden und echter Vaterlandsliebe. – FM,
Bayreuth.

104   Kaiser Friedrich III. (1831–1888), Gemälde von Bog-
danowitsch, Ende 19. Jh. Der spätere 99-Tage-Kaiser, an
den sich wegen seiner liberalen Gesinnung große politische
Hoffnungen knüpften, wurde durch seinen Vater, den
nachmaligen Kaiser Wilhelm, dem Freimaurerbund zugeführt. Ihm lag besonders die Einigung der humanitären
und christlichen Freimaurerei am Herzen. – FM, Bayreuth.

105   Wilhelm I. und Kronprinz Friedrich vor dem bela-
gerten Paris, 29. 1. 1871. Anonymer zeitgenössischer Stich.
Auch diese beiden Freimaurer aus dem Fürstenstand mußten der Tagespolitik ihren Tribut zollen. Die von Bismarck
angeordnete Beschießung von Paris vertrug sich schlecht
mit den menschenfreundlichen Zielsetzungen der
Maurerei.

106 △   107 ▽   108 △   109 ▽

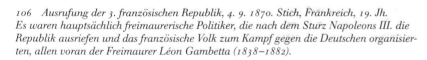

106   *Ausrufung der 3. französischen Republik, 4. 9. 1870. Stich, Frankreich, 19. Jh.*
Es waren hauptsächlich freimaurerische Politiker, die nach dem Sturz Napoleons III. die
Republik ausriefen und das französische Volk zum Kampf gegen die Deutschen organisier-
ten, allen voran der Freimaurer Léon Gambetta (1838–1882).

107   *Die Regierung der nationalen Verteidigung, 1870. Zeitgenössischer Holzstich, um*
1870. Von den elf abgebildeten Regierungsmitgliedern der 3. französischen Republik
(4. 9. 1870) waren acht Freimaurer, unter ihnen Léon Gambetta, Jules Favre und Ema-
nuel Arago (unterste Reihe von links nach rechts).

108   *Léon Gambetta verläßt Paris im Freiballon, Ausschnitt eines Gemäldes von Jacques*
Guiaud, 1870. In einer Oktobernacht des Jahres 1870 verließ Gambetta, die Seele des
patriotischen Widerstandes, das von den Deutschen belagerte Paris. Von Tours aus, dem
provisorischen Sitz der Regierung, rekrutierte er neue Armeen zur Verteidigung Frank-
reichs. – Musée Carnavalet, Paris.

109   *Gambetta-Denkmal in Paris, 19. Jh. Der leidenschaftliche Patriot, der durch seinen*
heroischen Widerstand im Krieg 1870/71 zumindest die Ehre der Nation gerettet hatte,
hielt unermüdlich den Revanche-Gedanken wach.

*110 Aus der Anti-
Freimaurer-Kam-
pagne des Léo Taxil.
Der Teufel Asmodäus
erscheint in der Arbeit
einer »gemischten
Loge«, der Männer
und Frauen angehö-
ren. Die angeblichen
Enthüllungen des Sa-
tanskultes in den
Freimaurerlogen
durch den Schwindler
Léo Taxil verzeichne-
ten zu Ausgang des
vorigen Jahrhunderts
einen sensationellen
Bucherfolg.*

*111 Ein weiteres
Produkt von Taxils
Fabulierlust war die
»Großmeisterin«
Sophie Walder, die
Urgroßmutter des
Antichrist.*

110 △

111 ▽

112 △

113 ▽

112 Aufnahme in die Loge »Die Sektierer des Zoroaster«.
Selbst hochgebildete Menschen der Zeit wie Papst Leo XIII.
glaubten an Taxils haarsträubende Schauergeschichten.

114 Alfred Dreyfus (1859–1935), Zeichnung von Maurice
Feuillet, 1899. Der infolge antisemitischer Intrigen wegen
angeblichen Landesverrats verurteilte jüdische Hauptmann
Dreyfus wurde 1906 endgültig rehabilitiert, wofür sich die
französische Freimaurerei tatkräftig eingesetzt hatte.

113 Papst Leo XIII. (1810–1903), nach seiner Krönung
1878. Zeitgenössische Zeichnung. Der Papst empfing Taxil
nicht nur in Audienz, sondern übermittelte für dessen erfundene Teufelstochter, Miss Vaughan, sogar den apostolischen Segen. Um so peinlicher war es dann für die Kirche,
als Taxil am Ostermontag 1897 eingestand, alle seine
»Enthüllungen« frei erfunden zu haben.

115 Spottblatt auf die französische Freimaurerei und ihre Hochgrade als Kartenspiel, um 1900.

116 Erich Ludendorff (1865–1937), Foto, um 1930. Der ruhmreiche General des 1. Weltkrieges hatte sich unter dem Einfluß seiner zweiten Gattin, Mathilde, zu einem pathologischen Juden- und Freimaurerhasser entwickelt. Sein Hetzblatt »Ludendorffs Volkswarte« sprach in den zwanziger Jahren den weit gefächerten Leserkreis der sogenannten »Völkischen« an und leistete der Nazibewegung indirekt Vorschub.

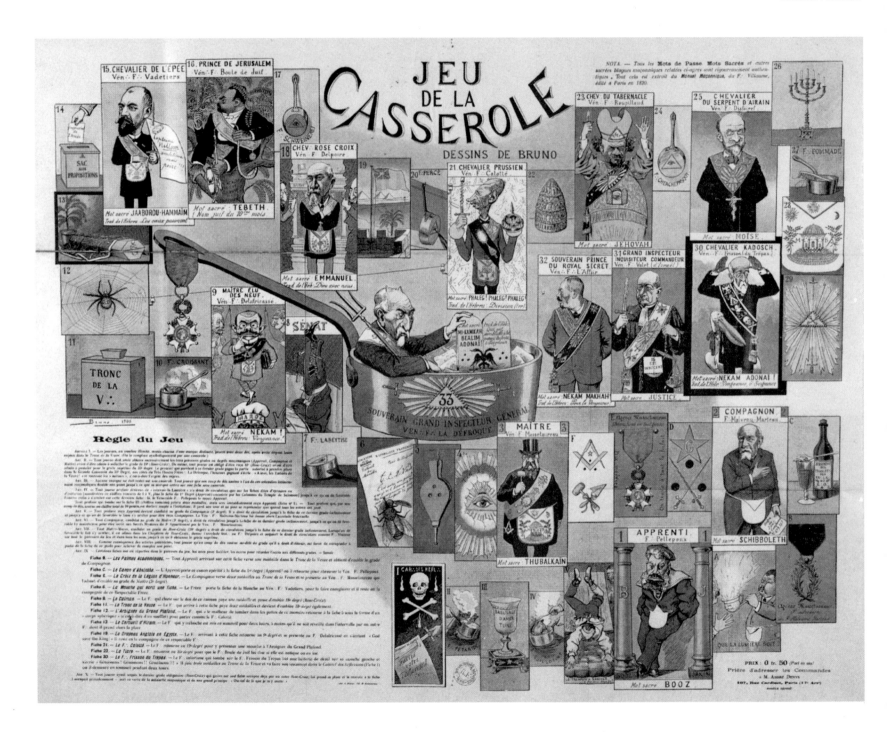

117 Walter Rathenau (1867–1922), zeitgenössische Fotografie. Als Wirtschaftspolitiker organisierte er im 1. Weltkrieg die Rohstoffversorgung, später wurde er Präsident der
AEG. Als Reichsaußenminister schloß er 1922 mit den So-
wjetrussen den Rapallovertrag ab und galt als Hauptvertreter der Erfüllungspolitik gegenüber den siegreichen
Alliierten. Dies und sein Judentum schufen dem Freimaurer Rathenau viele Gegner. Am 24. Juni 1922 wurde er von
Rechtsradikalen ermordet.

118 Gustav Stresemann (1878–1929) spricht vor dem
Völkerbund. Foto, 1929. Der Führer der Deutschen Volks-
partei, Reichsaußenminister und Nobel-Friedenspreisträger
war seit 1923 Mitglied der Loge »Friedrich der Große« in
Berlin. Er setzte die Aufnahme des Deutschen Reiches in
den Völkerbund durch und schloß sich in seiner berühmten
Rede vom 9. September 1929 in Genf dem Europa-Gedan-
ken seines französischen Amtskollegen Briand an. Die
Durchführung seiner Politik war wesentlich von freimaurerischem Gedankengut bestimmt.

120 Die Verpflichtung der Großbeamten der gerade gegründeten Vereinigten Großloge von Deutschland in der
Frankfurter Paulskirche am 19. Juni 1949.

119 Theodor Vogel, der Einiger der deutschen Freimaurer, Großmeister der Vereinigten Großloge von Deutschland 1949 bis 1958. Foto, 1958.

121 Die Großmeister verlassen »nach der Arbeit« unter
Vorantritt des Großzeremoniars den Festkonvent. Im Mit-
telgang zu zweit, rechts der neugewählte Großmeister,
Richard Müller-Börner, neben ihm sein Stellvertreter, Willi
Schulz, dahinter die beiden Altgroßmeister, links Theodor
Vogel, rechts Friedrich A. Pinkerneil.

122 Der Festkonvent der Vereinigten Großlogen von
Deutschland im Jahre 1961 unter der Leitung von Großmeister Friedrich A. Pinkerneil. Unmittelbar hinter ihm im
kleinen Halbkreis die als Gäste erschienenen Großmeister
ausländischer Großlogen.

123 Symbolische Todesmahnung. Totenkopf und Stundenglas symbolisieren die Vergänglichkeit. Die Umschrift lautet: »Lebe eingedenk des Todes – die Stunde flieht.«

124 Kubus, über einer Landschaft schwebend. Der Kubus als Sinnbild der Beständigkeit. Die Umschrift lautet: »Wohin ich auch falle.« Gemeint ist: Es ist gleichgültig, wohin ich falle, ich bleibe immer ein und derselbe.

125 Zwei Arbeitstafeln aus den Jahren 1776 und 1800. Darstellung der verschiedensten freimaurerischen Symbole. Bemerkenswert ist unter der linken Unterschrift »Sieh, höre, schweige« die freimaurerische Jahreszahl 5776. – FM, Bayreuth.

Zum Teil entstammt die Formensprache der freimaurerischen Symbole den mittelalterlichen Bauhütten; alttesta-
mentarische Ursprünge und allgemeine Zahlensymbolik
sind ebenso deutlich erkennbar. Die Symbolik des Freimaurers gliedert sich in Worte, Bilder und Handlungen.

126 Salomon empfängt das Tempelmodell, handkolorier-
ter Kupferstich der Scheuchzer-Bibel, gedruckt bei Wagner,
Augsburg/Ulm 1731. Illustrationen zum Salomonischen
Tempelbau gehörten zu den beliebtesten freimaurerischen
Sujets des 18. Jahrhunderts. Unter und über dem Bild
Zirkel, Maßstäbe und Baupläne.

127 König Salomon läßt sich den Bauplan erklären,
Kupferstich von A. Reinhardt Sohn, 18. Jh. (?)

131 »Die drei Philosophen«, Gemälde, Giorgione (1475/
78–1510) zugeschrieben, ohne Datierung. Die drei Männer
stellen die verschiedenen Lebensalter dar. Der Sitzende
hält Winkelmaß und Zirkel, er ist der Ausführende des
symbolischen Gedankenbaus; der Mann in der Mitte ist der
Initiator, der Greis hält den Bauplan. Die dunkle Grotte
weist auf eine Einweihung hin. – Kunsthistorisches Museum, Wien.

132 »Tempel Salomonis«, anonymes Gemälde, Mitte 18.
Jh. Die freimaurerische Tradition betrachtet den Salomo-
nischen Tempel als Ausgangspunkt der Freimaurerei. Der
Tempel ist ein Symbol des Universums, des Makro- und
Mikrokosmos. Alter Bauhüttentradition gemäß wurden die

Einzelheiten seiner Architektur überliefert. Die Darstellung
entspricht etwa dem Grundriß, den Johann Bernhard
Fischer von Erlach in seinen »Entwurf einer historischen
Architektur« 1721 aufgenommen hatte. – ÖFM, Rosenau.
Leihgabe der Großloge von Österreich, Wien.

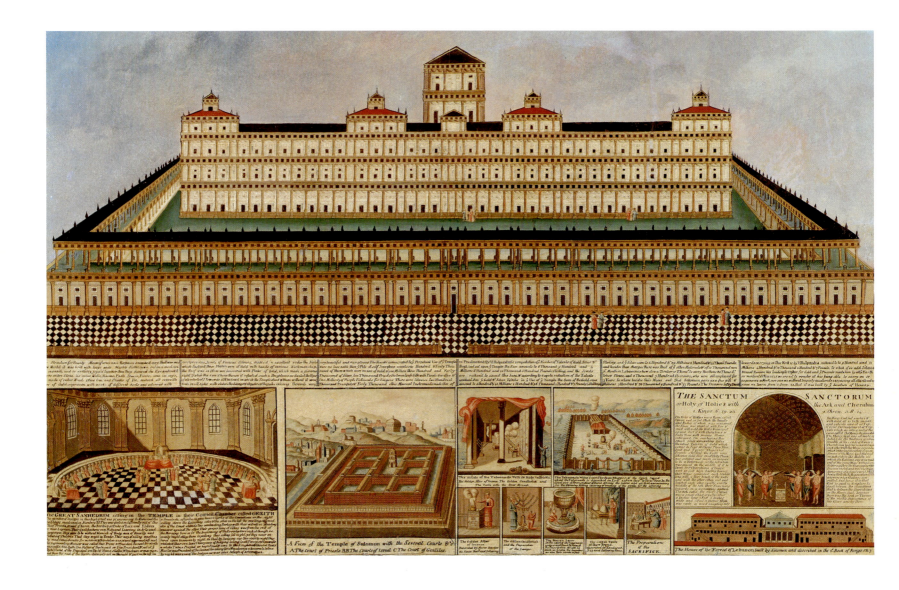

135 Bühnenbildentwurf für die Münchner Aufführung der »Zauberflöte« am 27. 11. 1818 von Simon Quaglio, 1818. Er zeigt Tierkreiszeichen auf blauem Sternenband, das den Himmel darstellt.

136 »Die Königin der Nacht«, Bühnenbildentwurf zur »Zauberflöte«, Aquatinta von Thiele nach dem Entwurf von Schinkel für die Aufführung in Berlin 1816.

137/138 Bühnenbildentwürfe für die Oper »Die Zauberflöte« von Wolfgang Amadeus Mozart.

137 Dekoration zum 2. Akt, 7. Szene, kolorierte Aquatinta von Thiele nach dem Entwurf von Schinkel für die
Aufführung in Berlin 1816.

139 Titelblatt einer alten freimaurerischen Schrift, Kupferstich, um 1750. Eine Komposition mit freimaurerischen,
christlichen, jüdischen und ägyptischen Symbolen.

138 »Der Palmenhain«, Entwurf von Simon Quaglio für
die Münchner Aufführung 1818.

137 △   138 ▽   139 △   140 ▽

142

142 Seidentuch, England, um 1850. Auf dem Tuch findet sich eine Fülle freimaurerischer Symbole; in der Mitte ein Freimaurertempel. Besonders hervorstechend ist die Darstellung des musivischen Pflasters. – Privatbesitz

143 Symbole des Schottischen Ritus, Aquarell von Clostermans, Paris 1812. Der Schädel des letzten Großmeisters der Templer, Jacques de Molay, liegt zwischen jenem von Papst Clemens V. und von König Philipp dem Schönen. Über dem brennenden Scheiterhaufen der Flammende Stern mit dem G.

»Der Garten der drei Lichter« von Peter Proksch
(geb. 1935), Mischtechnik, 1975. – Privatbesitz.

145 Motive der Mythologie, der Initiation und der Frei-
maurerei stellen in diesem Bild von Peter Proksch die
Frage nach der rätselhaften Verstrickung des menschlichen
Daseins. Mischtechnik, nach 1980. – Privatbesitz.

In der vielschichtig interpretierbaren Symbolik des dem Phantastischen Realismus zugeordneten Wiener Malers Peter Proksch scheinen immer wieder freimaurerische Motive auf – wie Winkel, Zirkel, Bibel, Pentagramm, Sonne, Mond usw.
Der Künstler selbst begnügt sich mit dem Hinweis auf eine zeitlose optische Mitteilung, die dem Betrachter die Bilder in das Bewußtsein transportieren soll.

146 »Pentagramm« von Peter Proksch, Mischtechnik, 1982. – Privatbesitz.

147 »Initiation«, Mischtechnik, 1977. – Privatbesitz.

148 »Das Grab des Osiris«, Mischtechnik, 1981. – Privatbesitz.

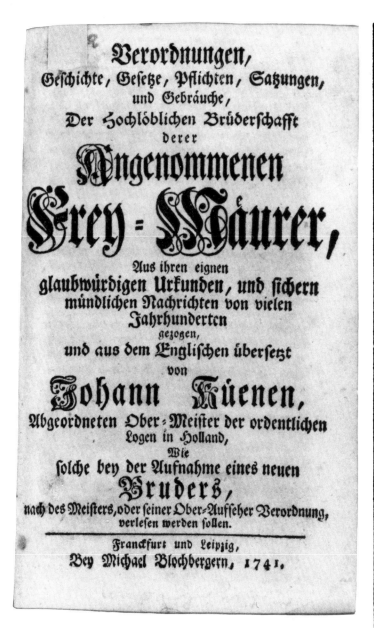

149 Einführung in die Regularien der Freimaurerei, Buchtitelblatt, 1741.

*150 Freimaurerische Unterrichtung, Frontispizblatt, Kupferstich, Wien
1791. Der Instruktor im Vordergrund erklärt den versammelten Brüdern
die Symbole auf der Arbeitstafel; links oben befindet sich das Dreieck mit
dem Auge Gottes. Das Zentrum des Spiegels reflektiert den Lichtschein
mit der Inschrift »Das Licht scheint in der Finsternis, und die Finsternis
hat es nicht begriffen.«*

151 *Französischer Freimaurerpaß, Paris 1833. Er bestä-*
tigt für den Inhaber den 3. Grad und verbindet die Bitte an
alle Logen, dem Bruder Schutz und Hilfe zu gewähren. –
Archiv der »Congrégation de la Mission«, Paris.

152 Mitgliederliste der Loge »Zur Behutsamkeit« zu München, 1780. Bemerkenswert ist hier auch wieder wie bei vielen freimaurerischen Schriftstücken der Zeit die Jahresangabe 5780, also 1780 plus 4000. – FM, Bayreuth.

153 Freimaurermeister, Figur der Königlichen Porzellan-Manufaktur, Berlin, um 1840–1870. Die Kelle, die der Meister in der linken Hand hielt, ist abgebrochen. – FM, Bayreuth.

Liste der sämentlichen Mitglieder von der gerechten
und vollkomnen vereinigten ☐ zur Behutsamkeit zu München.
verfaßt den 26: Jan. 5780.

№	Namen, u. Civil-Caractére der Brüder.	Gr.	O: u. ☐ Amt.
1.	Joh. Theodor Heinr. Graf Topor-Morawitzkij, Kammerherr, würkl. geh. R. u. Ober-Landesregg: Präsid.	4.	Schott: Obermstr.
2.	Joh. Maximilian Graf von Preising, Kammerh. würkl. geh. R. und Hofrath Vice-Präsid.	—	Deput. Schott: Obmstr. u. ☐ Allmosenpfleger.
3.	Joh. Casp. Aloijs Graf Basselet von la Rosée, Kammerh. Hofrath, und Assess: beÿ Bücher Censur Collt:	—	Meister vom Stuhl.
4.	Jos. Aloijs von Hofstetten, Hof- u. Kammer-R. dan General-Strassen u. Wasserbauts-Director.	—	Schott: Kanzler, u. 1: Vorsteher der ☐
5.	Joh. Nepomuck Freyherr von Rumel zu Waldau, Kammerh. und Hofrath.	—	2: Vorsteher der ☐
6.	Joseph Ernst von Gilowskij, Salzburg: Hofrath.	—	„
7.	Ferdinand Ktoph. Erbtruchseß Graf u. v. zu Zeill, Reichsfürst: u. Bischof zu Chiemsee, Dom: zu Salzb. x.	—	„
8.	Adrian von Riedl, Hofkammer-R. u. Ingen: Hauptm:	—	„
9.	Joseph Nepom. Freyherr von Widnmann, Kammerh. Ober-Landesregg: R. und Hof Oberrichter.	—	„
10.	Andreas Zaupser, Secretär beÿ dem Kriegsrath.	—	„
11.	Wilhelm Wodiczka, Hofrath, u. geh. Registrator am Departem: der ausländ. geschäften.	—	

155　Lehrlingsaufnahme in einer englischen Loge, kolorierte Lithographie, Anfang 19. Jh. Der Kandidat wird
»nackt und unbekleidet« und mit verbundenen Augen in
den Tempel geführt.

157　Meistererhebung, kolorierter Kupferstich, um 1750.
Der zu Erhebende liegt auf dem auf den Arbeitsteppich
aufgezeichneten Sarg unter einem leinenen Tuch. Die
nächsten Kandidaten liegen, ebenfalls bedeckt, links an der
Wand.

156　Lehrlingsaufnahme in einer englischen Loge, kolorierte Lithographie, Anfang 19. Jh. Der Kandidat schwört
feierlich auf die Bibel, die Geheimnisse der Maurerei niemals zu verraten.

*Erhebung in den Meistergrad, Kupferstich, 18. Jh. Der
Kandidat hat symbolisch den Tod erlitten. Jetzt richtet ihn
der Großmeister auf, indem er Fuß an Fuß und Knie an
Knie stellt. Mit dem Griff beginnt er die Umarmung, um
ihm dann das Meisterwort zu sagen.*

159/160 Zwei Logeneinladungen, Stiche, 18. Jh. Links
die Einladung der Berliner »Loge de la Concorde«, die sich
später »Zur Eintracht« nennt. Vor der Weltkugel freimaurerische Werkzeuge, rechts ein kleiner Tempel auf drei
Säulen, rechts davon ein Obelisk. – Bei der zweiten Einladung beachte man unten die beiden Bienenkörbe, ein
beliebtes freimaurerisches Symbol. Beide Einladungen sind
nach der Zeitmode in Französisch abgefaßt.

161 Beginn der Aufnahme eines Meisters, Kupferstich von
Bernigeroth, 18. Jh. Der Großmeister sitzt rechts vor dem
Tischchen unter einem Baldachin. Am Halsband trägt er
einen Winkel, seine Rechte hält den Hammer. Der weiße
Teppich ist mit den Zeichen der Tränen bedeckt. Zwischen
Ost und West sind die gezeichneten Umrisse eines Sarges
erkennbar, auf dem ein Akazienzweig liegt, auch findet
sich das verlorene Meisterwort Jehova.

162 Aufnahme in eine Loge, Kupferstich, 18. Jh. Die Degen dreier Brüder richten sich auf den Aufzunehmenden, dem die Binde von den Augen genommen wird und der nun das freimaurerische Licht erblickt. Der Großmeister erhebt sich, um den neuen Bruder zu begrüßen. Auf dem Altar ist die Bibel aufgeschlagen, das rechte Knie des neu Aufgenommenen ist entblößt.

163 Aufnahme als Meister, Kupferstich, 18. Jh. Der Großmeister nimmt gerade die Erhebung vor. Der zu Erhebende liegt auf einem schwarzen Teppich mit angewinkeltem rechten Bein, sein Gesicht ist durch ein Tuch verdeckt. Nach damaligem Brauch sind die Tränen auf dem Fußboden aufgemalt. Vor dem Altar im Hintergrund ein Zirkel, im Vordergrund rechts das Winkelmaß.

165 Freimaurermeister, Wiener Porzellan-Manufaktur, um 1755. Der Meister, der mit dem Schurz bekleidet ist und um den Hals ein Dreieck trägt, arbeitet symbolisch am Salomonischen Tempel, der durch die aneinandergefügten Steine angedeutet wird. Links befinden sich Winkel, Kelle und Senkblei. – ÖFM, Rosenau. ▷

164 Freimaurerpatent von 1779, Bestätigung der Münchner Loge »De la circonspection«, daß der Kammerherr und Gerichtsrat Graf Christian von Königsfeld als Lehrling, Geselle und Meister der Loge angehört. Man bittet alle Logen und Logenbrüder, ihm Schutz und Freundschaft zu gewähren. – FM, Bayreuth.

166 Meister vom Stuhl, Modell von Johann Joachim Kändler, Meißener Porzellanmanufaktur, 1743. Die Kelle ist hinter der Klappe des Schurzes verborgen, die linke Hand hält den Zirkel. – FM, Bayreuth; Original in der Porzellansammlung der Staatlichen Kunstsammlungen, Dresden.

167 *Aufnahme im 33. Grad, Stahlstich von Henry Winkles nach Johann Georg Beck, 1849. Der Saal ist mit den Attributen der Vergänglichkeit geschmückt. Auf einem viereckigen Sockel liegen eine geöffnete Bibel und ein Schwert. Links, im Norden des Sockels, ein stehendes Skelett, in der linken Hand die Fahne des Templerordens.*

168 *Aufnahme eines Novizen, Stahlstich von Henry Winkles nach Johann Georg Beck, 1849. Man gibt dem Novizen das Licht, indem man seine Augenbinde löst.*

169 *Meistererhebung, Stahlstich von H. Winkles nach Beck, 1849. Der zu Erhebende wird zunächst auf den symbolischen Sarg gelegt.*

gegenüberliegende Seite:
170 *König Eduard VII. von England (1841–1910) bei einer Tempelarbeit, Farblithographie, Ende 19. Jh. Als Prinz von Wales war Eduard Großmeister der Vereinigten Großloge von England. Er wurde 1868 in Stockholm durch König Karl XV. in den Bund aufgenommen. Unter seiner Großmeisterschaft nahm die englische Freimaurerei einen bedeutenden Aufschwung, die Zahl der aktiven Logen stieg von 1200 auf über 3000. Anläßlich seiner Thronbesteigung 1901 legte Eduard den Großmeisterhammer nieder.*

171 *Patent der Vereinigten Großloge von England, Stahlstich der Gebrüder Silvester & Warrington, 1831. Es bestätigt der Frankfurter Loge »Zur aufgehenden Morgenröte«, die seit 1817 der Großloge von England unterstellt war und hauptsächlich aus jüdischen Brüdern bestand, den Bruder Heymann Wolfskehl am 22. Juni 1828 aufgenommen zu haben.*

172 *Erhebung des Herzogs von Newcastle (1811–1864), Stahlstich, 1860. Der Herzog von Newcastle, Kriegsminister 1854/55, Kolonialminister 1859–1864, wurde 1860 Provinzial-Großmeister von Nottingham.*

Nicht nur in der reinen Tempelarbeit bestimmen Bräuche
und Zeremonien das Leben der Freimaurer, sondern auch
im geselligen Zusammensein.

173   Öffentliche Prozession einer Loge im 18. Jahrhundert, Stahlstich von Henry Winkles nach Johann Georg
Beck, 1849.

174   »The Free Mason's Health«, Notendruck eines »Ket-
tenlieds« mit Kupferstichillustration von G. Bickham, England, 1722.   ▷

175   Freimaurer-Liederbuch, Titelblatt, Stich von I. G.
Fridrich, Regensburg 1772. Interessant ist der völlige Ver-
zicht auf freimaurerische Embleme bei der Umrandung sowie die in der damaligen Tradition verhaftete Angabe der
Jahreszahl 5772 (1772 + 4000). – FM, Bayreuth.   ▷▷

176   »Freimäurer-Lied«, 18. Jh. – FM, Bayreuth.   ▷▽

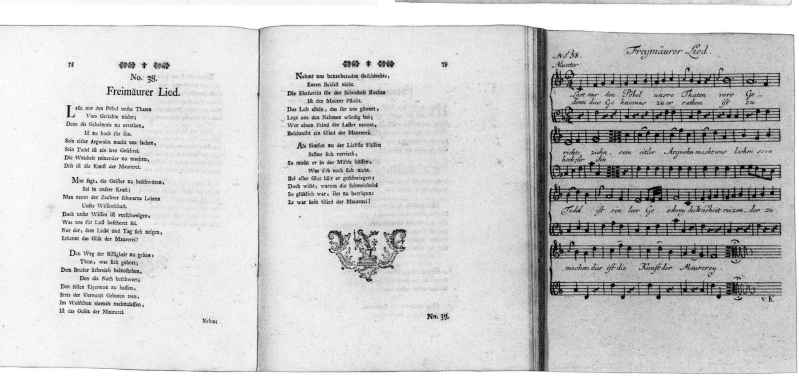

177 Freimaurerisches Mahl, Stahlstich, Paris 1843. Zu beachten ist die traditionsgemäße Hufeisenform der Tafel, in deren Mitte der Ehrwürdige Meister, hier unter einem prächtigen Baldachin, seinen Sitz hat. Der Ehrwürdige hat soeben einen Trinkspruch ausgebracht, dem sich die Brüder stehend, mit erhobenen Gläsern anschließen.

178 »Das Stahldach«, Zeichnung von P. Méjanel, Mitte 19. Jh. Die Brüder haben in zwei sich gegenüberstehenden Kolonnen Aufstellung genommen und kreuzen die Degen zu einem Dach, unter dem die zu ehrende Person, meist der Großmeister, einzieht.

179 »Trauerloge«, Illustration von Lovis Corinth, Ende 19. Jh. – Loge »Zur Kette«, München.

LOVIS CORINTH   BLATT VI: TRAUERLOGE

163

181 *Mitglieder einer Feldloge, Foto, 1916. Die Logenmit-*
glieder haben sich in Uniform vor ihrem Logenhaus ver-
sammelt. Der Herr mit Zylinder ist wahrscheinlich ein
Zivilist und als besuchender Bruder gekommen.

182 *Innenansicht einer Feldloge, Foto, 1916. Auch hier*
tritt ein Zivilist als Besucher auf. Die Version, daß alliierte
Soldaten in ihrer Eigenschaft als Freimaurerbrüder an den
Arbeiten deutscher Feldlogen als Gäste teilgenommen hät-
ten, ist in das Reich der Fabel zu verweisen.

183 Freimaurerausweis von Kurt Tucholsky (1890–1935), Paris 1926. Tucholsky, in Paris als Korrespondent tätig, war Mitglied der Pariser Loge »L'Effort«. – Kurt-Tucholsky-Stiftung, Hamburg.

184 Meisterpatent für Kurt Tucholsky, Paris 1925. Es enthält eine Bestätigung des Obersten Rates des »Grand Orient de France«, daß Kurt Tucholsky am 11. 12. 1925 in den Meistergrad erhoben wurde. – Kurt-Tucholsky-Stiftung, Hamburg.

185 Meisterpaß von Kurt Tucholsky, Paris 1925. Bemerkenswert ist die in der freimaurerischen Symbolik häufig anzutreffende Knotenschnur, rechts der Buchstabe G, der verschiedene esoterische Deutungen zuläßt, mit dem Akazienzweig. – Kurt-Tucholsky-Stiftung, Hamburg. ▽

186 Ehrendiplom, Zürich 1935. Interessant sind zwischen den beiden Säulen Jakin und Boas die sogenannten »drei Kleinen Lichter der Freimaurerei«, freimaurerische Werkzeuge und der »kubische Stein«. △

187 Deutscher Großlogentag in Dresden, Foto, 1923.
Diese Tagung stand bereits unter dem Eindruck der Zerrissenheit der deutschen Freimaurerei, da im Jahr zuvor die
drei altpreußischen Großlogen ihren Austritt aus dem 1872
gegründeten Großlogenbund erklärt hatten.

188 Schulungsbrief der Nationalsozialisten, Berlin 1939. Obwohl das nationalsozialistische Regime bis spätestens 1935 die Freimaurerei in Deutschland restlos zerschlagen hatte, wurde im Zuge der Propagierung einer rassistisch-nationalistischen Weltanschauung in schärfster demagogischer Form gegen die angebliche maurerische Weltverschwörung weiter polemisiert.

189 »Kampf der Freimaurerei«, Schulungsbrief, 1939. Von Ludendorff wurde im wesentlichen das Vokabular übernommen, samt dem pathologischen Verfolgungswahn, sich gegen die internationale Verschwörung des angeblich von Juden gekauften Freimaurertums mit aller Schärfe wehren zu müssen.

190 »Die internationalen Logenverbindungen«, Schulungsbrief, 1939. Diese Karte sollte die These der Nationalsozialisten stützen: Die Verbindungen der Großlogen Deutschlands mit den Großlogen Europas, die geographische Darstellung des freimaurerischen Kosmopolitismus, wurden als feindliche Internationale unter jüdischer Direktive gegen das Deutsche Reich interpretiert.

Die Kette der Hände. Nach Abschluß der Tempelarbeit reichen sich die Brüder untereinander die Hände, wobei sie zum Zeichen ihrer weltweiten Verbundenheit eine symbolische Kette bilden.

191/192   Tempelarbeit in einer unbekannten Loge und in einer Vorkriegsloge in Neustadt/Saale (Abb. 192).

193   Frauen in der Loge. Obwohl die Freimaurerei ein reiner Männerbund ist, sind die weiblichen Angehörigen der Brüder, Schwestern genannt, willkommene Gäste bei festlichen Veranstaltungen.

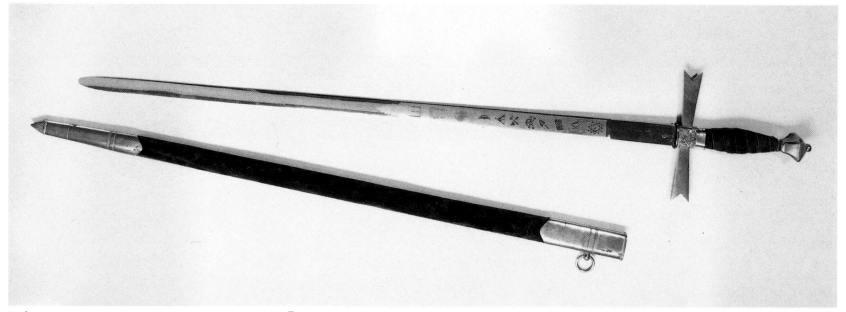

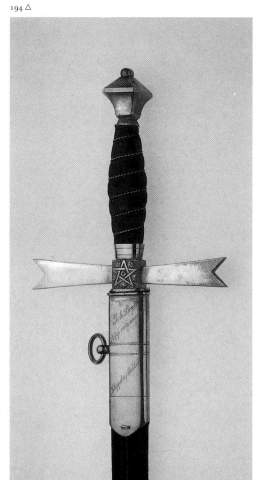

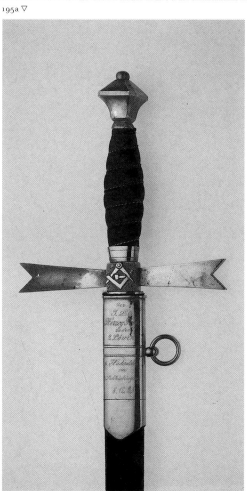

194   Logenschwert, wie es in den christlichen Logen des Freimaurerordens verwendet wird. – Stiftungsschwert im Besitz der Johannis-Loge »Up ewig ungedeelt«, Kappeln/Schlei.

195 a, b   Man beachte auf dem Schwertknauf das Pentagramm mit dem G sowie Zirkel, Winkelmaß und Hammer.

196   Freimaurerische Symbole auf der Schwertklinge.

197 Großmeister Konrad Merkel (rechts) übergibt den Hammer an seinen Nachfolger Müller–Börner (2. von links) anläßlich der Zusammenkunft der Großmeister der Vereinigten Großlogen von Deutschland, 1961.

198 Friedrich A. Pinkerneil, Richard Müller–Börner und Willi Schulz.

199 △   202 ▽   200 △   201 △   203 ▽

199   *Amerikanische Freimaurermedaille, 1982/84. – Im Besitz der Loge »Zur Kette«, München.*

200   *250-Jahrfeier der Loge »Absalom zu den drei Nesseln«, Hamburg, Dezember 1987. Die ausländischen Großbeamten während der Festarbeit.*

201   *Die drei Delegierten der Großloge von Israel während der Festarbeit in der Loge »Absalom zu den drei Nesseln«.*

202   *Der Großmeister der Vereinigten Großlogen von Deutschland, Ernst Walter, Foto um 1987.*

203   *Großmeister Ernst Walter vor dem Mikrophon mit einem Geschenk der Delegation der Großloge der Türkei, anläßlich der 250-Jahrfeier der Loge »Absalom«, 1987.*

204 Gesellenschurz, Österreich, um 1760. Seide, bemalt.
Die Sonne findet sich als göttliches Prinzip auf der Schurz-
klappe. Unter dem Bogen mit den musivischen Stufen ist
die Arche Noah zu sehen. – ÖFM, Rosenau. Leihgabe der
Großloge von Österreich, Wien.

205 Meisterschurz, 18. Jh. – ÖFM, Rosenau.

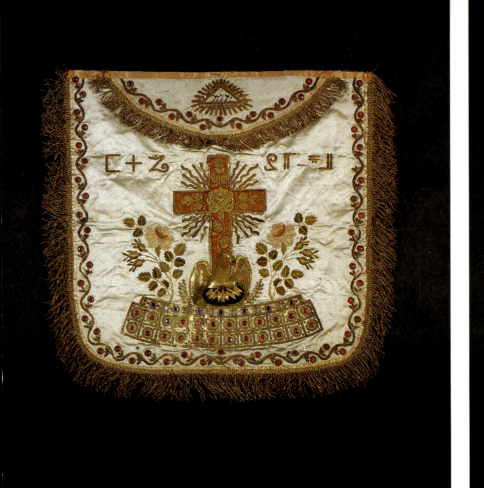

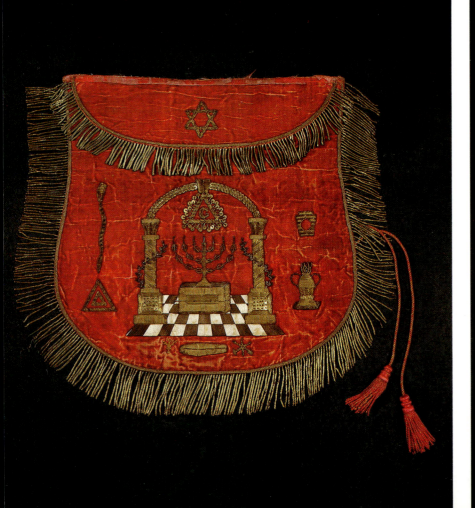

210 *Dame mit Mops und Kavalier, Porzellangruppe von Johann Joachim Kändler (1706–1775), Meißen 1745. Die Dame näht an einem Schurz, der – wie im 18. Jh. häufig – sehr groß ist. – FM, Bayreuth.*

211 *Meisterschurz, Seide, 18. Jh. – FM, Bayreuth* △

gegenüberliegende Seite:

206–209 *Verschiedene Meisterschurze, zum Teil mit Goldfäden bestickt. Links oben Schurz eines Rosenkreuzers, 19. Jh. – Im Besitz der Loge »Zur Kette«, München.*

Die Logenabzeichen, die mit einem Band um den Hals getragen werden und den Träger als Zugehörigen der einzelnen Loge ausweisen, werden seit dem 18. Jahrhundert als Bijoux bezeichnet.

217 *Meisterbijou, Österreich, um 1770. Silber, vergoldet, ehemals im Besitz der deutschen Loge »Zum Füllhorn«. – ÖFM, Rosenau. Leihgabe der Großloge von Österreich, Wien.*

218–221 *Vier Bijoux mit verschiedenen freimaurerischen Symbolen. Österreich, 18. Jh. Metalle, versilbert, vergoldet, graviert. – ÖFM, Rosenau. Leihgabe des Historischen Museums der Stadt Wien.* ▷

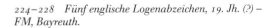

222 *Abzeichen eines Logenbeamten, Österreich, 18. Jh. Messing, vergoldet. Die gekreuzten Schreibfedern symbolisieren den Rang eines Sekretärs. – ÖFM, Rosenau.*

223 *Großmeister-Abzeichen des Fürsten von Thurn und Taxis, 1799, ehemals im Besitz der Loge »Die Wachsende zu den drei Schlüsseln« Regensburg, gegründet 1767. – FM, Bayreuth.*

224–228 *Fünf englische Logenabzeichen, 19. Jh. (?) – FM, Bayreuth.*

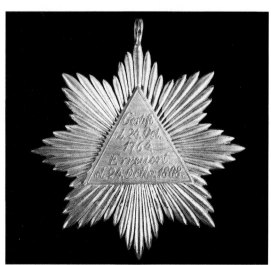

229/230 Zwei Bijoux der Loge »Amalia«, Weimar, gegründet 24. Oktober 1764. – FM, Bayreuth.

231 Bijou der Loge »Zur Einigkeit«, Frankfurt/Main, 19. Jh. – FM, Bayreuth.

232 Bijou der Loge »Zu den 3 Granatäpfeln«, Dresden 1783. – FM, Bayreuth.

233 Bijou der Loge »Zu den 3 Pyramiden«, Danzig, 19. Jh. – FM, Bayreuth.

234 Bijou der Loge »Zur teutschen Tapferkeit«, Iserlohn 1796. – FM, Bayreuth.

235 Freimaurer-Ehrenzeichen für den bekannten Freimaurer-Journalisten Gottfried Josef Gabriel Findel, möglicherweise Bayreuth, 1870. – FM, Bayreuth.

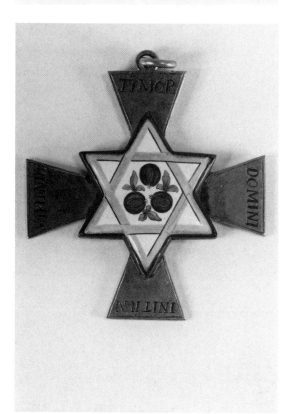

236 Bijou der Loge »Hercules an der Elbe«, Riesa a. d. Elbe, 19. Jh. – FM, Bayreuth.

237 Bijou der Loge »Ludwig zum Palmenbaum«, Köthen/Anh., 19. Jh. – FM, Bayreuth.

238 Bijou der Loge »Zur Einigkeit an der Ostsee«, Rügenwalde, gegründet 1809. – FM, Bayreuth.

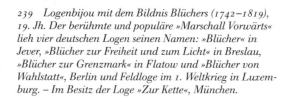

239 Logenbijou mit dem Bildnis Blüchers (1742–1819), 19. Jh. Der berühmte und populäre »Marschall Vorwärts« lieh vier deutschen Logen seinen Namen: »Blücher« in Jever, »Blücher zur Freiheit und zum Licht« in Breslau, »Blücher zur Grenzmark« in Flatow und »Blücher von Wahlstatt«, Berlin und Feldloge im 1. Weltkrieg in Luxemburg. – Im Besitz der Loge »Zur Kette«, München.

241 Großmeisterkette, 20. Jh. – Loge »Zur Kette«, München.

240 Logenbijou mit einem Ankerkreuz, 19. Jh. – Loge »Zur Kette«, München.

242 *Georg Büchner (1813–1837), anonymes Pastellbildnis, um 1830. Freiheit, Gleichheit und Brüderlichkeit waren die Schlagworte, die auch den revolutionären Dramatiker des »Danton« beflügelten. Der Dichter ist hier als Freimaurer mit einem Logenbijou abgebildet.*

243 *Links oben Zeichen einer Andreasloge, rechts Bijou der Loge »Royal York«, Berlin. Unten Mitte englisches Bijou mit der Aufschrift »Honny soit qui mal y pense«, 20. Jh. – Loge »Zur Kette«, München.*

248 *Zweiunddreißigster Grad, Prinz des Königlichen Gewölbes.*

249 *Dreißigster Grad, Ritter Kadosch.*

250 *Dreiunddreißigster Grad, Souveräner General-Großinspektor.*

246 Vierter Grad, Geheimer Meister.

247 Achtzehnter Grad, Ritter vom Rosenkreuz.

246 △

247 ▽

248 △

249 ▽

250 ▽

Die freimaurerischen Arbeitstafeln, später Arbeitsteppiche, haben sich aus den traditionellen magischen und alchimistischen Bodenzeichnungen entwickelt, die ursprünglich einen geweihten Raum absteckten, den Unbefugte nicht betreten durften. Die ältesten Arbeitstafeln wurden mit Kreide oder Kohle auf den Boden gezeichnet. Um 1760 kamen dann die ersten Arbeitsteppiche auf.

251 Arbeitsteppich, um 1800 (?), mit verschiedenen freimaurerischen Emblemen. Besonders betont ist hier die geschlungene Schnur, welche die Bruderkette, aber auch die Einheit der Freimaurerei symbolisiert. – FM, Bayreuth.

252/253 *Zwei Arbeitsteppiche mit zahlreichen Symbolen,*
Stiche, 18. Jh. Bemerkenswert ist in beiden Darstellungen
die auffällige Ausgestaltung des musivischen Pflasters.

254 *Arbeitsteppich der Loge »Zur Kette«, München 1988.*

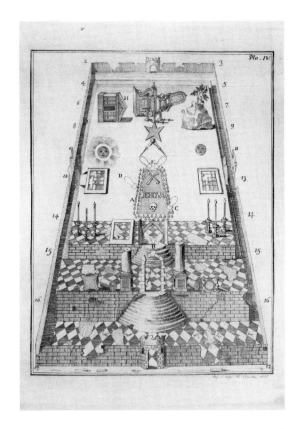

256 △

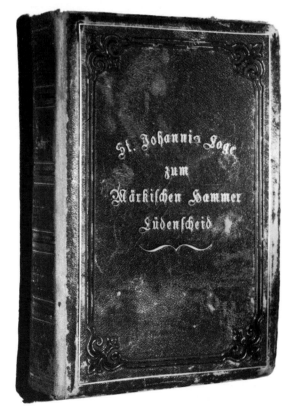

257 △

258 ▽

Logenhäuser

In Rosenau, einem der schönsten Barockschlösser des niederösterreichischen Waldviertels, heute Sitz des Österreichischen Freimaurermuseums, hatte der seinerzeitige Besitzer Graf Leopold von Schallenberg im 18. Jahrhundert im ersten Stockwerk des Südtraktes eine Freimaurerloge eingerichtet.

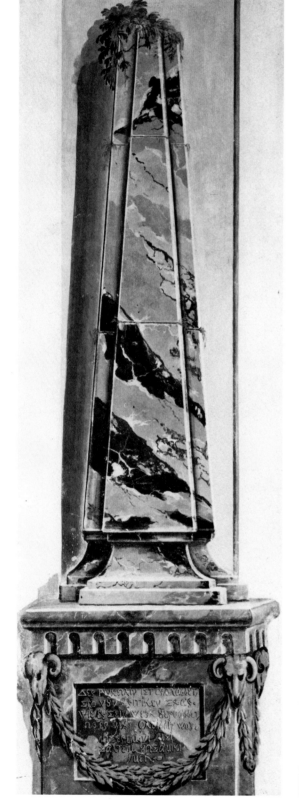

262 Deckengemälde im Saal von Schloß Rosenau von
Daniel Gran, 18. Jh. – ÖFM, Rosenau.

263 Leopold Christoph Graf Schallenberg (1712–1800),
anonymes Gemälde, um 1750. Graf Schallenberg war
Schloßherr und Stifter der Loge von Rosenau. – ÖFM,
Rosenau.

264 Eingang zu den Logenräumen in Schloß Rosenau,
18. Jh. Zwei Wachhabende im oberen Treppenhaus. –
ÖFM, Rosenau. ▷

265 *Empore mit Durchblick in die Kirche in Schloß Ro-*
senau, 18. Jh. Rechts vorne ist das Porträt des Grafen
Schallenberg zu sehen, siehe Abb. 263. – ÖFM, Rosenau.

◁ 266   Kammer des Stillen Nachdenkens, 18. Jh. Dieser Raum, auch »Dunkle Kammer« genannt, französisch »Chambre des Réflexions«, diente der Vorbereitung des Kandidaten für die Aufnahme in den Bruderbund. Von Symbolen der Vergänglichkeit umgeben, sollte der Kandidat sein bisheriges Leben überdenken und seinen Entschluß, Aufnahme in die Bruderschaft zu suchen, noch einmal überprüfen. Das Inventar besteht hier aus: Sanduhr, Messing/Glas, 17. Jh.; Tintenfaß, Hollitsch-Keramik, Mitte 18. Jh.; Kerzenleuchter, Silber, Alt-Wien, Ende 18. Jh.; Totenkopf. – ÖFM, Rosenau. Leihgabe der Großloge von Österreich, Wien.

267   Logenraum in Schloß Rosenau. Hier wurden im 18. Jahrhundert die Tempelarbeiten abgehalten. – ÖFM, Rosenau.

268/269   Marmorkabinett in Schloß Rosenau, 18. Jh. Dieser Vorraum zum Tempel diente für die Logenbeamten als Versammlungsort. Der gesamte Raum ist mit freimaurerischen Symbolen versehen: Windrose im Parkett, Muschel, Kachel, Sonne, Weinstock. – ÖFM, Rosenau.

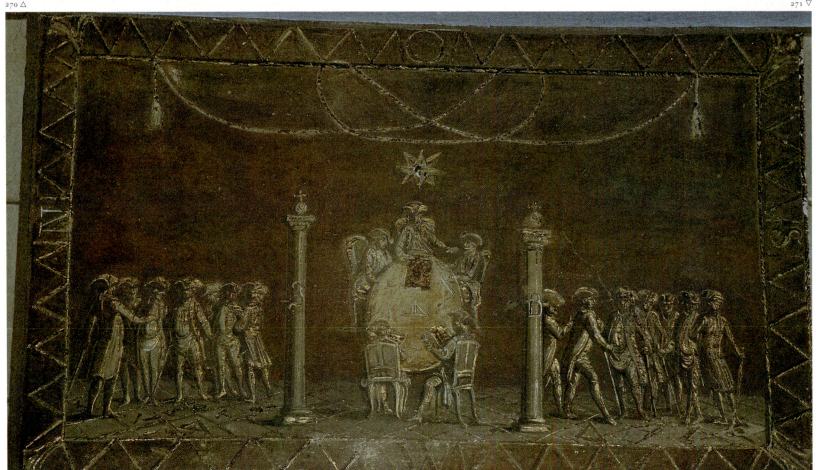

Der aus einer wohlhabenden und einflußreichen Bozener Familie stammende Franz von Gumer (1731–1794), selbst 1771 bis 1776 Bürgermeister von Bozen, gründete dort 1780 eine Freimaurerloge. Seit der Einschränkung der Freimaurerei durch die kaiserliche Verordnung fanden die Logenzusammenkünfte in von Gumers Freimaurerzimmer in Himmelfahrt bei Oberbozen statt.

273   Ausschnitt aus dem Freimaurerzimmer, Seitenansicht mit der Säule »J«.

270   Ausschnitt aus dem Freimaurerzimmer Franz von Gumers in Himmelfahrt/Oberbozen, Ende 18. Jh. Dargestellt ist die Bearbeitung des Rauhen Steins und die Bruderkette.

271   »Logenarbeit«, Ausschnitt aus dem Freimaurerzimmer Franz von Gumers, Himmelfahrt/Oberbozen.

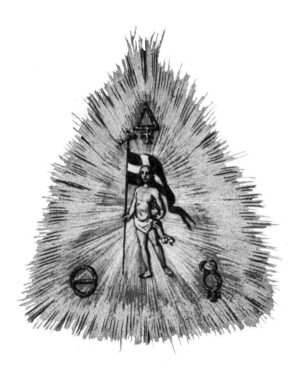

272   Ausschnitt aus dem Deckengemälde im Freimaurerzimmer.

274 *Logenhaus der Großloge von Preußen »Zur Freund-*
schaft« bzw. »Royal York«, Stahlstich von W. Finden nach
einer Zeichnung von Stock, um 1830. Gezeigt wird die
Vorderansicht des Gebäudes in der Dorotheenstr. 21,
Berlin-Mitte, das 1712 von Andreas Schlüter erbaut wurde.

275 *Die Gartenfassade des Gebäudes, Fotografie von Ru-*
dolf Dührkoop, um 1908.

276/277 Zwei Fotografien der Loge »Amalia« in Weimar aus den neunziger Jahren des vorigen Jahrhunderts. Die zur Tempelarbeit vorbereiteten Räume scheinen noch den klassizistischen Geist Goethes und seines Weimarer Kreises zu atmen.

278 Emblem am Haus der Bruderschaft in Berlin, Emserstraße.

279 Loge »Zur gekrönten Unschuld« in Nordhausen, Stich von C. Ermer, um 1800. – FM, Bayreuth.

280 Provinzialloge von Niedersachsen in Hamburg, erbaut Ende 19. Jh.

281 Logenhaus in der Dresdener Altstadt, erbaut 1837/38 für die Logen »Zu den drei Schwertern und Asträa zur grünenden Raute« und »Zum goldenen Apfel«.

282 Tempel der Loge »Libanon zu den 3 Cedern«, Erlangen, Anfang 20. Jh.

283 Platz des Meisters vom Stuhl in der Loge »Libanon zu den 3 Cedern«, Erlangen.

284 Rückansicht des Tempels der Loge »Libanon«, Erlangen.

Ausstattung der Innenräume der Loge »Friedrich zum goldenen Szepter« in Breslau, gegründet 1776, 2. Hälfte 19. Jh.

285   Das Innere des Tempels. Im Vordergrund links und rechts die Stühle der beiden Aufseher. Die gegenüberliegenden Stuhlreihen sind für die Brüder bestimmt. Im Hintergrund unter dem Zeichen von Zirkel und Winkelmaß der erhöhte Sitz des Meisters vom Stuhl.

286   Blick auf das Porträt Friedrichs II. mit Szepter und Krone darüber. Deutlich wird die Anlage des Raumes als Rundbau, der dadurch in traditioneller Weise die Sakralität betont.

287   Das Innere des Tempels. Blick auf die drei Kleinen Lichter auf den Säulen der Weisheit, Schönheit und Stärke. Im Vordergrund vor den beiden Säulen die Stühle der beiden Aufseher.

288   Festsaal derselben Loge, zu einer »Tafelloge« vorbereitet.

◁ 290 Inneres eines Freimaurertempels, Loge »Modestia cum libertate«, gegründet 1771, Zürich, Zustand 1988. Im Vordergrund die Bibel mit dem aufgeschlagenen Johannesevangelium. Darauf Zirkel und Winkelmaß. Links der Hammer des Meisters. Rechts neben dem Arbeitsteppich, der die drei Lichter Weisheit, Schönheit und Stärke zeigt, der Rauhe Stein mit dem Spitzhammer.

292 Clubraum der Loge »Zur Kette«, zur Tafelloge vorbereitet, um 1910. Im Clubraum treffen sich die Freimaurerbrüder zu Vorträgen, geselligem Beisammensein und festlichen Banketts, den sogenannten Tafellogen.

291 Logenhaus der Münchner Loge »Zur Kette«, Aufnahme um 1920.

293 Inneres des Tempels der Loge »Zur Kette«, um 1910. Die Einrichtung unter dem gestirnten Himmel ist im ägyptisierenden Stil gehalten.

294 Logengebäude der Loge »Fiat Lux«, Luzern, eingeweiht 1910. Buchtitelblatt der Schrift »Freimaurer-Loge
›Fiat Lux‹«, Luzern 1910. – Im Besitz der Loge, Luzern.

295 Gründungsurkunde der Loge »Fiat Lux« vom
19. Oktober 1903. – Im Besitz der Loge »Fiat Lux«,
Luzern.

294 △

295 ▽

296 △

297 ▽

◁ 296 Wandgemälde im Tempel der Loge »Fiat Lux«, Luzern 1910. Das strahlende Licht und die Arbeit am Rauhen Stein werden im heroischen Stil des frühen 20. Jahrhunderts dargestellt.

◁ 297 Tempeleingang zur Loge »Fiat Lux«, 1910.

298 Tempelraum der Loge »Fiat Lux«, 1910, mit Blick auf den Sitz des Meisters vom Stuhl. Im Vordergrund die drei Lichter Weisheit, Schönheit und Stärke. Siehe auch Abb. 296.

299 Konferenzsaal der Loge »Fiat Lux«, Luzern.

300 Loge »Zum bekränzten Kubus«, Gnesen um 1900.

301 Tempel der Loge »Zum Märkischen Hammer«,
Lüdenscheid 1901.

302–304 *Tempelansicht (Abb. 302, 304) und Festsaal (Abb. 303) der »Großen Landesloge Andreas Berlin«. Auffallend sind die stark ägyptisierenden Motive, die seit dem 18. Jahrhundert immer wieder in den Vordergrund traten (vgl. Abb. 293). Die Scheinportale links und rechts neben dem Sitz des Meisters vom Stuhl tragen die Inschriften »Tenebris« und »Lux«; der Festsaal ist zum Brudermahl vorbereitet.*

306 »Memorial Chapel« für Daniel D. Tompkins, Mitte
19. Jh., Foto 1980. Eines der bemerkenswertesten Gebäude
auf dem Freimaurergelände der Großloge von New York.

305 Mehrzweckraum in New York, als Loge
eingerichtet, 1980.

307 Deutscher Freimaurertempel in der 15. Straße in
New York.

308   Tempel im Logenhaus zu Bordeaux,
Frankreich, 1959.

309   Tempel der Loge »Georg zum silbernen Einhorn«,
Nienburg 1980.

310 Tempel der Münchner Loge »In Treue fest«, 1988. Im Vordergrund der Rauhe Stein mit dem Spitzhammer.

311 Logenhaus der Augsburger Loge »Augusta«, 1988. Das Gebäude stammt aus den siebziger Jahren des vorigen Jahrhunderts.

312 Tempel der Loge »Augusta«, 1988, Sitz des Meisters vom Stuhl.

313 *Medaillon mit freimaurerischen Emblemen, wahrscheinlich Frankreich, um 1790. Gold, Glas, Eiklar-Klebearbeit. – ÖFM, Rosenau. Leihgabe der Großloge von Österreich, Wien.*

316 *Wasserkrug mit freimaurerischen Symbolen, England, um 1790. Keramik, Dekor im Umdruckverfahren. – ÖFM, Rosenau. Leihgabe der Großloge von England, London.*

317 *Freimaurerbecher, England, um 1790. Keramik, Dekor im Umdruckverfahren. – ÖFM, Rosenau. Leihgabe der Großloge von England, London.*

318 Schüssel mit freimaurerischen Emblemen, um 1760 in Ostindien wahrscheinlich für holländische Freimaurer hergestellt. – ÖFM, Rosenau.

320 Walzenkrug mit Freimaureremblemen, 18. Jh. – FM, Bayreuth.

319 Englische Punschterrine, 2. Hälfte 18. Jh. Der umkränzte Spruch weist darauf hin, daß wahren Freimaurern weltliche Ehren nur wenig bedeuten. – FM, Bayreuth.

323 *Zinnbecher mit Zirkel und Winkelmaß, um 1700. – FM, Bayreuth.*

324 *Zinnbecher mit freimaurerischen Emblemen, dat. 1692. – FM, Bayreuth.*

325 *Zinnbecher, dat. 1769. – FM, Bayreuth.*

326 *Symbolbecher, England, um 1780, mit der Darstellung eines Suchenden an der Tempelpforte. Horn mit Goldgravur. Der Kandidat – der Suchende – ist unbekleidet und wird mit verbundenen Augen vom Vorbereitenden Meister an die Tempelpforte geleitet. – ÖFM, Rosenau. Leihgabe der Großloge von Österreich, Wien.* ▷

327 *Silberpokal zum Jubiläum eines Freimaurers, Zittau 1873. – FM, Bayreuth.*

328 *Silberpokal des Ordenskapitels der Großen Landesloge Berlin, 19. Jh. – FM, Bayreuth.*

327 △   328 ▽

217

330 Trinkglas, 19. Jh., sogenannte Kanone der Loge »Friedrich zu den 3 Zirkeln« Zittau, gegründet 1815. Rubinglas mit der Darstellung einer Loge. Deutlich erkennbar sind die Säulen Jakin und Boas links und rechts, dazwischen die drei Lichter Weisheit, Schönheit und Stärke. In der Mitte ein Leichnam in einem offenen Sarg, davor der Sargdeckel. – Im Besitz der Loge »Zur Kette«, München.

332 Trinkgläser zum Gebrauch bei Tafellogen, 19. Jh. – FM, Bayreuth. ▷

333 Kanonen mit doppeltem Boden, 19. Jh. In dem unteren Fach befinden sich drei Würfel. – FM, Bayreuth.

331 Kanone mit Hexagon und drei Zirkeln, 19. Jh. – Loge »Zur Kette«, München.

334 *Freimaurerembleme auf einem Deckelpokal, Anfang 19. Jh. – FM, Bayreuth, Sammlung H. Krug.*

335/336 *Deckelpokal, Frankreich, Anfang 19. Jh. Vorderseite mit Monogramm »GH«, Rückseite mit freimaurerischen Symbolen. Am Fuß die Inschrift »Vive le Roy«. – FM, Bayreuth.*

337 *Geschnitzter Bilderrahmen mit freimaurerischen Emblemen, Basel um 1900. – Schweizerisches Museum für Volkskunde, Basel.*

338 *Drei Petschaften, 18. und 19. Jh., Griffe Holz und Elfenbein. – FM, Bayreuth.*

339 *Stempelabdruck, 18./19. Jh.*

Tabakschnupfen war im 18. Jahrhundert sehr beliebt. Der modebewußte Kavalier besaß viele Schnupftabakdosen, jeweils passend zu seinem Anzug. Es war üblich, den Freunden und Bekannten die eigene pikante Mischung des Tabaks anzubieten. Daher errangen die Dosen in Freimaurerkreisen sehr bald den Status eines Erkennungszeichens.

340 Zwei Schnupftabakdosen, 2. Hälfte 18. Jh. Porzellan mit Malerei. Auf dem Deckel sind stilisiert die sieben Stufen zum Tempel dargestellt, links und rechts davon die Säulen Jakin und Boas. Auf der Innenseite der rechten Dose eine Bruderrunde. – FM, Bayreuth.

341 Zwei Schnupftabakdosen, Ende 18. Jh. Holz mit Reliefschnitzerei. Jeweils eine Darstellung des Tempels. – ÖFM, Rosenau.

342 Schnupftabakdose, 2. Hälfte 18. Jh., mit der Inschrift »A la Gloire du grand architecte de l'univers«. Den christlichen Glauben betonen nicht nur das Kreuz und der Anker der Hoffnung, sondern auch der Pelikan, Sinnbild Christi, der mit seinem Herzblut die Jungen ernährt. Die Figur im Tempel entleiht die Attribute der Seelenwaage und des Richtschwertes vom Erzengel Michael, und links neben der Säule Jakin erscheinen die Gesetzestafeln Mosis als Grundlage des Christentums. – FM, Bayreuth.

343 Kassette, um 1800. Holz mit reicher Perlmuttintarsia. – FM, Bayreuth.

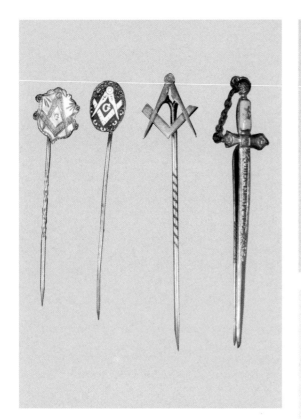

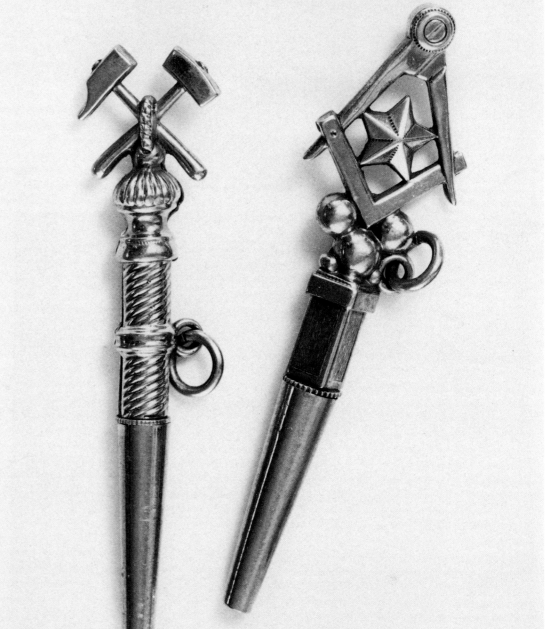

Uhrkettenanhänger des 19. Jahrhunderts, die von außen unscheinbar gestaltet sind, zeigen geöffnet jedoch eine Fülle freimaurerischer Symbole.

349   Rosenkreuz in der Kugel, deutsch, 19. Jh.; geöffnet formt sich ein längliches Kreuz. – Im Besitz der Loge »Zur Kette«, München.

350/351   Stern in der Kugel, englisch, um 1900; geöffnet ein fünfstrahliger Stern.

352/353   Fünfseitige Pyramide aus Gold, englisch, 19. Jh.; geöffnet ein fünfstrahliger Stern.

354   Stern, englisch (?), 19. Jh., entfaltet aus einer vierseitigen Pyramide aus Gold.

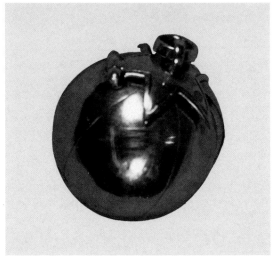

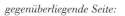

gegenüberliegende Seite:

344   Anstecknadeln mit freimaurerischen Emblemen, hervorstechend Winkel, Zirkel und der Buchstabe G, 1900–1920.

345   Zwei Anstecknadeln, links mit den Emblemen einer Johannisloge, rechts ein Tempelritter-Emblem, um 1900.

346   Sieben Anstecknadeln aus reinem Gold, oben links ein Tempelritter-Emblem, um 1900.

347   Freimaurer-Ringe, 19. Jh. – Im Besitz der Loge »Zur Kette«, München.

348   Zwei Schlüssel für »Freimaureruhren«. Links Steinmetzwerkzeuge; rechts umschließen Zirkel und Winkelmaß den fünfstrahligen Stern auf den drei gespaltenen Granatäpfeln, um 1900. – Privatbesitz.

Die Uhr als Zeitmesser war seit jeher der Mahner des »Memento mori«, d. h., sich auf das Wesentliche im Leben zu besinnen. Viele Freimaurer wollten diese Mahnung sich täglich bzw. stündlich vor Augen halten und ließen sich das Zifferblatt ihrer Uhr entsprechend gestalten. Viele wollten sich nur ganz im Geheimen erinnern und ließen sich Innendeckel oder Werke mit freimaurerischen Zeichen ausschmücken.

355   Taschenuhr von Dickinson, Boston/USA, um 1800. Silbernes Gehäuse, auf dem Emailzifferblatt die stilisierte Darstellung eines Freimaurertempels. Links die Arche Noah, rechts das viel verwendete Symbol des Bienenkorbes. Er steht für die soziale Gemeinschaftsarbeit.– Privatbesitz.

356   Taschenuhr von Dickinson, Boston/USA, um 1800. Vergoldetes Werk. Reiches Floralornament mit einer Tempeldarstellung in der Mitte. – Privatbesitz.

357   Taschenuhr von J(oh)n Clarke, London um 1830. Glattes Silbergehäuse, Tempeldarstellung. – Privatbesitz.

358 Kruzifix-Uhr, um 1800. Bemerkenswert auf dem Sockel des Kreuzes ist die Darstellung freimaurerischer Handschuhe. Sie zeigen an, daß die Hände bei der Arbeit rein zu bleiben haben. Die Leiter versinnbildlicht die Höherentwicklung der Seele zum wahren Licht. – Privatbesitz.

359 Freimaurer-Tischuhr, England, Anfang 19. Jh., signiert »Bracegirdle fecit«. Am äußeren Rand der Tierkreis, weiter innen Freimaurersymbole. So steht der Schlüssel z. B. für Verschwiegenheit. In der Mitte das Winkelmaß. – Privatbesitz.

227

360 Taschenuhr, Westschweiz, um 1920. Auf dem Ziffer-blatt ist die Mahnung zu finden: »Liebe deinesgleichen, gib ihm eine hilfreiche Hand.« In der Strahlenfront des Ge-häuses sind eingraviert die symbolischen Buchstaben G (für Geometrie), J und B (für Jakin und Boas). – Privatbesitz.

361 Rückseite der Uhr von Abb. 360. Oben im Dreieck das Auge Gottes, darunter der Salomonische Tempel mit den Säulen Jakin und Boas. Links unten Akazienzweig, Schwert, aufgeschlagene Bibel und Schwurhand. Rechts unten Winkelmaß, Hammer, Zirkel und Maurerkelle, dar-unter nochmals der Akazienzweig.

362 Dieselbe Uhr in geöffnetem Zustand.

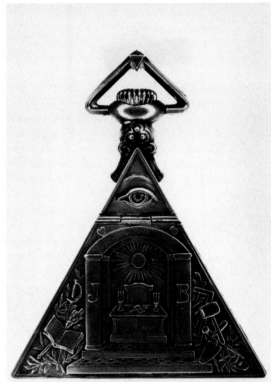

363   Französische Freimaureruhr, um 1870. Auf dem
Emailzifferblatt finden sich Freimaurersymbole anstelle
der Stundeneinteilung. Die Inschrift lautet »Weisheit, Ehre,
Tugend, die niemals ruht, das ist das Heldentum des
Maurers«. – Kunsthandel, Aachen.

365   Rückseite einer Schweizer Taschenuhr, um 1920. Auf
dem Tempelsims steht in freimaurerischer Abkürzung
»Zum Ruhme des großen Baumeisters des Universums«.

367   Rückseite einer Westschweizer Uhr, um 1920. Im
oberen Dreieck befindet sich das G, darunter links und
rechts die beiden Säulen J und B mit je drei Granatäpfeln.

363 △   364 ▽   365 △   366 ▽   367 △

364   Rückseite einer französischen Taschenuhr, um 1900.
Unter dem Säulenbogen die aufgeschlagene Bibel, links die
Jakobsleiter, rechts der Maßstab. Links und rechts der Säu-
len Arche Noah und Bienenkorb. Unter dem Winkelmaß,
Zirkel und der Wasserwaage das musivische Pflaster.

366   Freimaurer-Armbanduhr, Schweiz, vermutlich 1960.
Das Zifferblatt ist als gleichseitiges Dreieck gestaltet.

368 Akazie, Symbol des Lebens, 19. Jh. Messing, vergoldet. Geschenk der Schwesterloge »Akazia«, Winterthur, an die Loge »Modestia cum libertate«, Zürich.

369/370 Freimaurerische Grabsteine, 20. Jh. Den Grabstein von Abb. 370 setzte sich ein Architekt und Stadtbaumeister selbst. Der Stein faßt die Symbole Winkel, Zirkel, Senkblei und Reißschiene zusammen.

Von jeher haben sich die Freimaurer karitativ betätigt. Gemäß ihrer traditionellen Zurückhaltung gegenüber der Öffentlichkeit vollzieht sich ihr soziales Engagement ohne propagandistische Tendenz.

371 Elisabeth-Alten- und Pflegeheim in Hamburg, eingeweiht September 1987. Das historische »Freimaurer-Krankenhaus«, das älteste gemeinnützige Hamburger Krankenhaus, wurde schon 1795 gegründet und 1987 in das »Elisabeth-Alten- und Pflegeheim« umgewandelt.

372 Lazarettzug, 1914. Die Hamburger Loge »Absalom« stiftete zu Beginn des 1. Weltkrieges die gesamte Ausrüstung eines Hilfslazarettzuges.

373 Plakette des Johannisstifts in Einbeck, gegründet 1897. Das Altersheim in Einbeck gehört zu den ältesten Einrichtungen der freimaurerischen Caritas.

374 Studentenwohnheim in Bielefeld. Die Bielefelder Loge »Freiherr zum Stein« finanzierte 1981 den Umbau eines ehemaligen Fabrikgebäudes in ein Studentenwohnheim. Zuvor hatte sie bereits in einem Bauernhaus in der Westerfeld ein erstes Studentenheim unterhalten.

ANHANG

»Alte Pflichten«

nach einer Übersetzung aus dem Englischen von dem deutschen Historiker Wilhelm Begemann

Gott und die Religion betreffend

Ein Maurer ist durch seine Berufspflicht (by his tenure) gehalten, dem Sittengesetz zu gehorchen; und wenn er die Kunst (Art) recht versteht, wird er nie ein törichter Gottesleugner (stupid Atheist) oder ein ungläubiger Freigeist (irreligious Libertine) sein. Aber obwohl in alten Zeiten die Maurer verpflichtet waren, in jedem Lande der Religion jenes Landes oder Volkes anzugehören, welche es auch war, so wird es doch jetzt für zweckmässiger gehalten, sie nur zu derjenigen Religion zu verpflichten, in der alle Menschen übereinstimmen, indem man ihre besonderen Meinungen ihnen selbst überlässt, nämlich: gute und redliche Männer zu sein, Männer von Ehre und Rechtschaffenheit, durch was für Benennungen oder Überzeugungen sie sich auch unterscheiden mögen. Dadurch wird die Maurerei der Einigungspunkt und das Mittel, unter Leuten, die einander beständig hätten fremd bleiben müssen, treue Freundschaft zu stiften.

Von der höhern und niedern bürgerlichen Obrigkeit

Ein Maurer ist ein friedlicher Untertan der bürgerlichen Gewalten, wo er auch wohnen oder arbeiten mag, und darf sich nie bei Anschlägen oder Verschwörungen gegen den Frieden und die Wohlfahrt des Volkes beteiligen, auch sich nicht unbotmässig gegen niedre Obrigkeiten betragen; denn da die Maurerei immer durch Krieg, Blutvergiessen und Unordnung geschädigt worden ist, so sind früher Könige und Fürsten sehr geneigt gewesen, die Zunftleute wegen ihrer Friedlichkeit und Staatstreue (loyalty), wodurch sie die Verleumdungen ihrer Gegner mit der Tat widerlegten, zu ermutigen, und förderten die Ehre der Brüderschaft, die immer in Friedenszeiten blühte. Wenn daher ein Bruder ein Aufrührer gegen den Staat sein sollte, darf er nicht in seiner Auflehnung unterstützt werden, so sehr man ihn als einen Unglücklichen bedauern mag; und wenn er keines andern Verbrechens überführt ist, obwohl die staatstreue Brüderschaft seine Auflehnung verleugnen müsste und sollte, um der jeweiligen Regierung keinen Verdacht oder Grund zu politischem Misstrauen zu bieten; so kann man ihn nicht aus der Loge stossen, und seine Verbindung mit ihr bleibt unauflöslich.

Von den Logen

Eine Loge ist ein Ort, wo Maurer sich versammeln und arbeiten; daher wird auch jene Versammlung oder gehörig eingerichtete Gesellschaft von Maurern eine Loge genannt, und jeder Bruder sollte einer angehören und sich ihren Satzungen und den Allgemeinen Verordnungen unterwerfen. Sie ist entweder eine einzelne oder eine allgemeine, man lernt sie am besten kennen, wenn man sie besucht, und durch die hier angehängten Verordnungen der Allgemeinen oder Grossen Loge. In alten Zeiten durfte ihr kein Meister oder Genosse fern bleiben, besonders wenn er erinnert wurde zu erscheinen, ohne sich einer strengen Strafe auszusetzen, bis der Meister und die Aufseher sich überzeugten, dass reine Notwendigkeit ihn verhinderte.

Von Meistern, Aufsehern, Genossen und Lehrlingen

Jedes Ehrenamt (preferment) unter Maurern gründet sich allein auf wahren Wert und persönliches Verdienst, damit die Bauherrn (Lords) gut bedient, die Brüder nicht in Schande gebracht und das Königliche Handwerk (Royal Craft) nicht verachtet werden. Deshalb wird kein Meister oder Aufseher nach dem Alter gewählt, sondern nach dem Verdienst. Es ist unmöglich, diese Dinge näher schriftlich anzugeben (to describe these things in writing), jeder Bruder muss an seinem Platz aufpassen (attend in his Place) und dieselben auf eine dieser Brüderschaft eigentümliche Weise lernen; nur das mögen Bewerber wissen, dass kein Meister einen Lehrling nehmen sollte, wenn er nicht genügende Beschäftigung für ihn hat, und wenn er nicht ein vollkommener junger Mensch ist, ohne Verstümmlung oder Gebrechen an seinem Körper, die ihn unfähig machen können, die Kunst zu lernen, seines Meisters Bauherrn zu dienen, sowie zum Bruder und dann in gehöriger Zeit zum Zunftgenossen (Fellow-Craft) gemacht zu werden, nachdem er eine solchen Zeitraum von Jahren gedient hat, wie der Brauch des Landes vorschreibt; und daß er von ehrlichen Eltern abstammen sollte, damit er, wenn sonst tauglich, zu der Ehre gelangen kann, der Aufseher und dann der Meister der Loge, der Gross-Aufseher und endlich der Gross-Meister aller Logen zu sein, je nach seinem Verdienst.

Kein Bruder kann Aufseher sein, ehe er den Grad (part) eines Zunftgenossen durchgemacht hat, auch nicht Meister, ehe er als Aufseher gewirkt hat, auch nicht Gross-Aufseher, ehe er Meister einer Loge gewesen ist, auch nicht Gross-Meister, wenn er nicht vor seiner Wahl Zunftgenoss gewesen ist, auch muss dieser edelgeborn sein oder ein vornehmer Mann von feinsten Sitten oder ein hervorragender Gelehrter oder ein bedeutsamer Baumeister oder andrer Künstler, der von ehrlichen Eltern stammt und nach der Meinung der Logen von besonders grossem Verdienst ist. Und zur bessern und leichtern und ehrenvollern Verwaltung seines Amts hat der Gross-Meister Vollmacht, sich selber einen Abgeordneten Gross-Meister zu wählen, der Meister einer Einzel-Loge sein oder gewesen sein muss, und der hat das Vorrecht, alles zu verrichten, was der Gross-Meister, sein Vorgesetzter, zu verrichten hätte, wenn der besagte Vorgesetzte nicht gegenwärtig ist oder durch ein Schreiben sich seine oberste Gewalt nicht vorbehält. Diesen höhern und niedern Leitern und Lenkern (Rulers and Governors) der alten Loge müssen alle Brüder in ihren betreffenden Stellungen gehorchen, gemäss den alten Pflichten und Verordnungen, in aller Ergebenheit, Ehrfurcht, Liebe und Freudigkeit (with all Humility, Reverence, Love and Alacrity).

Von der Führung der Zunft bei der Arbeit

Alle Maurer sollen ehrlich an Werktagen arbeiten, damit sie an Feiertagen anständig leben können, und die vom Gesetz des Landes bestimmte oder durch Herkommen festgesetzte Zeit soll beobachtet werden.

Die Leute, die als Mitglieder einer Loge zugelassen werden, müssen gute und redliche Männer sein, freigeboren, von reifem und besonnenem Alter, keine Leibeigenen, keine Frauen, keine sittenlosen oder anstössigen Männer, sondern von gutem Ruf.

Der Geschickteste der Zunftmänner-Genossen (Fellow-Craftsmen) soll als der Meister oder Oberleiter (overseer) bei des Bauherrn Werk gewählt oder ernannt werden, und er ist Meister zu nennen von denen, die unter ihm arbeiten. Die Zunftmänner haben jede Schimpfrede zu vermeiden und einander nicht mit beleidigenden Namen zu benennen, sondern Bruder oder Genoss; auch sollen sie sich in und ausser der Loge höflich benehmen.

Der Meister, wenn er seiner Kunsttüchtigkeit gewiss ist (knowing himself able of Cunning), soll des Bauherrn Werk so preiswürdig (reasonably) wie möglich übernehmen und redlich dessen Vermögen verwenden, als wäre es sein eignes; auch soll er keinem Bruder oder Lehrling mehr Lohn geben, als er wirklich verdient.

Sowohl der Meister wie die Maurer sollen, wenn sie ihren Lohn rechtmässig erhalten, dem Bauherrn treu sein und ihr Werk ehrlich vollenden, sei es Stückarbeit oder Tagewerk; auch sollen sie das Werk nicht in Stücklohn bringen, das herkömmlich in Tagelohn geht.

Keiner soll Neid zeigen über den Erfolg (Prosperity) eines Bruders, auch ihn nicht verdrängen oder aus seinem Werk bringen, wenn er fähig ist, dasselbe zu vollenden; denn niemand kann eines andern Werk so sehr zu des Bauherrn Vorteil vollenden, wenn er nicht mit den Zeichnungen und Rissen dessen, der es begann, völlig vertraut ist.

Wenn ein Zunftmann-Genoss zum Aufseher des Werks unter den Meister gewählt wird, soll er sowohl dem Meister wie den Genossen treu sein, soll sorgsam in des Meisters Abwesenheit das Werk zu des Bauherrn Vorteil beaufsichtigen, und seine Brüder sollen ihm gehorchen.

Alle beschäftigten Maurer sollen bescheiden (meekly) ihren Lohn nehmen ohne Murren oder Auflehnung, und den Meister nicht verlassen, bis das Werk vollendet ist.

Ein jüngerer Bruder soll in der Arbeit unterrichtet werden, um zu verhindern, dass er aus Mangel an Verständnis (judgment) die Bausteine (materials) verderbe, sowie zur Vermehrung und Förderung der Brüderlichen Liebe.

Alle bei der Arbeit gebrauchten Werkzeuge sollen von der Gross-Loge genehmigt werden.

Kein Handlanger (Labourer) soll bei dem eigentlichen Werk der Maurerei beschäftigt werden; auch sollen Freie Maurer nicht mit solchen arbeiten, die nicht frei sind, ohne zwingende Notwendigkeit; auch sollen sie Handlanger und nichtangenommene Maurer nicht lehren, wie sie einen Bruder oder Genossen lehren sollten.

Vom Benehmen

nämlich:

1. In der Loge, solange sie gestaltet ist

Ihr sollt nicht Sonderberatungen (private Committees) oder getrennte Besprechung (separate Conversation) halten, ohne Erlaubnis vom Meister, auch nicht von etwas Ungehörigem oder unziemlich reden, auch nicht den Meister oder die Aufseher oder einen Bruder, der zum Meister spricht, unterbrechen; auch sollt ihr keine Possen oder Scherz treiben, während die Loge mit etwas Ernstem und Feierlichem beschäftigt ist, und keine unpassenden Reden führen, unter welchem Vorwande es auch sei, sondern ihr sollt euerm Meister, euern Aufsehern und Genossen schuldige Achtung bezeigen und ihnen Ehrerbietung erweisen.

Wenn eine Klage vorgebracht wird, soll der schuldig befundne Bruder sich dem Urteil und der Entscheidung der Loge stellen, wo die eigentlichen und zuständigen Richter in allen solchen Streitigkeiten sind (wenn ihr es nicht durch Berufung an die Grosse Loge bringt), und denen sie vorgetragen werden sollten, wenn nicht eines Bauherrn Werk unterdessen aufgehalten wird, in welchem Falle ein Einzelschiedsspruch bewirkt werden kann; aber ihr dürft in dem, was die Maurerei betrifft, nie vor Gericht gehen, wenn es nicht der Loge unbedingt notwendig erscheint.

2. Benehmen, wenn die Loge zu Ende ist und die Brüder noch nicht gegangen sind

Ihr möget euch in unschuldiger Heiterkeit erfreun, indem ihr einander nach Vermögen bewirtet, aber ihr sollt jedes Übermass vermeiden und keinen Bruder nötigen, über seine Neigung zu essen und zu trinken, oder ihn am Gehen hindern, wenn seine Geschäfte ihn rufen. Ihr dürft auch nichts tun oder sagen, was beleidigen oder was seine ungezwungene und freie Unterhaltung stören kann; denn das würde unsern Einklang sprengen und unsre löblichen Zwecke vereiteln. Deshalb dürfen keine persönlichen Reibereien oder Streitigkeiten über die Schwelle der Loge (within the door of the Lodge) gebracht werden, weit weniger noch Streitigkeiten über Religion oder Nationen oder Staatsverwaltung, da wir als Maurer nur der oben erwähnten Allgemeinen Religion (Catholick Religion) angehören; wir gehören auch zu allen Nationen, Zungen, Stämmen und Sprachen und erklären uns gegen alle politischen Erörterungen (all Politicks), da sie nie bisher zum Wohl der Loge beigetragen haben und auch niemals beitragen werden. Diese Pflicht ist stets streng eingeschärft und beobachtet worden, aber besonders allezeit seit der Reformation in Britannien oder der Scheidung und Trennung dieser Nationen von der Gemeinschaft mit Rom.

3. Benehmen, wenn Brüder sich treffen ohne Fremde, aber nicht in einer geöffneten Loge

Ihr habt einander in höflicher Weise zu grüssen, wie man euch unterrichten wird, indem ihr einander Bruder nennt und freimütig wechselseitige Belehrung gebt, wie sie angemessen erscheint, ohne beobachtet und belauscht zu werden, ohne Anmaßung gegeneinander oder Schmälerung der Achtung, die man jedem Bruder schuldet, wäre er auch kein Maurer; denn obwohl alle Maurer als Brüder auf derselben Waagerechten (Level) stehn, so nimmt doch die Maurerei keinem Manne die Ehre, die er zuvor besass; sie erhöht vielmehr seine Ehre; besonders wenn er sich wohlverdient gemacht hat um die Brüderschaft, die demjenigen Ehre geben muss, dem sie gebührt, und unfeine Sitten vermeiden soll.

4. Benehmen in Gegenwart Fremder, die keine Maurer sind

Ihr sollt vorsichtig in euren Worten und in eurer Aufführung sein, damit der scharfsinnige Fremde nicht zu entdecken oder herauszufinden vermag, was ihm nicht anvertraut werden darf; und manchmal sollt ihr ein Gespräch ablenken und es klüglich leiten zur Ehre der ehrwürdigen Bruderschaft (worshipful Fraternity).

5. Benehmen zu Haus und in eurer Nachbarschaft

Ihr sollt handeln, wie es einem sittlichen und weisen Manne geziemt; besonders sollt ihr eure Familie, eure Freunde und eure Nachbarn die Angelegenheiten der Loge usw. nicht wissen lassen, sondern weislich eure eigne Ehre und die der alten Brüderschaft zu Rate ziehn, aus Gründen, die hier nicht zu erwähnen sind. Ihr müsst auch eure Gesundheit zu Rate halten, dadurch dass ihr nicht zu spät zusammen bleibt oder zu lange von Haus, nachdem die Logenstunden vorüber sind, und dadurch, dass ihr Schlemmerei und Trunkenheit vermeidet, damit ihr eure Familien nicht vernachlässigt oder schädigt, auch ihr selbst nicht untauglich zur Arbeit werdet.

6. Benehmen gegen einen fremden Bruder

Ihr sollt ihn vorsichtig prüfen, in solcher Weise, wie die Klugheit euch leiten wird, damit ihr nicht von einem unwissenden falschen Heuchler (Pretender) betrogen werdet, den ihr mit Verachtung und Spott zurückweisen und dem ihr euch hüten müsst irgendwelche Winke eurer Kenntnis zu geben.

Aber wenn ihr entdeckt, dass er ein treuer und echter Bruder ist, sollt ihr ihn demgemäss achten, und wenn er in Not ist, müsst ihr ihm helfen, wenn ihr könnt, oder ihn sonst anleiten, wie er Hilfe finden kann; ihr müsst ihn einige Tage beschäftigen oder sonst ihn zur Beschäftigung empfehlen. Aber ihr seid nicht verpflichtet, über euer Vermögen zu tun, sondern nur, einen armen Bruder, der ein guter und redlicher Mann ist, allen andern armen Leuten in denselben Verhältnissen vorzuziehen.

Zum Schluss: Alle diese Pflichten sollt ihr beobachten, wie auch diejenigen, die euch auf andre Weise werden mitgeteilt werden, indem ihr Brüderliche Liebe pflegt, den Grundstein und Schlußstein (Cape-stone), den Kitt und Ruhm dieser alten Brüderschaft, indem ihr alles Zanken und Streiten, alles Verleumden und Afterreden vermeidet, auch andern nicht gestattet, einen ehrlichen Bruder zu verleumden, sondern seinen Charakter verteidigt und ihm alle guten Dienste leistet, soweit es mit eurer Ehre und Wohlfahrt vereinbar ist, und nicht weiter. Und wenn einer von ihnen euch unrecht tut, müsst ihr euch an eure eigne oder an seine Loge wenden, und von da mögt ihr Berufung einlegen bei der Grossen Loge in der Vierteljahresversammlung (Quarterly Communication) und von da bei der jährlichen Grossen Loge, wie das alte löbliche Verfahren unsrer Vorväter bei jedem Volk gewesen ist, indem ihr immer erst dann zu einem gerichtlichen Verfahren (legal Course) greift, wenn der Fall anders nicht entschieden werden kann, auch geduldig hört auf den ehrlichen und freundlichen Rat von Meister und Genossen, wenn sie euch zurückhalten möchten, mit Fremden vor Gericht zu gehn, oder wenn sie euch antreiben möchten, alle Rechtshändel schnell abzumachen, damit ihr die Sache der Maurerei mit um so mehr Freudigkeit und Erfolg betreiben könnt; aber gegenüber Brüdern oder Genossen, die vor Gericht gegangen sind, sollten der Meister und die Brüder freundlich ihre Vermittlung anbieten, der sich die streitenden Brüder dankbar unterwerfen sollten; und wenn solche Unterwerfung untunlich ist, so müssen sie doch ihren Rechtsstreit oder Rechtshandel ohne Zorn und Groll weiterführen (nicht in der gewöhnlichen Weise), indem sie nichts sagen oder tun, was die Brüderliche Liebe sowie die

Erneuerung und Fortsetzung guter Dienste hindern kann, damit alle den wohltätigen Einfluss der Maurerei sehn mögen, wie alle echten Maurer von Anfang der Welt an getan haben und bis ans Ende der Zeit tun werden.

Amen, so möge es sein!
(Amen so mote it be).

Quelle: Bernhard Beyer: Das Fundament der Freimaurerei. Geschichtliche und textkritische Betrachtungen zu den Alten Pflichten, Hamburg o. J., 2. Auflage; Wilhelm Begemann: Vorgeschichte und Anfänge der Freimaurerei in England, 2. Band, Berlin 1909. Zitiert nach: Friedrich John Böttner: Zersplitterung und Einigung, Hamburg 1962

Logen und Freimaurerzirkel der Vereinigten Großlogen von Deutschland

Die angeführten Adressen sind Postanschriften.

Aachen
Zur Beständigkeit und Eintracht, Roonstr. 12, 5100 Aachen, Tel.: 5077 62

Ansbach
Adresse beider Logen: Cronegkstr. 3, 8800 Ansbach, Tel.: 3305
Alexander zu den 3 Sternen
Light of the Three Stars (engl.)

Arnsberg
Westphalia zur Eintracht, Dorint-Hotel Sauerland, Zu den drei Bänken, 5760 Arnsberg 1 (Neheim-Hüsten)

Aschaffenburg
Spessart, Elisenstr. 31, 8750 Aschaffenburg
Post Nubila Phoebus, Elisenstr. 31/III, 8750 Aschaffenburg, Tel.: 2 27 25

Augsburg
Augusta, Postfach 101605, 8900 Augsburg 1, Tel.: 30541
Lebanon (engl.), Schießgrabenstr. 30, 8900 Augsburg 1

Aurich
Frisia zum Upstalsboom, Hotel »Piqueurhof«, Bahnhofstr. 1, 2960 Aurich, Tel.: 4118

Baden-Baden
Adresse beider Logen: Vincentistr. 8, 7570 Baden-Baden, Tel.: 24022
Badenia zum Fortschritt
Dominion (engl.)

Bamberg
Adresse aller Logen: Franz-Ludwig-Str. 16, 8600 Bamberg, Tel.: 26884
Zur Verbrüderung an der Regnitz
Bamberg Acacia (engl.)
Arbeitszirkel Franken der Forschungsloge Quatuor Coronati

Bayreuth
Adresse beider Logen: Im Hofgarten 1, 8580 Bayreuth, Tel.: 69825
Eleusis zur Verschwiegenheit
Forschungsloge Quatuor Coronati

Berlin
(Adresse 1: Heerstr. 28, 1 Berlin 19, Tel.: 3042806; Adresse 2: Peter-Lenné-Str. 1–3, 1 Berlin 33, Tel.: 8311877; Adresse 3: Emser Str. 12–13, 1 Berlin 31, Tel.: 877100)
Zur Eintracht 1)
Zu den drei goldenen Schlüsseln 2)
Zum flammenden Stern 1)
Zum Todtenkopf und Phönix 2)
Zu den drei Seraphim 1)
Zur Verschwiegenheit 1)
Zur Beständigkeit 2)
Zum Pilgrim 2)
Zum goldenen Pflug 2)
Urania zur Unsterblichkeit 3)
Friedrich Wilhelm zur gekrönten Gerechtigkeit, Pythagoras zum flammenden Stern 3)
Zur siegenden Wahrheit 3)
Blücher von Wahlstadt 1)
Victor zum goldenen Hammer 2)
Friedrich Wilhelm zur Morgenröte 2)
Zur Treue 1)
Bruderbund am Fichtenberg 1)
Victoria 3)
Hammonia zur Treue 3)
Friedrich Ludwig Schröder 3)
Drei Lichter im Felde 1)
Germania zur Einigkeit 3)
Pestalozzi-Humanitas 3)
Zum Spiegel der Wahrheit 3)
Kurfürstin Luise Henriette 2)
Zur Siegenden Sonne 1)
Am Berge der Schönheit 1)
Ring der Ewigkeit 1)
Friedrich der Große – Prometheus 1)
Friedrich zur lichten Höhe 2)
Zu den drei Lilien 1)
Zu den Alten Pflichten 3)
Aufwärts 1)
Phoenix (engl.), Korrespondenz an Michael Tidnam, Dröpkeweg 5, 1 Berlin 47
König Salomo zur weißen Lilie 3)
Die Brücke an der Spree 3)
Outpost (engl.) 1)
Minerva 2)
Excelsior zum Fortschritt 3)
Berlin 46 (engl.) 3)
Arbeitszirkel Berlin der Forschungsloge Quatuor Coronati 3)

Bielefeld
Adresse aller Logen: Lessingstr. 3, 4800 Bielefeld, Tel.: 65317
Armin zur Deutschen Treue
Freiherr vom Stein
Britannia (engl.)
Zur Brudertreue im Ravensberger Land

Bingen
Zum Tempel der Freundschaft, Martinstr. 14, 6530 Bingen, Tel.: 13370

Bochum
Zu den drei Rosenknospen, Yorckstr. 62, 4630 Bochum, Tel.: 34904
Helweg, Haus der Gesellschaft »Harmonie«, Gudrunstr. 9, 4630 Bochum, Tel.: 591181

Bonn
Adresse aller Logen: Dyroffstr. 2, 5300 Bonn, Tel.: 224223
Fünf Punkte
Prometheus
Beethoven zur ewigen Harmonie
Bond of Friendship (engl.)
Miguel de Cervantes Saavedra, Korrespondenz an Salvator Pleguezuelo, Ankerstr. 13, 5205 St. Augustin 1

Braunschweig
Adresse aller Logen: Haus der Bruderschaft, Löwenwall 9, 3300 Braunschweig, Tel.: 44689
Carl zur gekrönten Säule
Zum Neuen Tempel
Friedrich zur Einheit
Friedrich Wilhelm zur Beständigkeit

Bremen
(Adresse 1: Kurfürstenallee 8, 2800 Bremen, Tel.: 345636; Adresse 2: Kurfürstenallee 15, 2800 Bremen, Tel.: 345535)
Zum Ölzweig 1)
Friedrich Wilhelm zur Eintracht 2)
Zur Hansa 2)
Herder 2)
Zum Silbernen Schlüssel 2)
Anschar zur Brüderlichkeit 2)
Roland zu den Alten Pflichten 1)
Arbeitszirkel Bremen der Forschungsloge Quatuor Coronati 2)

Bremen-Vegesack
Anker der Eintracht, Weserstr. 7, 2820 Bremen 70, Tel.: 664903
Klaar Kimming, Logenheim »Haus Blomendal«, Auestr. 9b, 2820 Bremen 71, Tel.: 6090231

Bremerhaven
Adresse aller Logen: Langestr. 147, 2850 Bremerhaven, Tel.: 55312
Zu den drei Ankern
Zum rechtweisenden Kompaß
North Sea Armed Forces (engl.)

Brunsbüttel
Ditmarsia, Festgestr. 7a / Am Klint 4, 2212 Brunsbüttel, Tel.: 87363

Büttelborn
U.S. Hessen (engl.), Hauptstr. 33, 6087 Büttelborn

Celle
Adresse aller Logen: Magnusstr. 2a, 3100 Celle, Tel.: 26486
Zum helleuchtenden Stern
Aurora zum helleuchtenden Stern
Augusta zum helleuchtenden Stern
Saxony Lodge (engl.)

Clausthal-Zellerfeld
Georg zur gekrönten Säule, Zellbach 7, 3392 Clausthal-Zellerfeld, Tel.: 2549

Coburg
Zur Fränkischen Krone, Zinkernwehr 11, 8630 Coburg, Tel.: 94117
Ernst für Wahrheit, Freundschaft und Recht (Deputationsloge der Loge »Zur Fränkischen Krone«, Adr. s.o.)

Cuxhaven
Anschar zum Friedenshafen, Grüner Weg 18, 2190 Cuxhaven, Tel.: 37950

Darmstadt
Johannes der Evangelist zur Eintracht, Sandstr. 10, 6100
Darmstadt, Tel.: 26540
Zum flammenden Schwert, Erbacher Str. 2, 6100 Darm-
stadt

Deggendorf
Frm. Vereinigung »Tor zum Bayerischen Wald« der Loge
»Drei Schlüssel zum aufgehenden Licht« i.O. Regens-
burg, 8360 Deggendorf

Delmenhorst
Adresse beider Logen: Wittekindstr. 9/Ecke Bahnhofs-
platz, 2870 Delmenhorst, Tel.: 18858
Horst zur Beständigkeit
Lessing an der Delme

Detmold
Zur Rose am Teutoburger Walde, Rosental 12, 4930 Detmold, Tel.: 35050

Dinkelsbühl
Zu den drei Türmen im Or. Rothenburg o. T., Schriftwechsel nur an Wolfgang Wenng, Kirchhöflein 8, 8804 Dinkelsbühl

Dortmund
Zur Alten Linde, Prinz-Friedrich-Karl-Str. 9a, 4600 Dort-
mund, Tel.: 523580
Reinoldus zur Pflichttreue, Westfalendamm 283, 4600
Dortmund, Tel.: 436762
Arbeitszirkel Nordrhein-Westfalen der Forschungsloge
Quatuor Coronati, Prinz-Friedrich-Karl-Str. 14, 4600
Dortmund

Düsseldorf
Adresse aller Logen bis auf ›Friedrich Heinrich Jacobi‹:
Uhlandstr. 38, 4000 Düsseldorf, Tel.: 673876
Die Drei Verbündeten
Zu den Drei Verbündeten
Rose und Akazie
Johann Wolfgang Amadeus Mozart
Niederrhein (engl.)
Friedrich Heinrich Jacobi, Jacobistr. 6 (Malkasten), 4000
Düsseldorf, Tel.: 350401
Spectemur Agendo

Duisburg
Zur Deutschen Burg, Königsberger Allee 49A, 4100 Duisburg, Tel.: 331646

Eckernförde
Leuchte am Strande, Noorstr. 16, 2330 Eckernförde, Tel.:
3367

Einbeck
Georg zu den drei Säulen, Hubeweg 37, 3352 Einbeck,
Tel.: 5901

Emden
Wahre Treue zur Ostfriesischen Union, Petkumer Str. 11,
2970 Emden, Tel.: 26494

Emmerich
Pax Inimica Malis, Societät Emmerich, Kleiner Wall 2,
4240 Emmerich, Tel.: 70566

Erlangen
Adresse beider Logen: Universitätsstr. 25, 8520 Erlangen,
Tel.: 21515
Libanon zu den drei Cedern
Jacob DeMolay zum Stern im Süden

Essen
Alfred zur Linde, Admiral-Scheer-Str. 32, 4300 Essen,
Tel.: 231396
Schiller, Hohenzollernstr. 40, 4300 Essen, Tel.: 775500

Eßlingen/Neckar
Zur Katharinenlinde, Landolinsplatz (Zum Heurigen),
7300 Eßlingen

Eutin
Zum Goldenen Apfel, Riemannstr. 111, 2420 Eutin

Flensburg
Adresse beider Logen: Nordergraben 23, 2390 Flensburg,
Tel.: 22666
Wilhelm zur nordischen Treue
Leuchte im Norden

Frankenthal
Zur Freimütigkeit am Rhein. Korrespondenz an Julius
Lutz, Postfach 92, 6710 Frankenthal, Tel.: 06233/27118

Frankfurt/M.
(Adresse 1: Kaiserstr. 37, 6000 Frankfurt, Tel.: 232816;
Adresse 2: Finkenhofstr. 17, 6000 Frankfurt, Tel.:
554108)
Loge zur Einigkeit 1)
Sokrates zur Standhaftigkeit 2)
Carl zum aufgehenden Licht 1)
Wilhelm zur Unsterblichkeit 2)
Aufwärts zum Licht 1)
Lessing 2)
Frankfurt on the Main (engl.) 1)
Oregon Military (engl.) 1)
ACGL Past Masters (engl.), ohne Adressenangabe
Arbeitszirkel Frankfurt der Forschungsloge Quatuor Co-
ronati 1)

Freiburg/Br.
Adresse aller Logen: Belfortstr. 29, 7800 Freiburg, Tel.:
36687
Humanitas zur freien Burg
Zu den drei Tannen im Schwarzwald
Aquarius

Freudenstadt
Zuflucht im Schwarzwald, Schließfach 344, 7290 Freudenstadt

Friedberg
Ludwig zu den drei Sternen, Ludwigstr. 30, 6360 Friedberg, Tel.: 13337

Fürth
Adresse beider Logen: Dambacher Str. 11, 8510 Fürth,
Tel.: 770120
Zur Wahrheit und Freundschaft
Truth & Friendship (engl.)

Garmisch-Partenkirchen
Rose im Alpenland, Zugspitzstr. 29, 8100 Garmisch-Partenkirchen, Tel.: 54771 (nur bei Veranst.)

Gelsenkirchen
Glückauf zum Licht, Munckelstr. 54, 4650 Gelsenkirchen,
Tel.: 204570

Gießen
Ludewig zur Treue, Pestalozzistr. 92, 6300 Gießen
Friends on the Lahn (engl.), Alte Heerstr. 5, Großen
Linden, 6300 Gießen

Gifhorn
Frm. Vereinigung der Loge Carl zur siegenden Wahrheit,
Zuschriften an Dr. Bernd John, Marderweg 4, 3170 Gif-
horn, Tel.: 55290

Göttingen
Augusta zum Goldenen Zirkel, Obere Karspüle 47, 3400
Göttingen, Tel.: 42591

Goslar
Hercynia zum flammenden Stern, Kornstr. 8, 3380 Goslar,
Tel.: 22629

Gummersbach
Zur Oberbergischen Treue, Korrespondenz nur an den
Meister vom Stuhl, Dr. med. Henrich Luyken, Groten-
bachstr. 63, 5270 Gummersbach, Tel.: 22474

Hagen
Victoria zur Morgenröthe, Bergstr. 96, 5800 Hagen, Tel.:
26482

Hamburg
(Adresse 1: Welckerstr. 8, 2000 Hamburg 36, Tel.:
344267; Adresse 2: Moorweidenstr. 36, 2000 Hamburg
13, Tel.: 443723; Adresse 3: Eißendorfer Str. 21, 2100
Hamburg 90, Tel.: 772247)
Absalom zu den drei Nesseln 1)
St. Georg zur grünenden Fichte 1)
Zu den drei Rosen 2)
Zur goldenen Kugel 2)
Zum Pelikan 2)
Zum Rothen Adler 2)
Emanuel zur Maienblume 1)
Ferdinande Caroline zu den drei Sternen 1)
Zum großen Christoph 2)
Ferdinand zum Felsen 1)
Carl zum Felsen 2)
Jacob DeMolay zum Nordstern 1) und 2) alternierend

Zur unverbrüchlichen Einigkeit 2)
Boanerges zur Bruderliebe 2)
Zur Bruderkette 1)
Ernst August zum goldenen Anker 3)
Globus 1)
Roland 1)
Matthias Claudius 2)
Vom Fels zum Meer 2)
Phoenix zur Wahrheit 2)
Eintracht an der Elbe 2)
Zur Hanseatentreue 2)
Armin zur Treue und Einigkeit 1)
Konrad Ekhof 2)
Zum Gral 2)
Alte Treue 1)
Licht und Wahrheit 2)
Zur Deutschen Nordmark 1)
Im Sonnenwinkel 1)
Zur Erkenntnis 3)
Friedrich Ludwig Schröder 1)
Brudertreue an der Alster 1)
Die Brückenbauer 1)
Frieden und Freiheit zur aufgehenden Sonne 1)
St. Michael am Strom 1)
Anglo-Hanseatic 1)
Am Rauhen Stein 2)
Theodor Vogel 1)
Arbeitszirkel »Quatuor Coronati Hamburgensis« der Forschungsloge Quatuor Coronati, Korrespondenz an Friedrich Böttner, Ölsnerring 89, 2 Hamburg 52, Tel.: 82 15 75

Hameln
Zur Königlichen Eiche, Mühlenstr. 4a, 3250 Hameln, Tel.: 4 16 74

Hamm
Zum hellen Licht, Sedanstr. 13, 4700 Hamm

Hanau
Ashlar (engl.), Philipsruhe Castle, 6450 Hanau

Hannover
(Adresse 1: Heiligengeiststr. 1, 3000 Hannover, Tel.: 81 50 42; Adresse 2: Lemförder Str. 7, 3000 Hannover, Tel.: 88 52 47)
Friedrich zum weißen Pferde 1)
Zum schwarzen Bär 2)
Zur Ceder 2)
Wilhelm zur deutschen Treue 2)
Baldur 2)
Zum aufgehenden Licht 2)
Licht und Wahrheit 1)
Licht des Lebens 1)
Arbeitszirkel Hannover der Forschungsloge Quatuor Coronati 2)

Hannoversch-Münden
Pythagoras zu den drei Strömen, Bremer Schlagd 16, 3510 Hannoversch-Münden, Tel.: 45 37

Bad Harzburg
Zur grünenden Tanne, Herzog-Wilhelm-Str. 53, 3388 Bad Harzburg, Tel.: 51 65

Heide
Georg zur Dithmarscher Treue, Feldstr. 65, 2240 Heide, Tel.: 6 14 46

Heidelberg
Adresse aller Logen: Klingenteichstr. 8, 6900 Heidelberg, Tel.: 2 16 62
Ruprecht zu den fünf Rosen
Alt Heidelberg (engl.)
Vi Veritatis

Heilbronn
Adresse beider Logen: Moltkestr. 8/2, 7100 Heilbronn, Tel.: 8 36 18
Zum Brunnen des Heils
Forget me not (engl.)

Bad Heilbrunn
Isar River (engl.), Gaststätte Langau, 8570 Bad Heilbrunn

Helmstedt
Julia Carolina zu den drei Helmen, Hotel Petzold, Schöninger Str. 1, 3330 Helmstedt, Tel.: 60 01

Herford
Zur Roten Erde, Unter den Linden 34, 4900 Herford

Herne
Eiche auf roter Erde, Hermann-Löns-Str. 46, 4690 Herne, Tel.: 5 17 93

Bad Hersfeld
Lingg zur Brudertreue, Simon-Haune-Str. 1, 6430 Bad Hersfeld, Tel.: 29 48

Hildesheim
Pforte zum Tempel des Lichts, Keßlerstr. 57, 3200 Hildesheim, Tel.: 3 57 44

Hof/Saale
Zum Morgenstern, Kreuzsteinstr. 23, 8670 Hof/Saale, Tel.: 26 05

Holzminden
Stern am Solling, Bahnhofstr. 26, 3450 Holzminden, Tel.: 78 38

Bad Homburg
Zur Freiheit, Orangeriegasse, Schloß Bad Homburg, 6380 Bad Homburg

Husum
Zur Bruderliebe an der Nordsee, Osterhusumer Str. 1, 2250 Husum

Idar-Oberstein
Zum Felsentempel, Hauptstr. 289, 6580 Idar-Oberstein, Tel.: 2 29 90

Ingolstadt
Theodor zur festen Burg im Altmühltal i. Or. Pappenheim, Burghof Pappenheim, 8070 Ingolstadt

Iserlohn
Zur deutschen Redlichkeit, Im Bürgergarten 1, 5860 Iserlohn, Tel.: 2 44 73

Itzehoe-Heiligenstedten
Wilhelm zum gekrönten Anker, Julianka 8, 2210 Itzehoe-Heiligenstedten, Tel.: 7 50 52

Jever-Rahrdum
Blücher, Postfach 352, 2942 Jever-Rahrdum

Jülich
Wahrheit und Einigkeit zu den 7 vereinigten Brüdern, Restaurant »Zum Hexenturm«, Große Rurstr. 94, 5170 Jülich, Tel.: 26 78

Kaiserslautern
Adresse aller Logen bis auf ›Wolfgang Amadeus Mozart‹: Augustastr. 2, 6750 Kaiserslautern, Tel.: 9 34 03
Galilei
Galilei (engl.)
George Washington (engl.)
Wolfgang Amadeus Mozart, Korrespondenz an Ernst Albrecht, Ernst-Christmann-Str. 44, 6750 Kaiserslautern 27, Tel.: 5 57 06

Karlsruhe
(Adresse 1: Bismarckstr. 83, 7500 Karlsruhe, Tel.: 2 58 85; Adresse 2: Röntgenstr. 6, 7500 Karlsruhe, Tel.: 48 29 45)
Leopold zur Treue 1)
Zur Pyramide 1)
Friede und Freiheit 2)
Fidelitas (engl.) 1)
Arbeitszirkel Karlsruhe der Forschungsloge Quatuor Coronati 1)

Kassel
(Adresse 1: Friedrichstr. 23, 3500 Kassel, Tel.: 1 36 40; Adresse 2: Murhardstr. 6, 3500 Kassel, Tel.: 1 76 61)
Goethe zur Bruderliebe 1)
Zur Freundschaft 2)
Durch Licht zum Frieden 1)
Arbeitszirkel Kassel d. Forschungsloge Quatuor Coronati 1)

Kaufbeuren-Neugablonz
Frm. Vereinigung Zu den drei Ringen, Korrespondenz an Fred Eisenhaber, Am Kronenberg 30, 8950 Kaufbeuren-Neugablonz, Tel.: 79 83

Kempten/Allgäu
Zum Hohen Licht, Mozartstr. 22, 8960 Kempten

Kiel
Alma an der Ostsee, Beseler Allee 38, 2300 Kiel, Tel.: 8 45 70
Frithjof zum Nesselblatt, Beseler Allee 38, 2300 Kiel, Tel.: 8 48 47

Bad Kissingen
Frm. Zirkel Zur Freundschaft an der Saale, Brudertreue am Main, Korrespondenz an Horst Diekmann, Hermann-Schumann-Str. 12, 8722 Sennfeld, Tel.: 0 97 21/6 80 43

Kitzingen
Thekla – eine Leuchte in Franken, Korrespondenz an Hermann Mayer, Buchenstr. 8, 8714 Wiesentheid, Tel.: 09383/1210
Hands Across the Main (engl.), Mainstockheimer Str. 2, 8710 Kitzingen

Koblenz
Friedrich zur Vaterlandsliebe, Rheinstr. 2a, 5400 Koblenz, Tel.: 16324

Köln
(Adresse 1: Hardefuststr. 9, 5000 Köln, Tel.: 315097; Adresse 2: Lindenallee 58, 5000 Köln 51, Tel.: 382337)
Zum ewigen Dom 1)
Freimut und Wahrheit zu Cöln 1)
Ver Sacrum 1)
Albertus Magnus 1)
Kosmos 2)

Bad König/Odenwald
Treffpunkt f. Kurgäste zu erfragen bei Joachim Feurich, Erbacher Str. 49, 6120 Michelstadt, Tel.: 06061/5995

Königswinter
Kosmos, siehe Köln

Konstanz
Adresse beider Logen: Schottenstr. 69, 7750 Konstanz, Tel.: 24940
Constantia zur Zuversicht
Tor zum Süden
Arbeitszirkel Schweiz-Südwest der Forschungsloge Quatuor Coronati, Korrespondenz an Dr. Martin Müller, Auerstr. 11, CH-9435 Heerbrugg

Krefeld
Adresse beider Logen: Bismarckstr. 103, 4150 Krefeld
Eos
Zu den drei schwarzen Adlern

Bad Kreuznach
Adresse beider Logen: Sigismundstr. 18, 6550 Bad Kreuznach, Tel.: 65188
Die vereinigten Freunde an der Nahe
Friedrich W. v. Steuben (engl.)

Kronweiler/Nahe
Nahe Temple (engl.), Schulhaus, 6581 Kronweiler/Nahe

Lahr
Adresse beider Logen: Friedrichstr. 9, 7630 Lahr, Tel.: 23607
Allvater zum freien Gedanken
Black Forest (engl.)

Langen
L'Union Résurgente (franz.), Korrespondenz an Claude Fabre, Kobenhüttenweg 46, 6600 Saarbrücken, Tel.: 0681/63023

Leer
Georg zur wahren Brudertreue, Hoheellernweg 46, 2950 Leer, Tel.: 12427

Limburg/Lahn
Zu den 3 Thürmen an der Lahn, Josef-Ludwig-Str. 7, 6250 Limburg/Lahn, Tel.: 6285

Lindau
Insel zu den Drei Ufern, Postfach 3345, 8990 Lindau-Reutin

Lingen
Zu den sieben Stufen, Korrespondenz an Wolfgang Kolodzey, Am Falkenhorst 20, 4450 Lingen 1, Tel.: 7801

Lippstadt
Zum lebendigen Kreuz, Poststr. 24, 4780 Lippstadt, Tel.: 3310

Ludwigsburg
Adresse beider Logen: Asperger Str. 37, 7140 Ludwigsburg, Tel.: 25953
Johannes zum wiedererbauten Tempel
Hiram (engl.)

Ludwigshafen
Pylon zur Leuchte am Rhein, 6700 Ludwigshafen, Tel.: 667209

Lübeck
Adresse aller Logen: St. Annenstr. 2, 2400 Lübeck, Tel.: 77313
Zum Füllhorn
Zur Weltkugel
Zur Weltbruderkette

Lüdenscheid
Zum Märkischen Hammer, Freiherr-vom-Stein-Str. 20, 5880 Lüdenscheid, Tel.: 20586

Lüneburg
Selene zu den drey Thürmen, Hindenburgstr. 22, 2120 Lüneburg, Tel.: 31856

Lünen
Einigkeit in Freiheit, Schloß Schwansbell (Museum der Stadt Lünen), Schwansbeller Weg 32, 4670 Lünen

Mainz
Die Freunde zur Eintracht, Holzstr. 10, 6500 Mainz, Tel.: 223812
Zum Goldenen Rad am Rhein, Martinsstr. 14, 6533 Bingen, Tel.: 06721/13370

Mannheim
(Adresse 1: Block L9,9 – 6800 Mannheim 1, Tel.: 20259; Adresse 2: Tullastr. 16, 6800 Mannheim 1, Tel.: 414684)
Carl zur Eintracht 1)
Wilhelm zur Dankbarkeit 1)
Triangle (engl.) 1)
Johannis-Freimaurerloge im Quadrat 2)

Zur Sonne im Rechten Winkel 2)
Im Licht der Pyramide 2)
T. G. Masaryk 1)

Marburg
Jacob DeMolay zum flammenden Stern, Korrespondenz an Kurt Kohl, Spessartstr. 34, 8500 Nürnberg, Tel.: 0911/301960
Freim. Zirkel Zu den drey Löwen, i.O. Gießen, Korrespondenz an Heinrich Dersch, Buchenweg 6, 3571 Wohratel 2, Tel.: 06425/450

Marktredwitz
Brudertreue an der Luisenburg, Postfach 602, 8590 Marktredwitz

Bad Mergentheim
Frm. Zirkel Zu den Deutschordensquellen, Kontaktadresse: Helmut Bock, Von-Salz-Str. 8, 6990 Bad Mergentheim, Tel.: 45030

Michelstadt/Erbach
Zu den drei Sternen im Odenwald, Obere Pfarrgasse 26, 6120 Michelstadt/Erbach

Minden
Adresse beider Logen: Prinzenstr. 3, 4950 Minden, Tel.: 25736
Wittekind zur Westfälischen Pforte
Rose of Minden (engl.)

Mönchengladbach
Vorwärts, Korrespondenz an M. G. Rheydt, Gartenstr. 198, 4050 Mönchengladbach, Tel.: 22567
Brüderlichkeit, Schloßstr. 508, 4050 Mönchengladbach, Tel.: 20102

Mönchengladbach-Rheindahlen
Adresse beider Logen: Stadtwaldstr. 35, 4050 Mönchengladbach-Rheindahlen, Tel.: 582727
New Absalom (engl.)
Star of Saxony (engl.)

Mötsch/Bitburg
Eifel (engl.), Am Sportplatz 2, 5521 Mötsch/Bitburg

Mülheim a. d. Ruhr
Broich, Friedrichstr. 38, 4330 Mülheim a. d. Ruhr, Tel.: 39161

München
(Adresse 1: Schwanthalerstr. 60, 8 München 2, Tel.: 533477; Adresse 2: Staatl. Hofbräuhaus am Platzl, 8000 München 2, Tel.: 220859; Adresse 3: Bldg. 364, »C« (attic), 8000 München; Adresse 4: Taunusstr. 29, 8000 München 40; Adresse 5: Korrespondenz an Dipl.-Ing. Jan Brousek, Via Mera, CH-6987 Caslano)
Zur Kette 1)
»In Treue fest« 1)
Empor zu Mozarts Licht 1)
Lessing zum flammenden Stern 1)

Zu den Drei Säulen an der Isar 1)
Acacia-Loge 2)
Ad Astra 1)
Bavaria (engl.) 3)
Zur Sonne an der Isar 1)
Zur königlichen Kunst 4)
U tří hvězd (tschechisch) 5)
Arbeitszirkel Quatuor Coronati Monacenses der Forschungsloge Quatuor Coronati 1)

Münster/Westfalen
Zu den Drey Balken, Diepenbrockstr. 30, 4400 Münster, Tel.: 33006
Keys of Münster (engl.), Blücherstuben, 4400 Münster

Bad Nauheim
Frm. Zirkel der Loge Ludwig zu den drei Sternen, Korrespondenz an Kurt Müller, Gustav-Kayser-Str. 16, 6350 Bad Nauheim, Tel.: 6808

Bad Nenndorf
Informationen für Kurgäste bei Wilhelm Schneider, Danziger Weg 9, 3052 Bad Nenndorf, Tel.: 2377

Neumünster
Zur Brudertreue an der Schwale, Carlstr. 63, 2350 Neumünster, Tel.: 14237

Neustadt
Zur Freundschaft a. d. Haardt, Karolinenstr. 19, 6730 Neustadt, Tel.: 84047

Neuwied
Zur Wahrheit und Treue, Pfarrstr. 1c, 5450 Neuwied, Tel.: 27777

Nienburg
Adresse beider Logen: Neue Str. 5, 3070 Nienburg
Georg zum silbernen Einhorn
Bridge of Fellowship (engl.)

Nordenham
Zu den drei Wurten, Korrespondenz an Otto Meyer, Bonner Str. 5, 2890 Nordenham, Tel.: 21610

Norderstedt
Zum rechten Winkel, Korrespondenz an Carsten Blohm, Langenharner Ring 48, 2000 Norderstedt, Tel.: 5261732

Northeim
Otto zu den fünf Türmen, Am Münster 21, II, 3410 Northeim

Nürnberg
Adresse aller Logen: Hallerwiese 16a, 8500 Nürnberg, Tel.: 339996
Joseph zur Einigkeit
Zu den drei Pfeilen
Albrecht Dürer
Zur Wahrheit
Luginsland
Lynkeus der Türmer
Zur Gralsburg

Offenbach
Carl und Charlotte zur Treue, Domstr. 66, 6050 Offenbach, Tel.: 815505

Oldenburg
Zum Goldenen Hirsch, Scheideweg 124, 2900 Oldenburg, Tel.: 302037

Bad Oldesloe
Stormarn, Am Bürgerpark 5, 2060 Bad Oldesloe, Tel.: 7144

Osnabrück
Adresse beider Logen: Lortzinghaus, An der Katharinenkirche 3, 4500 Osnabrück, Tel.: 23344
Zum Goldenen Rade
Doric (engl.)

Osterode
Zum Tempel der Eintracht, Spritzenhausplatz 17/19, 3360 Osterode

Paderborn
Zum leuchtenden Schwerdt, Restaurant-Café »Zu den Fischteichen«, Dubelohstr. 92, 4790 Paderborn, Tel.: 33236

Pappenheim
Theodor zur festen Burg im Altmühltal, Neuschloß, Marktplatz 5, 8834 Pappenheim

Pforzheim
Reuchlin, Wilferdinger Str. 62, 7530 Pforzheim

Pirmasens
Adresse beider Logen: Beckenhofer Str. 36, 6780 Pirmasens, Tel.: 47134
Zur Treue am Berge Horeb
Mount Moriah (engl.)

Bad Pyrmont
Friedrich zu den drei Quellen, Haus Hemmerich, Brunnenstr. 47, 3280 Bad Pyrmont, Tel.: 10787

Raversbeuren
Hunsrück (engl.), Schule Raversb., 5581 Raversbeuren

Recklinghausen
Zur Weltbruderkette im Vest, Korrespondenz an Günter Dziuk, Kreuzstr. 291, 4370 Marl, Tel.: 02365/13369

Regensburg
Drei Schlüssel zum aufgehenden Licht, Neue Waaggasse 2/II, 8400 Regensburg, Tel.: 563926

Bad Reichenhall
Bruderkette am Untersberg, Thumseestr. 11/II, 8230 Bad Reichenhall-Karlstein

Remscheid
Adresse aller Logen: Wilhelm-Schuy-Str. 3, 5630 Remscheid, Tel.: 21955

Zu den Romeriken Bergen
Zur Stadt auf dem Berge
Freiheit und Licht auf dem Berge

Rendsburg
Nordstern, Sonderburger Allee 2, 2370 Rendsburg, Tel.: 25141

Reutlingen
Glocke am Fuße der Alb, Oberamteistr. 29, 7410 Reutlingen, Tel.: 36114

Rosenheim
Zu den drei Rosen am Inn, »Zur historischen Weinlände«, Weinstr. 2, 8200 Rosenheim, Tel.: 12775

Rothenburg o. T.
Zu den Drei Türmen im Or. Rothenburg o. T.-Dinkelsbühl, Cronegkstr. 3, 8800 Ansbach, Tel.: 0981/3305

Saarbrücken
Adresse beider Logen: Trillerweg 14, 6600 Saarbrücken, Tel.: 55573
Bruderkette zur Stärke und Schönheit
Humanitas zu den drei Rosen

Bad Salzuflen
Quell der Wahrheit, Hotel Schwaghof, 4902 Bad Salzuflen, Tel.: 1485

Salzgitter
Glück auf zum lichten Tag, Hotel »Gästehaus«, Kampstr. 37, 3320 Salzgitter-Lebenstedt, Tel.: 14452

Bad Sassendorf
Zur Brüderlichkeit in der Börde, Korrespondenz nur an den Meister vom Stuhl, M. Salim Abdullah, Brüderstr. 16, 4770 Soest, Tel.: 02921/14111/14116

Sennelager
Neuhaus (engl.), Normondy Club, BFPO 16, 4791 Sennelager

Siegburg
Weisheit und Stärke, Frankfurter Str. 11, 5200 Siegburg

Siegen
Zu den drei eisernen Bergen, Wellersbergstr. 46, 5900 Siegen, Tel.: 52130

Soest
Zur Bundeskette, Roßkampffsgasse 1, 4770 Soest, Tel.: 15322

Solingen
Adresse beider Logen: Casinostr. 2, 5650 Solingen, Tel.: 22975
Prinz von Preußen zu den drei Schwertern
Zur Bergischen Freiheit

Sorghof
Pyramid (engl.), Kuermreutherstr. 1, 8451 Sorghof

Schleswig
Carl zur Treue, Flensburger Str. 5, 2380 Schleswig, Tel.: 24189

Schopfheim
Friedrich zur Eintracht, Schwarzwaldstr. 52, 7860 Schopfheim, Tel.: 7058

Schwäbisch Gmünd
Zu den drei Rosen im Remstal, Wallenstr. 20, 7070 Schwäb.-Gmünd-Straßdorf, Tel.: 43378

Schweinfurt
Adresse beider Logen: Neutorstr. 4, 8720 Schweinfurt, Tel.: 21402
Brudertreue am Main
More Light (engl.)

Schwelm
Zum Westfälischen Löwen, Hotel »Altdeutsche Bierstube«, 5830 Schwelm

Stade
Friederike zur Unsterblichkeit, Freiburger Str. 1, 2160 Stade, Tel.: 45440

Stadthagen
Albrecht Wolfgang, Ratskeller, Am Markt 1, 3060 Stadthagen, Tel.: 76508

Starnberg
Rauher Stein, Wassersportsiedlung 32, 8130 Starnberg, Tel.: 6684

Steinfurt-Burgsteinfurt
Ludwig zum flammenden Stern, Bagno-Restaurant, 4430 Steinfurt-Burgsteinfurt, Tel.: 3365

St. Michaelisdonn
St. Michael, Meldorfer Str. 2, 2220 St. Michaelisdonn, Tel. Restaurant: 224; Tel. Museum/Sekr.: 589

Stuttgart
(Adresse 1: Herdweg 19, 7000 Stuttgart, Tel.: 293868; Adresse 2: Hackländerstr. 27, 7000 Stuttgart, Tel.: 240273)
Furchtlos und Treu 1)
Zu den 3 Cedern 2)
Licht am Stein 1)
Solomon (engl.) 1)
Sarastro 2)
Erasmus 2)

Tegernsee/Bad Wiessee
Frm. Zirkel der Loge zur Kette i. Or. München »Zu den drei Kronen«, Korrespondenz an Alfred Schulz, Gasse 29, 8184 Gmund, Tel.: 08022/3155

Trier
Zum Verein der Menschenfreunde, Brückenstr. 11/II, 5500 Trier, Tel.: 43336

Ülzen
Georg zur Deutschen Eiche, Veerßer Str. 15, 3110 Ülzen

Ulm
(Adresse 1: Schülinstr. 11, 7900 Ulm, Tel.: 25560; Adresse 2: Eberhard-Finkh-Str. 10, 7900 Ulm, Tel.: 26095)
Carl zu den drei Ulmen 1)
Münster (engl.) 1)
C. D. Hassler 2)

Velbert
Zu den 3 Rosen in Niederberg, Hauptstr. 84, 5620 Velbert 11, Tel.: 02052/3640

Villingen
Zukunft an den Quellen der Donau, Ratskeller, Obere Str. 37, 7730 Villingen, Tel.: 51134

Walsrode
Am Kreuzweg, Lange Str. 12, 3030 Walsrode

Weiden
Zur Freundschaft im Naabtal, frm. Vereinigung, angeschlossen an die Loge »Eleusis zur Verschwiegenheit« i. O. Bayreuth, Korrespondenz an Adolf Horn, Nürnberger Str. 9, 8475 Wernberg, Tel.: 09604/2206

Werl
Beaver Lodge (engl.), Park-Hotel, Hammerstr. 1, 4760 Werl

Wesel
Zum Goldenen Schwerdt, Rohleerstr. 24, 4230 Wesel, Tel.: 26063

Westerland
Frisia zur Nordwacht, Strandstr. 10, 2280 Westerland, Tel.: 22423

Wetzlar
Wilhelm zu den drei Helmen, Brühlsbachstr. 1, 6330 Wetzlar, Tel.: 42318

Wiesbaden
(Adresse 1: Friedrichstr. 35, 6200 Wiesbaden, Tel.: 376232; Adresse 2: Hotel Oranien, Platter Str. 2, 6200 Wiesbaden, Tel.: 525025)
Plato zur beständigen Einigkeit 1)
Mozart zur Liebe und zur Pflicht 1)
Luftbrücke (engl.) 1)
Humanitas zu den 3 Lilien 2)

Wilhelmshaven
Wilhelm zum silbernen Anker, Rheinstr. 65, 2940 Wilhelmshaven, Tel.: 41610

Wittdün/Amrum
Ambronia, Haus Leitfeuer, 2278 Wittdün/Amrum

Wolfenbüttel
Wilhelm zu den drei Säulen, Kanzleistr. 4, 3340 Wolfenbüttel, Tel.: 2546

Wolfsburg
Carl zur siegenden Wahrheit, Hoffmannhaus, Westerstr. 4, 3180 Wolfsburg 12, Tel.: 05362/3002

Worms
Zum wiedererbauten Tempel der Bruderliebe, Korrespondenz an den Meister vom Stuhl, Werner Trodler, Radolfstr. 10B, 6710 Frankenthal, Tel. dienstl.: 0621/510652
Peter M. Rasmussen (engl.), Friedrich-Ebert-Str. 1, 6520 Worms

Würzburg
Adresse beider Logen: Valentin-Becker-Str. 3, 8700 Würzburg, Tel.: 51080
Zu den zwei Säulen an der festen Burg
Cornerstone (engl.)
Zur Weißen Lilie, Korrespondenz an Dr. Hans Herz, Rethelstr. 9, 5020 Frechen 4, Tel.: 02234/61085

Wunsiedel
Brudertreue an der Luisenburg, Postfach 602, 8590 Marktredwitz

Wuppertal
Adresse aller Logen: Friedrich-Engels-Allee 200, 5600 Wuppertal 2, Tel.: 81355
Hermann zum Lande der Berge
Lessing (Deputationsloge der Loge Hermann zum Lande der Berge)
Zur Bruderkette im Wuppertal
Friede und Fortschritt

Wyk auf Föhr
Zum Anker an der Nordsee, Hasenkamp 2, 2270 Wyk auf Föhr

Zweibrücken
Adresse beider Logen: Ixheimer Str. 89, 6660 Zweibrücken
Two Bridges (engl.)
Zwei Brücken auf den drei Säulen

Großloge der alten freien und angenommenen Maurer von Österreich

Graz
Adresse beider Logen: Kalvariengürtel 32–34, A-8020 Graz, Tel.: 0316/61253
Zu den vereinigten Herzen
Die Brücke

Innsbruck
Adresse beider Logen: Claudiastr. 12, A-6020 Innsbruck
Zu den drei Bergen
Einigkeit in Freiheit

Klagenfurt
Adresse aller Logen: Kulturverein Spanheimer, Herrengasse 14/II, A-9020 Klagenfurt, Tel.: 04222/512132
Zu den drei Säulen im Süden
Enzenberg
Zur Wohltätigen Marianna
Panta Rhei

Linz
Adresse beider Logen: Kulturverein Danubia, Weissenwolffstr. 1/II, A-4020 Linz
Zu den sieben Weisen
Johannes Kepler

Salzburg
Tamino, Reichenhaller Str. 23A, A-5020 Salzburg

Villach
Paracelsus, Hans-Gasser-Platz 3b, A-9500 Villach

Wien
Adresse aller Logen: Rauhensteingasse 3, A-1010 Wien
Humanitas
Zukunft
Freundschaft
Lessing zu den drei Ringen
Gleichheit
Mozart
Fraternitas
Libertas
Pythagoras
Hiram
Libertas Gemina
Sapientia
Eintracht
Sarastro (engl.)
Zu den drei Lichtern
Libertas Oriens
Zu den drei Rosen
Acacia
Zur Toleranz
Kosmos
Zur Wahrheit
Quatuor Coronati
Zur Bruderkette
Zu den sieben Himmeln
Zur brüderlichen Harmonie
Pilgram
Aux Trois Canons (franz.)
Concordia
Logos
Prometheus
Universum
Deputationsloge Helikon (ungarisch arbeitende Loge)

Schweizerische Großloge Alpina

Aarau
Zur Brudertreue, Frey-Herosé-Str. 12, CH-5000 Aarau, Tel.: 064/223144

Aigle
La Chrétienne des Alpes (franz.), Rue de Jérusalem 4, CH-1860 Aigle

Ascona
Veritas, v. Barragie 5, CH-6612 Ascona

Aubonne
La Constance (franz.), Grand Rue 17, CH-1170 Aubonne, Tel.: 021/765437

Baden
Frm. Vereinigung, Restaurant Gambrinus, CH-5400 Baden

Basel
(Adresse 1: Byfangweg 13, CH-4000 Basel, Tel.: 061/239293; Adresse 2: Sommergasse 48, CH-4056 Basel)
Freundschaft und Beständigkeit 1)
Zum Fels am Rhein 1)
Osiris 1)
Panta Rhei 1)
Zur Dreiländerecke 2)

Bellinzona
Circolo »La Fenice« (ital.), Korrespondenz an Elio Pronzini, Via S. Gottardo 17a, CH-6500 Bellinzona, Tel.: 092/253113

Bern
Adresse beider Logen: Brunngasse 30, Postfach 1450, CH-3001 Bern, Tel.: 031/220474
Zur Hoffnung
Bon Accord

Bex
Progrès et Vérité (franz.), Avenue de la Gare (anc. Eglise anglaise), CH-1880 Bex, Tel.: 026/22014

Biasca
Acacia, CH-6710 Biasca, Tel.: 092/261929

Biel-Bienne
Stern am Jura – Etoile du Jura (dt.-franz.), Rue du Jura 40, CH-2501 Biel-Bienne 1, Tel.: 032/424289

Bulle
Zirkel »Au pays de Gruyère« (franz.), Korrespondenz an J. Remy, CH-1630 Bulle, Tel.: 029/22254

La Chaux de Fonds
L'Amitié (franz.), Rue de la Loge 8, CH-2300 La Chaux de Fonds, Tel.: 039/221190

Chiasso
Frm. Vereinigung, CH-6830 Chiasso, Tel.: 091/441974

Chur
Libertas et Concordia, Hotel Stern, Mansanserstr. 35, CH-7000 Chur, Tel.: 081/223555

Davos
Humanitas, Scalettastr. 7, CH-7270 Davos-Platz, Tel.: 083/37089

Fleurier
L'Egalité (franz.), Place d'Armes 17, CH-2114 Fleurier, Tel.: 038/611185

Fribourg
La Regenerée (franz.), Rue du Midi 7, CH-1701 Fribourg, Tel.: 037/223374

Genève
(Adresse 1: Rue de la Scie 4/6, CH-1200 Genève, Tel.: 022/292203; Adresse 2: Rue Massot 3, CH-1200 Genève, Tel.: 022/460647; Adresse 3: Maison des Compagnons, rte. de Colovrex 25, CH-1218 Le Grand-Saconnez). Die Logen arbeiten französisch.
Les Amis Fidèles 1)
Cordialité et Verité 1)
Fidelité et Prudence 1)
Persévérance 1)
Union des Cœurs 2)
Union et Travail 1)
Masonry Universal Lodge (engl.) 2)
Tolerance et Fraternité 2)
Labor et Perfectio 3)

Herisau
Zirkel »Säntis«, Lokalität: Bahnhofbuffet, Sitzungszimmer, CH-9100 Herisau

Interlaken
Frm. Vereinigung, Restaurant Hirschen, CH-3800 Matten-Interlaken

Lausanne
Adresse aller Logen: Avenue de Beaulieu 17, CH-1000 Lausanne, Tel.: 021/365498. Alle Logen arbeiten französisch.
Esperance et Cordialité
Liberté
Le Progrès
Tradition
Trismégiste

Le Locle
Les Vrais Frères Unis (franz.), Rue des Envers 37, CH-2400 Le Locle, Tel.: 039/311724

Lenzburg
Frm. Vereinigung, Restaurant Hallwil, CH-5712 Beinwil am See

Liestal
Frm. Vereinigung Zur Treue und Freundschaft, CH-4410 Liestal, Tel.: 061/915858

Locarno
Frm. Vereinigung Circolo massonico Verbano, Ristorante del Ponte, CH-6616 Losone

Lugano
Die Logen arbeiten italienisch.

Il Dovere, Via Pretorio 20, CH-6900 Lugano, Tel.: 091/234828

Brenno Bertoni, Korrespondenz an Argo Devittori, Via Beltramina 3, CH-6900 Lugano, Tel.: 091/511767

Signa Hominis, Via T. Rodari 22, CH-6903 Lugano

Luzern
Fiat Lux, Murbacher Str. 15, CH-6000 Luzern, Tel.: 041/231753

Martigny
Pensée et Action (franz.), Bex Temple Loge 8, CH-1920 Martigny

Montreux
Les amis Discrets (franz.), Clarens, Rue du Port 11, CH-1820 Montreux

Morges
Lux in Tenebris (franz.), Postfach 133, CH-1110 Morges

Neuchâtel
La Bonne Harmonie (franz.), rue Pierre à Mazel 9, CH-2000 Neuchâtel, Tel.: 038/255720

Nyon
La Vraie Union (franz.), Rue Delafléchère 2, CH-1260 Nyon, Tel.: 022/642721

Porrentruy
La Tolérance (franz.), Rue du Gravier 20, CH-2900 Porrentruy, Tel.: 066/661607

Rapperswil
Frm. Vereinigung Zu den drei Rosen, Korrespondenz an P. Meier, CH-8640 Rapperswil, Tel.: 055/631155

Rorschach
Frm. Vereinigung Rheintal, Hotel Waldau, CH-9400 Rorschach, Tel.: 071/711094

Schaffhausen
St. Johann am Rhein, Schützengraben 11, CH-8200 Schaffhausen

Solothurn
Prometheus, Postfach 401, Ischernstr. 25, CH-4528 Zuchwil, Tel.: 065/255152

St. Gallen
Adresse beider Logen: »Zum Schlössli«, Spisergasse 42, CH-9004 St. Gallen, Tel.: 071/227130
Concordia
Humanitas in Libertate

St. Imier
Bienfaisance et Fraternité (franz.), 20 rue du Midi, CH-2610 St. Imier, Tel.: 039/412824

St. Maurice
Les Amis Sincères (franz.), Epinassey, CH-1890 St. Maurice

St. Moritz
Frm. Vereinigung Aurora, Korrespondenz an Silvio Lareida, Via dal'Alp 19, CH-7500 St. Moritz, Tel.: 082/3446 5

Thun
Phoenix, Lokal I.O.O.F. Beatus Loge, Mönchstr. 16, CH-3600 Thun

Vevey
Constante et Avenir (franz.), Rue des Bosquets 9, CH-1800 Vevey

Winterthur
Akazia, Schwalmenackerstr. 7, CH-8400 Winterthur, Tel.: 052/221054

Yverdon
La Fraternité (franz.), 7, rue Pestalozzi, CH-1400 Yverdon

Zofingen
Frm. Vereinigung, Restaurant Schwert, CH-4800 Zofingen, Tel.: 064/831932

Zürich
Adresse aller Logen bis auf ›Aurora Humanitatis‹: Lindenhof 4, CH-8000 Zürich, Tel.: 01/2111349
In Labore Virtus
Libertas et Fraternitas
Modestia cum Libertate
Sapere Aude
Cosmopolitan Lodge (engl.)
Catena Humanitas
Post Tenebras Lux
Aurora Humanitatis, Korrespondenz an Ernst Knecht, Zollikerstr. 82, CH-8034 Zürich, Tel.: 01/692625

Zürich-Flughafen
Frm. Vereinigung Ad Astra, Restaurant Top Air Terminal A, CH-8058 Zürich-Flughafen

Glossar

Das Glossar folgt stark verkürzt den Angaben aus »Internationales Freimaurerlexikon«, herausgegeben von Eugen Lennhoff und Oskar Posner, Wien 1932, Ausgabe 1980.

A

Absalom, (hebr.) Vater des Friedens. Seit 1743 Name der ältesten deutschen, 1737 in Hamburg gegründeten Loge.

Adept, (griech.) der etwas erlangt hat. In zahlreichen Mysterien der »Eingeweihte«. Bezeichnung vieler Hochgradstufen.

Adoptionslogen. Nicht anerkannte Logen, in denen Männer und Frauen gemeinsam arbeiten oder auch reine Damenlogen, die hauptsächlich im Frankreich des ausgehenden 18. Jahrhunderts bestanden.

Affiliation. Übernahme eines seine ursprüngliche Loge wechselnden Freimaurers in eine neue Loge (z. B. bei Wohnungswechsel).

Agape, (urchristl.) Liebesmahl. Zumeist nach einer freimaurerischen Tempelarbeit abgehaltenes Brudermahl bzw. Tafelloge.

Ägyptische Mysterien. Besonders im 18. Jahrhundert nahm die Freimaurerei gerne auf die vermeintlich bekannten ägyptischen Mysterien Bezug und übernahm viele angeblich authentische Bräuche, Baustile etc. In Text und Szenenbild der »Zauberflöte« ist dieser Einfluß spürbar.

Aitchisons Haven Lodge, eine der ältesten Baulogen in Schottland, deren Protokolle bis zum Jahre 1598 zurückgehen. Die Dokumente sind von größter Wichtigkeit, weil sie erstmalig die Aufnahme von Nichtbauleuten bezeugen.

Akazie. Im Orient unserem Immergrün vergleichbar. Gilt in manchen Ländern als *die* symbolische Pflanze der Freimaurerei.

Aktivismus. Der Betätigungsdrang des Freimaurers und sein Bestreben, die Lehren seiner Gemeinschaft praktisch auszuwerten, ist regional und national sehr verschieden (Wohlfahrtsanstalten, Propagierung der Idee, Völkerbefriedung u. v. a.).

Alte Pflichten, (engl. Old Charges) sind ganz allgemein das Grundgesetz der Freimaurerei. Sie sind im Constitutionsbuch des Reverend James Anderson aus dem Jahre 1723 enthalten.

Alter. Das Aufnahmealter schwankt je nach Großloge zwischen 18 und 25 Jahren. Dispens ist in Ausnahmefällen nur durch den Großmeister möglich. Das je nach Grad verschiedene symbolische Alter ist eine der Erkennungsfragen.

Ancient Masons. Sogenannte Altmaurerlogen, die sich unabhängig neben der 1717 gegründeten Großloge von England entwickelten und die dort entstehenden Neuerungen ablehnten.

Andreasloge, auch Schottische Loge. Eine schwedische Lehrart, in der Christus als der eigentliche Schlußstein des symbolischen Tempelbaus verstanden wird.

Androgyne Logen. Logen, die beiden Geschlechtern den Zutritt gewähren. Die reguläre Freimaurerei läßt Frauen nicht zu.

Anklopfen. An der Tempeltür nach bestimmten Klopfzei-

242

chen um Einlaß ersuchen. Im übertragenen Sinn auch soviel wie um Aufnahme in den Freimaurerbund bitten.

Anwesenheitsliste. Alle Mitglieder und Besucher einer Loge sind verpflichtet, sich in eine Anwesenheitsliste einzutragen.

Arbeit. Die verschiedenen Logenaktivitäten werden als Arbeit bezeichnet, z. B. Tempelarbeit, Festarbeit, Instruktionsarbeit usw. Man unterscheidet »Innen- und Außenarbeit«. Die Arbeit ist in der Freimaurerei so dominant, daß man von einem »Arbeitsbund mit Werkkult« spricht. Das den Mitgliedern gewöhnlich zu Monatsbeginn vorgelegte Programm heißt »Arbeitskalender«.

Arbeitsteppich, auch Symboltafeln genannt. Im Tempel aufliegender Teppich mit freimaurerischen Symbolzeichen. Ursprünglich wurden die verschiedenen Symbole mit Kreide und Kohle auf den Boden gezeichnet.

Architekt. Bezeichnung hoher Großlogen- bzw. Ordensämter. Im Englischen und Französischen Bezeichnung des »höchsten Wesens«: Grand Architecte de l'Univers.

Armenwesen. Die Alten Pflichten befehlen, einen bedürftigen Bruder nach Maßgabe der eigenen Mittel zu unterstützen.

Ars regia (lat.), Königliche Kunst, Freimaurerei.

Atelier (frz.), Bezeichnung für Bauhütte, Loge, maurerische Werkstätte; synonym mit Loge gebraucht.

Atheismus. Gemäß den Alten Pflichten sind Atheisten von der Aufnahme ausgeschlossen.

Aufnahme in den Freimaurerbund finden Männer von einem bestimmten Mindestalter (s. Alter), die als sog. »freie Männer von gutem Rufe« gelten, frei über sich verfügen können, ein zum Erfassen der freimaurerischen Grundsätze hinreichendes Verständnis und Bildung besitzen und gewillt sind, sich auf deren Boden zu stellen.

Aufseher, auch Vorsteher. Nach dem Stuhlmeister die beiden höchsten, »hammerführenden« Beamten der Loge.

Aufsicht führt die Großloge über die ihr unterstehenden Logen bei voller Autonomie im Hinblick auf deren Arbeitsweise, Finanzwirtschaft und Einhaltung der allgemeinen freimaurerischen Formen.

Aufzüge, (engl. processions). Von den alten Gilden in England übernommener Brauch. Besonders am Tage der Einsetzung des Großmeisters werden feierliche Aufzüge oder Auffahrten veranstaltet.

Ausschließung, Streichung, ist die schärfste Strafe, die gegen Freimaurer verhängt werden kann.

B

Baldachin, der von Säulen getragene Himmel über dem Meistersitz oder der ganzen Loge als Zeichen des Himmels und der Universalität der Freimaurerei.

Ballotage, s. Kugelung.

Bänder, s. Bekleidung.

Banner. Von den Gilden übernahmen die Freimaurer den Brauch, bei feierlichen Anlässen ein B. vorantragen zu lassen (insbesondere in England und Amerika).

Batterie (frz.), Beifallszeichen durch Händeklatschen in einem bestimmten Rhythmus.

Bau. In symbolischer Arbeit unternimmt der Freimaurer die Errichtung eines (salomonischen) Tempels, worunter

die allgemeine Menschenliebe bzw. Humanität zu verstehen ist. Freimaurer werden auch Bauleute genannt.

Baugedanke. Leitmotiv der freimaurerischen Arbeit.

Baumeister, Der Allmächtige, aller Welten, (abgekürzt A. B. a. W.). Darunter ist Gott zu verstehen. Die Weltmeistersymbolik ist eine der Landemarken der Freimaurerei geworden.

Bausteine, Baustücke. In der Logensprache freimaurerische Vorträge.

Beamte. Die Loge wird durch B. verwaltet, die in jährlichen Wahllogen für die Dauer eines Jahres eingesetzt werden. Sie treten zum sog. Beamtenkollegium oder Beamtenrat zusammen, das die Geschäfte der Loge leitet.

Beförderung. Zulassung zu einem höheren Freimaurergrad. Vom FM-Lehrling zum FM-Gesellen wird man befördert.

Beifallszeichen. Zustimmendes Schlagen der rechten Hand auf den rechten Schenkel.

Bekleidung, Maurerische, die der Freimaurer zum Zeichen der Arbeit in der Loge anlegt – nur bei rituellen Versammlungen. Zur B. zählen u.a. Schurz, hoher Hut (Zylinder), Logenabzeichen, weiße Handschuhe, breite Schärpe und Degen.

Benjamin. Bezeichnung des letztaufgenommenen Lehrlings in der Loge.

Besuchende Brüder. Reguläre Freimaurer werden, soweit sie den Nachweis erbringen können, daß sie im Vollbesitz ihrer maurerischen Rechte sind, zum Besuch bei anderen Logen zugelassen. Das Gastrecht unterliegt hier lokal verschiedenen Bestimmungen.

Bibel, im engl.-freimaurerischen Sprachgebrauch »Volume of the Sacred Law", ist, wie die auf ihr vereinigten Symbole Zirkel und Winkelmaß, eines der Großen Lichter der Freimaurerei.

Bibliotheca Klossiana, Grundstock der größten freimaurerischen Bücherei und Handschriftensammlung auf dem europäischen Kontinent, der Bibliothek des Großostens der Niederlande im Haag.

Bijou (engl. Jewel), aus dem 18. Jahrhundert stammender Ausdruck für Logenkleinod oder Logenabzeichen.

Binde. Das Verbinden der Augen ist ein im Laufe des 18. Jahrhunderts aus den alten Mysterien übernommener Brauch zur Einführung von Neulingen und Aspiranten.

Blau, bevorzugte Farbe der Freimaurerkleidung und der Inneneinrichtung des Tempels.

Blutmischung. Von den Mysterienbünden übernommener ritueller Brauch, der die Verbrüderung, Bundesschließung, Unio symbolisiert.

Bruder. Zum Zeichen innigster Verbundenheit nennen die Freimaurer einander Brüder und ihre Gemeinschaft eine Brüderschaft.

Bruderhilfe. Caritative freimaurerische Vereinigung.

Bruderkette, Symbol der brüderlichen Verbundenheit der Menschen.

Bruderkuß. Entweder als Zeichen der Weihe, als Siegel der Verbundenheit oder zum Schlusse der Arbeit als Erinnerungszeichen.

Brudermahl. Im Gegensatz zur Tafelloge zwanglose Vereinigung von Brüdern ohne eigenes Ritual.

Buch, eines der drei großen Lichter auf dem Altar der Loge (die Bibel).

Bund ist die allgemeine Bezeichnung für die Organisation der Freimaurer (auch Orden).

Bundeslied. »Brüder reicht die Hand zum Bunde . . .« nach einer Melodie von Mozart (Freimaurerkantate).

Bürge, Bürgschaft. Jeder Kandidat einer Loge bedarf eines Bürgen, der für ihn haftet und sich verpflichtet, nur Männer von untadeligem Ruf der Loge zuzuführen.

C

Call to Order (engl.), zur Ordnung rufen. In eröffneter Loge darf der Redner nicht unterbrochen werden, außer der Meister vom Stuhl ruft ihn zur Ordnung.

Carmick-Manuskript, die älteste freimaurerische Handschrift Amerikas aus dem Jahre 1727; enthält Konstitutionen nach alten Mustern.

Cavent, im 18. Jahrhundert gleichbedeutend mit Bürge, Pate verwendet.

Centralisten, deutsche geheime Verbindung aus der 2. Hälfte des 18. Jahrhunderts, die sich freimaurerischer Formen bediente und die Freimaurerei mit der katholischen Kirche verbinden wollte.

Certifikat, Beglaubigungsschreiben einer Großloge oder Loge, z. B. ein Meisterausweis oder Logenpaß.

Charitas. Auf die Gebote der Charitas wird der Lehrling bereits bei der Aufnahme verwiesen. Die Geschichte der freimaurerischen Charitas ist so alt wie die Freimaurerei selbst.

Charter (engl.), auch Warrent, Logenpatent, Stiftsbrief, durch den eine Loge seitens der Großloge ermächtigt wird, die gesetzmäßige freimaurerische Tätigkeit aufzunehmen.

Chevalier (frz.), Ritter, zur Bezeichnung von Hochgraden.

Christliche Freimaurerei. Die Freimaurerei ist ihrer Entstehung nach ursprünglich christlich, d.h. die Bauhüttenleute und ihre »spekulativen« Mitglieder waren Christen. Die heute als christlich bezeichnete Freimaurerei entstand allerdings aus dem Vorstellungskreis christlicher Ritterorden des 18. Jahrhunderts. Die reguläre Freimaurerei ist interkonfessionell.

Climat (frz.), Klima, im Sprachgebrauch der Adoptionsmaurerei gleichbedeutend mit Orient (Sitz der Loge).

Collar, das breite Halsband, an dem das Logen- oder Großlogenabzeichen getragen wird.

Consecration (engl.), Einsetzung einer Loge, Lichteinbringung.

Cooke-Manuscript, zweitälteste bisher bekannte Handschrift der mittelalterlichen englischen Bauleute, etwa 1430–1440 entstanden.

Cotisation (frz.), Logen- bzw. Großlogentaxen.

Craftsman, in frühen freimaurerischen Schriften gleichbedeutend mit Freimaurer.

D

Deckung, bedeutet die durch persönlichen Augenschein erreichte Gewißheit, daß nur Freimaurer bei der Arbeit anwesend sind. Deckung eines Bruders bedeutet auch dessen Ausscheiden aus der Loge, synonym mit Entlassung.

Décors (frz.), gleichbedeutend mit maurerischer Bekleidung.

Demiurg (griech.), Weltbaumeister bei Platon. So nennt die Freimaurerei Gott, den »allmächtigen Baumeister aller Welten«.

Deputierter, in Verbindung mit einem freimaurerischen Beamtentitel gleichbedeutend mit Zugeordneter, Stellvertreter, z. B. Deputierter Großmeister.

Dispens, Dispensation (engl.), außerordentliche Vollmacht, die vom Großmeister, besonders in Amerika in Ausnahmefällen erteilt werden kann.

Dorischer Stil. Der Säulenknauf der Säule der Stärke im Freimaurertempel wird im Dorischen Stil gehalten.

Drei, spielt in der freimaurerischen Symbolik als wichtigste der sog. heiligen Zahlen eine besondere Rolle.

Drei Punkte. Im freimaurerischen Schriftwechsel werden hinter Abkürzungen drei Punkte gesetzt, was den Freimaurern die Bezeichnung »Dreipunktebrüder« eingetragen hat.

Druidenorden, 1781 in London gegründet, knüpft an das keltische Druidentum (Priestertum) Englands und Irlands an und widmet sich hauptsächlich karitativen Aufgaben. Ritual und Ideologie weisen Ähnlichkeiten mit der Freimaurerei auf.

E

Eastern Star, Orden Stern des Ostens. Karitative Organisation der Adoptionsmaurerei, 1870 in Kentucky gegründet, der nur Freimaurermeister und deren weibliche Angehörige angehören dürfen. Mit über dreizehntausend Kapiteln über die ganze Welt verbreitet, zählt er etwa drei Millionen Mitglieder.

Ehrenmitgliedschaft. Die Loge verleiht Ehrungen an verdiente Brüder auch anderer Logen.

Ehrenrat, auch Logengericht genannt, ist eine Einrichtung der Logen, die das maurerische Verfahren bei Verletzung der maurerischen Pflichten einleitet und ein Urteil zu fällen hat. Mögliche Strafen sind: Verweis, Rüge, zeitweiliges Logenbesuchsverbot und der Ausschluß aus Loge oder Bund.

Einrichtung der Loge. Die Loge hat die Form eines länglichen Vierecks und ist nach den Himmelsrichtungen ausgerichtet. Im Osten sitzt der Meister vom Stuhl, im Westen die zwei Aufseher. Zur Einrichtung gehören weiterhin die drei Säulen, die drei Großen Lichter und ein Teppich/Tafel mit bildlichen Darstellungen der freimaurerischen Hauptsymbole.

Einsetzung einer Loge, Lichteinbringung, erfolgt in feierlicher Weise durch den Großmeister, wobei der Meister vom Stuhl und die Beamten auf die Bundes- und Großlogengesetze verpflichtet werden. Vollzogen ist die Einsetzung mit dem Eintrag ins Logenregister.

Engbünde. Gebildet von Freimaurermeistern, die sich zwecks Studium der Freimaurer-Geschichte und der verschiedenen Systeme zu einer wissenschaftlichen Vereinigung zusammenschließen.

Entlassung, Ehrenvolle. Jeder Freimaurer hat das Recht, in schriftlicher Form beim Stuhlmeister unter Darlegung der Gründe um seine Entlassung nachzusuchen.

Enttäuschte, ein stehender Begriff in der Freimaurerei zur Bezeichnung jener, die im Bunde nicht das fanden, was sie suchten.

Erhebung, Beförderung in den Meistergrad.

Erkennungszeichen, aus den alten Zunftgewohnheiten übernommene Einrichtung der Freimaurerei. Bei der Weihe werden sie dem einzelnen Freimaurer gegeben, um ihn als solchen zu legitimieren. Sie gliedern sich in Zeichen, Worte und Griffe.

Ethik, spielt in der Freimaurerei eine tragende Rolle, insofern als das Sittengesetz im Mittelpunkt des freimaurerischen Lehrgebäudes steht.

Experte. Logenbeamter, der die Besucher zu prüfen hat oder die Aufzunehmenden vorbereitet.

F

F., im Französischen Abkürzung für frère, Bruder.

Faschismus, bekämpfte die Freimaurerei von Anfang an und löschte sie schließlich vollkommen aus.

Faux-frère (frz.), abtrünniger Freimaurer, der sich als Denunziant oder Spitzel betätigt.

Feldlogen, s. Militärlogen.

Feste. Als freimaurerisches Fest gilt der Johannistag, am 24. Juni, an welchem das Johannisfest gefeiert wird.

Flagge, freimaurerische. Im Seeverkehr führen manche Kapitäne, die Freimaurer sind, eine blaue Fahne mit weißem Zirkel und Winkelmaß, um in Notfällen Brüder zu Hilfe zu rufen oder um im Hafen freimaurerischen Verkehr anzubahnen. Eine reguläre Flagge gibt es nicht.

Flammender Stern, fünfzackiger Stern im Strahlenkranz, Symbol des zweiten Grades.

Flammendes Schwert, Flamberg, übliches Dekorationsstück der Logeneinrichtung, das entweder auf dem Meistertische liegt oder vor dem Meister in einem besonderen Gestell steht.

Forschungslogen befassen sich wie die Engbünde mit der freimaurerischen Geschichte. In England spielt die Forschungsloge »Quatuor Coronati« eine bedeutende Rolle.

Four Old Lodges, The (engl.), die vier alten Logen in London, die 1717 die erste Großloge gründeten.

Fragebogen. Jeder Aufnahmesuchende muß Fragen hinsichtlich seiner Stellung zu Lebensproblemen im allgemeinen und seiner Erwartungen in bezug auf die Logenmitgliedschaft beantworten.

Fragestücke sind mehreren der alten Manuskripte der englischen und auch deutschen Steinmetzbrüderschaften beigefügt. Sie beweisen das durchgehend symbolische Verständnis der Bautätigkeit.

Frauen als Freimaurer. Nach dem 3. Hauptstück der »Alten Pflichten« sind Frauen von der Mitgliedschaft ausgeschlossen, weshalb man auch in den alten Logen seine Brust bei der Aufnahme entblößte, um sein männliches Geschlecht zu beweisen.

Freemason (engl.), Freimaurer.

Freidamenorden, eine anrüchige Institution im Wien des ausgehenden 18. Jahrhunderts, der zum großen Teil aus gefälligen Damen der Wiener Lebewelt bestand und von Kaiser Franz 1795 unterdrückt wurde.

Freimaurer-Gesundheiten, Logentrinksprüche in poetischer Form wurden schon im 18. Jahrhundert gedruckt.

Freimaurerkantate, Kleine, Mozarts letzte Arbeit vom 15. November 1791.

Fruchtbringende Gesellschaft, 1617 gegründete, älteste deutsche Sprachgesellschaft, später auch der »Teutsche Palmbau« genannt. Zweck der Gesellschaft war die Ausübung der Tugend und tadelloser Gebrauch der Muttersprache.

Fürchterlicher Bruder, frz. frère terrible, französische Erfindung, bei der der Vorbereitende Bruder in Schreckgestalt vermummt, zum Neophyten in die Vorbereitungskammer geschickt wird, um diesem das Gruseln beizubringen; heute nur noch selten.

G

Gabenpfleger, auch Almosenier, Logenbeamter, der die Sammlung der milden Gaben in der Loge durchführt.

Gebet, zu Beginn der Versammlung übliche Invokation Gottes.

Gebrauchtum, Ritual, heißt die besondere Form der freimaurerischen Arbeit, die sich in ihren Entstehungsformen an alte Gebräuche der Steinmetzbruderschaften anlehnt.

Gehorsam gegenüber den staatlichen Gesetzen wird bereits in Andersons »Alten Pflichten« verlangt.

Geistesfreiheit, Eintreten für, ist als grundsätzliche Aufgabe der Freimaurerei gemäß ihrer aufklärerischen Tradition in vielen Großlogenverfassungen niedergelegt. Den Kampf für die Geistesfreiheit führt allerdings nicht der Bund, sondern der einzelne Freimaurer.

General-Großinspektor, souveräner, der oberste, dreiunddreißigste Grad des Schottischen Ritus.

Gesellengrad. Ursprünglich gab es nur zwei Grade in den ältesten Logen: den Lehrling und den Meister. Erst um 1730 wurde die Dreiteilung und der Gesellengrad eingeführt.

Geselligkeit ist ein Mittel des Zusammenhalts der Loge zu freimaurerischer Arbeit.

Gesetzbuch. Die in der Zunftlade aufbewahrten und bei Versammlungen aufgelegten Bauhüttenordnungen bilden die Grundlage der freimaurerischen Gesetzgebung. Ergänzt werden die Großlogengesetze durch Hausgesetze der einzelnen Logen.

Gewölbe, Stählernes, Stahldach, Ehrenbezeugung z. B. beim Eintritt eines Großmeisters, indem die in zwei Reihen stehenden Brüder die Degen in Form eines Daches kreuzen.

Gilden, im Mittelalter entstandene freie genossenschaftliche Vereinigungen – ursprünglich religiös, dann handwerklich – zur Förderung gemeinsamer Interessen. Die Freimaurerei steht zum Gildenwesen insofern in enger Beziehung, als sich ihr Brauchtum aus den Gilden der Steinmetzbruderschaften entwickelte.

Gleichtracht, früher bei öffentlichen Auftritten der Loge, z. B. Aufzüge, Kirchgänge oder Grundsteinlegungen, vorgeschriebene Art von Uniform.

Grade. Die Einteilung des Lehrinhaltes der Freimaurerei in Stufen und Grade ist auf ihre Eigenart als Männerbund zurückzuführen. Der Inhalt der freimaurerischen Lehre ist in den drei symbolischen, auch blauen oder Johannisgraden genannten Stufen vollkommen enthalten.

Großbeamte, die Würdenträger der Großloge. Sie bilden den Großbeamtenrat.

Großloge, die höchste Organisationsstufe der Freimaurerlogen, die sie zu einer höheren Einheit zusammenfaßt. Sie sorgt für die Einheitlichkeit von Form und Inhalt der freimaurerischen Arbeit.

Großmeister, als gewählter Amtswalter der höchste Beamte der Loge. Seine Befugnisse sind je nach Loge verschieden. Im wesentlichen stehen ihm symbolische Rechte und das Ernennungsrecht zu.

Guttemplerorden. 1852 in New York gegründet, bekämpft er hauptsächlich die Alkoholsucht und ihre Folgen. Der Orden besitzt eine ähnliche Organisationsform wie die Freimaurerei, weshalb er fälschlicherweise mit dem FM-Bund in Zusammenhang gebracht wurde.

Gutturale, von Guttur, Hals oder Kehle, das sogenannte Halszeichen.

H

Halliwell-Gedicht, Halliwell-Manuskript, ist, vom »Book of our Charges« abgesehen, wahrscheinlich die älteste Niederschrift der alten Constitutions der Steinmetzbruderschaften überhaupt. Sie entstand gegen Ende des 14. Jahrhunderts als Abschrift des verlorenen Originals und wurde von Halliwell herausgegeben.

Hall, Masonic. Die ersten Freimaurerlogen versammelten sich in Gasthäusern, Tavernen.

Hammerführende. Als solche werden in der Loge der Stuhlmeister und die beiden Aufseher bezeichnet.

Handauflegen ist ein Segen, den der Meister erteilt, von entsprechenden Worten begleitet.

Handschenk, ein besonders unauffälliger Griff, der in den Bauhütten der deutschen Steinmetzen als Erkennungszeichen diente.

Handschuhe, symbolischer Bestandteil der freimaurerischen Bekleidung. Sie stehen für das Reinbleiben der Hände bei der Arbeit.

Haupthütte. Die Vereinigungen der weltlichen deutschen Bauleute waren in Hüttengaue organisiert, deren Verwaltung je eine Haupthütte führte.

Hell-leuchtend. Wenn bei der Kugelung nur weiße Kugeln verzeichnet werden, wird sie als hell-leuchtend bezeichnet.

Himmelsgestirne. Als ein Bild des Weltalls wird die Loge in den alten Ritualbüchern bezeichnet, weswegen auch Sonne, Mond und Sterne in bildlicher Darstellung den Himmel in der Loge zieren.

Hiram. In der Freimaurerei gilt Hiram gemäß der biblischen Legende als Baumeister des Salomonischen Tempels.

Hochgrade sind in der Freimaurerei sehr umstritten. Ihre Befürworter begründen sie damit, daß eine Weiterleitung besonders Beflissener und eine philosophische Vertiefung in einzelnen Speziallehren der Freimaurerei notwendig sei. Sie widersprechen in ihrem hierarchischen Aufbau dem Grundprinzip der vollen Gleichberechtigung aller Brüder.

Hochmittag, Hochmitternacht, freimaurerische Zeitbezeichnungen, die den Anfang und das Ende der Arbeitsstunden angeben.

Hut, gehört in den deutschen Logen zur freimaurerischen Bekleidung. Er wird während der Arbeit getragen, beim Gebet abgenommen.

I

I. d. u. h. Z., Abkürzung von: In den uns heiligen Zahlen, freimaurerische Briefformel.

Illuminaten, in den 70er Jahren des 18. Jahrhunderts in Bayern gegründeter Geheimorden mit dem Ziel der sittlichen Vervollkommnung und des vollkommenen Glückes der Menschheit. Eine Beziehung zur Freimaurerei besteht nicht.

Initiation, aus den alten Mysterienweihen übernommene Bezeichnung für die unter symbolischen Handlungen erfolgende Einweihung und Aufnahme in den Freimaurerbund.

Innenarbeit, Freimaurerische, die Arbeit an sich selbst und die kontemplative Tätigkeit im Tempel, im Gegensatz zur Außenarbeit, dem Aktivismus.

In Ordnung! Aufforderung des Meisters vom Stuhl an die Loge, die im Ritual vorgesehene Haltung der Logenordnung einzunehmen.

Installation, die Einsetzung des Stuhlmeisters in sein Amt.

Instruktion, die Unterweisung in Geschichte, Lehre und Brauchtum der Freimaurerei durch einen Instruktor.

Investitur, die Übergabe der freimaurerischen Bekleidung an den Neuaufgenommenen.

J

Jachin, auch Jakin, ist der Name einer Säule im Salomonischen Tempel, die wie ihr Gegenstück »Boas« im Tempel der Freimaurer symbolische Bedeutung hat.

Jahwe-Brüder, abfällige Bezeichnung der Freimaurer durch Ludendorff.

Jehovah, der in freimaurerischen Ritualen und Gesängen wiederholt vorkommende, sog. unaussprechliche Name Gottes.

Johannisfest, ist das Bundesfest der Freimaurerei und wird am 24. Juni als dem Geburtsfest Johannes des Täufers, des Schutzpatrons der Freimaurerei, in den meisten Logen der Welt gefeiert.

Johannisgrade heißen die in der Johannisloge erteilten, den Inhalt der maurerischen Lehre voll ausschöpfenden Grade des Lehrlings, Gesellen und Meisters.

Johannis-Maurerei, auch blaue oder symbolische Maurerei. So heißt die, im Gegensatz zu den Hochgraden, auf die drei Johannisgrade beschränkte Maurerei.

Jubiläen, Freimaurerische. Logenjubiläen werden in besonders feierlicher Weise begangen. Einzelne Brüder werden zu ihren Jubiläen besonders geehrt. Für 25jährige Logenzugehörigkeit erhalten sie den Silberschurz, für 50jährige Zugehörigkeit den Goldschurz.

K

Kammer, Dunkle, Vorbereitungsraum für den Kandidaten zur Selbstbesinnung vor der Aufnahme.

Kandidat, (von lat. candidus, weiß), auch Suchender, der Aufnahme Heischende.

Kanonen, Trinkgläser bei den Tafellogen, die nach einer Art Exerzierreglement an den Mund geführt und wieder abgesetzt werden.

Kanzler, auch Großkanzler, Beamter, Schriftführer der Obersten Räte des Schottischen Ritus.

Kastellan, Hausverwalter einer Loge, der meist auch für die Loge eine Restauration betreibt.

Katechismus heißt ein besonderer Kanon von Fragen und Antworten, der die Erkennungszeichen, Grußworte und Gebräuche der Freimaurer enthält und vor allem Unterweisungszwecken für Neuaufgenommene dient.

Kelle. Symbolisches Werkzeug der Freimaurerei, das Sinnbild der verbindenden und festigenden Arbeit innerhalb der Bruderschaft.

Kerzen. Die den Arbeitsraum des Freimaurers erleuchtenden Kerzen, insbesondere die auf den drei Säulen der Weisheit, Schönheit und Stärke brennenden, haben symbolische Bedeutung (Sinnbild des Lebens). »Erleuchtet« heißt eine Loge, wenn die drei Großen Lichter auf dem Altar entzündet und die drei symbolischen Kerzen entzündet sind.

Kette heißt ein symbolischer Akt des freimaurerischen Rituals, der zumeist gegen Ende der Arbeit vorgenommen und bei dem die Kette der Hände geschlossen wird. Der Freimaurerbund bezeichnet sich als Bruderkette.

Kleinodien. Bezeichnung für symbolische Werkzeuge der Freimaurerei. Man unterscheidet die sog. drei beweglichen K.: Winkelmaß, Wasserwaage und Senkblei (Abzeichen des Meisters und der Aufseher), und die drei unbeweglichen der Arbeit: Rauher Stein, behauener Stein und Reißbrett (Symbole für Lehrling, Geselle, Meister). Auch das Logenabzeichen wird als K. bezeichnet.

Königliche Kunst, engl. Royal Art, Bezeichnung der Freimaurerei in Verbindung mit dem von König Salomo veranlaßten Tempelbau.

Kontemplative Maurerei ist hauptsächlich jene auf das eigene Innenleben gerichtete Maurerei, die durch Selbsterkenntnis und Selbstbeschau geistige und moralische Werte am Individuum schaffen will.

Kosmopolitismus, von der Freimaurerei verfochtener Gedanke des Weltbürgertums, der alle Menschen als Glieder einer umfassenden Gemeinschaft betrachtet und das Wohl aller erstrebt.

Kosmos (gr.), die Welt als geordnetes harmonisches Ganzes, Weltall. Die Loge wird als Abbild des Kosmos verstanden.

Kubus, kubischer Stein. Der behauene Stein gilt in der Johannis-Maurerei als Symbol der fortgeschrittenen Arbeit, der sich lückenlos in den großen Bau einfügt; er ist auch Symbol der Gotteskindschaft.

Kugelung. Über die Aufnahme eines »Suchenden« wird in geheimer Abstimmung durch das Werfen von schwarzen (Ablehnung) und weißen (Zustimmung) Kugeln entschieden.

L

Lebenslängliche Ämter. In einzelnen Systemen besteht der umstrittene Brauch, Beamtungen, wie z. B. den Vorsitz der Loge, auf Lebenszeit, ad vitam, zu verleihen.

Lehre. Die Lehre des Freimaurerbundes besteht aus der historischen Kenntnis seiner Entstehung, der Erforschung der ethischen und philosophischen Grundlagen der Freimaurerei, sowie ihrer praktischen Nutzanwendung für den Einzelbruder. Mittel der Lehre sind die Symbolik und ihre Deutung.

Lehrling, der erste Grad der Freimaurerei.

Leidender, in der Lehrart der Großen Landesloge der Freimaurer von Deutschland Bezeichnung für den Suchenden.

Licht, Lichtsymbolik, spielt in der Freimaurerei eine bedeutsame Rolle. Die drei Großen Lichter sind Winkelmaß, Zirkel und Bibel, die bei der Tempelarbeit auf dem Altar aufliegen. Die drei Kleinen Lichter brennen auf den Säulen der Weisheit, Schönheit und Stärke als Symbole von Sonne, Mond und dem Meister vom Stuhl.

Lichteinbringung. Das feierliche Stiftungsfest einer Loge, bei dem zum ersten Mal die drei Großen Lichter auf dem Altar niedergelegt und enthüllt und die drei Kleinen Lichter entzündet werden.

Loge. Das Wort bezeichnet in erster Linie den Raum, in dem sich die Freimaurer versammeln, aber auch die versammelte Bruderschaft selbst.

Logenmeister heißt der Meister vom Stuhl bei der Großen Landesloge der Freimaurer von Deutschland.

Logenpaß. Zur Legitimierung beim Besuch fremder Logen dient der Logenpaß, der auch sonst ganz allgemein als freimaurerisches Ausweispapier gilt.

Lohn. Die Entlohnung der Freimaurer, die in der Arbeit des einzelnen Bruders gelegen ist, ist den alten Werkgemeinschaften der Steinmetzen entnommen und wird symbolisch gedeutet.

Lohnerhöhung, Beförderung in den Gesellengrad bzw. Erhebung zum Meister.

M

Maßstab, Vierundzwanzigzölliger, eines der Werkzeuge des Lehrlings, vierundzwanzigzöllig entsprechend den 24 Stunden des Tages. Der Lehrling soll den M. vor allem an seine Handlungen anlegen.

Materialien. Als Baumaterialien bezeichnet die Lehrart der Großen Landesloge der Freimaurer von Deutschland Kreide, Kohle und Feuer. Sie werden gedeutet als Aufrichtigkeit, Verschwiegenheit und Eifer.

Maurerei, gleichbedeutend mit Freimaurerei.

Meißel, Steinmeißel, das Sinnbild der Selbstveredelung; der Geselle beseitigt damit die letzten Unebenheiten, die dem »Rauhen Stein« anhaften.

Meister, Träger des dritten und höchsten Grades der symbolischen Maurerei, des Meistergrades. Der freimaurerischen symbolischen Lehre zufolge arbeiten die Meister am Reißbrett, um mit dem Maßstab der Wahrheit, dem Winkelmaß des Rechts und dem Zirkel der Pflicht ihre Entwürfe zu machen, nach denen der Bau erfolgen soll.

Meistererhebung, Beförderung in den III. Grad, also den Meistergrad.

Meister vom Stuhl, der Vorsitzende der Loge, in der Symbolik der Freimaurerei eines der »drei Kleinen Lichter« der Loge; er ordnet die Arbeiten an und leitet diese.

Mentor. In manchen Logen wird dem Neuaufgenommenen ein M. zur Seite gestellt, der ihn betreut und berät.

Militärlogen, Feldlogen, Regimentslogen. Die Ausbreitung der Freimaurerei in großen Teilen der Welt ist zu einem guten Teil M. zu danken, die sich im 18. Jahrhundert bei zahlreichen Regimentern bildeten.

Mond, Sonne und Meister vom Stuhl werden in der freimaurerischen Symbolik als die »drei Kleinen Lichter« verstanden, die Lichtquellen der Loge.

Mopsorden nannte sich ein für Damen und Herren gegründeter Pseudoorden, dessen Treuesinnbild der Mops war, eine vorübergehende Modeerscheinung Mitte des 18. Jahrhunderts in Deutschland.

Mörtel versinnbildlicht beim geistigen Bau des Tempels der Humanität die gegenseitige Achtung und Würdigung, die zur alles verbindenden Bruderliebe wird.

Musik, Freimaurerische. Die ersten Freimaurer-Gesänge sind Tafellieder, die entsprechend dem Logenbrauch bei der Arbeit in der Wirtsstube im Chor gesungen wurden. In den deutschen Ritualen wird Musik zur Einleitung und zum Schluß, in den Pausen der Ritualhandlungen sowie zu deren Begleitung eingeschaltet. Vor allem der Chorgesang wird besonders gepflegt.

Mutterloge, ursprünglich im 18. Jahrhundert eine Johannisloge, die die Befugnis ausübte, Tochterlogen zu gründen. Allgemein wird als M. auch diejenige Loge bezeichnet, in welcher ein Bruder zuerst aufgenommen wurde.

N

Nachlaß, Freimaurerischer. Bei der Aufnahme und den Graderhöhungen erhält der Freimaurer die Bekleidung, Abzeichen und Druckschriften u. a., die meist ausdrücklich als Logeneigentum bezeichnet sind und im Falle des Ablebens eines Bruders zurückerstattet werden müssen.

Neophyt, von gr. neophytos, der Neueingepflanzte, der Neuling im Freimaurerbund.

Neun, heilige Zahl in der Freimaurerei, aufgelöst als dreimal drei, so bei der Salve, in der Grußform u. a. m.

Not- und Hilfszeichen, Das Große, soll in höchster Lebensgefahr Freimaurerbrüder zu Hilfe rufen. Es besteht aus einer bestimmten Handbewegung und dem Ruf »Zu mir, ihr Söhne der Witwe!«, hat heute allerdings nur noch historisch-symbolische Bedeutung.

O

Obödienz, auch Obedienz, die gesetzmäßige Verpflichtung einer Loge, die Satzungen der ihr übergeordneten Großloge zu befolgen.

Occident, die dem Orient gegenüberliegende Seite der Loge. Hier haben die beiden Aufseher und die beiden Vorhofsäulen ihren Platz.

Odd Fellows, Englischer Orden mit überwiegend caritativen Zwecken (Verpflichtung zum Wohltun), der sich an Idee und Ritual der Freimaurerei anlehnt, mit ihr aber in keinem direkten Kontakt steht.

Öffnen und Schließen der Loge geschieht in fester ritueller Abfolge, Entzünden der Lichter, Auflegen der Bibel usw. Die rituelle Eröffnung der Loge setzt eine Cäsur zwischen den Alltag und die besondere Weihe der Logenarbeit, ebenso wie das Schließen des Logenrahmens die Bruderschaft wieder in die Alltagsatmosphäre versetzt.

Okkultistische Freimaurerei. Neben den dezidiert aufklärerischen Logen entwickelte sich auch die sog. O.F., z. B. die »Gold- und Rosenkreuzer«. Die Freimaurerei wird hierbei als Trägerin von geheimem Wissen angesehen (Mystik, Kabbala, Essenertum etc.).

Old Charges, s. Alte Pflichten.

Ordensbruder, Anrede der Mitglieder der Großen Landesloge der Freimaurer von Deutschland.

Ordenswissenschaft, Freimaurerische, besteht aus vier Fächern: ritualistische, historische, systematische und praktische O.

Ordner heißt in manchen Logen der Schaffner, in anderen der Zeremonienmeister.

Orient, Osten. Es ist allgemein üblich, den Ort, an dem sich eine Loge befindet, als Orient zu bezeichnen.

P

Paßwort, ein akustisches Erkennungszeichen, das beim Betreten der Loge abverlangt wird. Heute meist nur noch von traditionellem Wert.

Pectorale, von lat. pectus, das Brustzeichen.

Pentagramm, Drudenfuß, Fünfeck, ein viel benutztes freimaurerisches Symbol. In vielen Systemen ist in dem P. der Buchstabe »G« (Gott) eingezeichnet, vom Flammenden Stern umfaßt.

Pflegschaft, Brauch in vielen Logen, bei dem ein Bruder im Falle des Ablebens eines Mitbruders eine Art freimaurerischer Vormundschaft für dessen Witwe und Waisen übernimmt.

Predigten, Freimaurerische, sind eine Eigentümlichkeit der angelsächsischen, besonders der amerikanischen Freimaurerei, wobei die Freimaurer einer Stadt oder Großloge in maurerischer Bekleidung zu einer Kirche ziehen, in der dann ein Geistlicher eine Rede hält.

Probation, Erprobung, Probezeit heißt die Zeit zwischen der Erteilung der einzelnen Gradstufen. In Deutschland beträgt der Zeitraum für das Verweilen in einem Grade gewöhnlich ein Jahr.

Proben, Körperliche, der Standhaftigkeit, der Ausdauer oder der Tapferkeit sind heute im allgemeinen nicht mehr gebräuchlich und werden nur noch symbolisch angedeutet.

Profan, (lat.) ursprünglich der nicht Eingeweihte. Bezeichnung der Außenstehenden im freimaurerischen Wortgebrauch.

Provinzial-Großlogen, auch Provinziallogen, haben viele Großlogen, u.a. auch die Große Landesloge der Freimaurerei von Deutschland.

Pulver, frz. Poudre, in französischen Ritualen der Tafelloge für Wein. Daher Laden der Kanonen, Chargieren, Salven usw.

Q

Quatuor Coronati, die vier gekrönten Märtyrer, Schutzheilige der Steinmetzen.

Quatuor Coronati Lodge Nr. 2076, in London, bedeutendste wissenschaftliche Institution der gesamten Maurerei, setzt sich die wissenschaftliche Erforschung des Freimaurertums zum Ziel.

R

Rauher Stein, symbolische Bezeichnung für den geistig und seelisch unfertigen Menschen, der Vervollkommnung anstrebt.

Regnen. »Es regnet«, bedeutet im freimaurerischen Sprachgebrauch die Anwesenheit Profaner.

Regulär. Ein Freimaurer ist regulär, wenn er in einer regulären Loge auf reguläre Weise zum Freimaurer geweiht wurde. Eine Loge ist regulär, wenn sie unter der gesetzmäßigen Autorität eines von einer Großloge erteilten Konstitutionspatents arbeitet.

Regularisierung. Eine auf irreguläre Weise in das Gebrauchtum der Freimaurerei eingeführte Person kann durch R. zu einem gesetzmäßigen Freimaurer gemacht werden.

Reißbrett, eines der sog. unbeweglichen Kleinodien der Loge, dem besondere symbolische Bedeutung zukommt, weil an ihm der Meister seine Baupläne fertigt.

Rezeptionsloge, Aufnahmearbeit, auch Aufnahmeloge genannt.

Ringe, Freimaurerische, nach dem Weltkrieg in Deutschland entstandene, auf dem Führerprinzip aufbauende freie geistige Arbeitsgemeinschaften altpreußischer Logen. Ziel ist die Vertiefung der Königlichen Kunst im deutschen und christlichen Sinn.

Ritual, s. Gebrauchtum.

Ritualfreiheit. Manche Systeme üben keinen Ritualzwang aus, z. B. der Großorient von Brasilien.

Rose, wichtiges freimaurerisches Symbol; spielt beim Johannisfest und bei der Grablegung eines Bruders eine wichtige Rolle.

Rosenkreuzer. Das Rosenkreuzertum ist eine sehr alte esoterische Ordensbildung. Bei dem Orden der Gold- und Rosenkreuzer handelt es sich um eine Geheimgesellschaft, besonders des 17. und 18. Jahrhunderts, die theosophische, naturwissenschaftliche und alchimistische Studien betrieb.

Ruhende Brüder. So werden Freimaurer bezeichnet, die ihre Beziehungen zur Loge ohne Deckungsverfahren gelöst haben. Ihr Charakter als Freimaurer bleibt ihnen gewahrt.

Rundfragen werden in vielen Logen vor Beendigung der Arbeit vom Meister oder den Aufsehern gestellt, um den Brüdern Gelegenheit zu Anregungen und Informationen zu geben.

S

Salve, rhythmisches Händeklatschen als Zeichen der Zustimmung, Anerkennung oder Ehrung auf Anordnung des Stuhlmeisters.

Säulen. Für die Errichtung eines Freimaurertempels werden insgesamt fünf S. benötigt, drei, die Lichter tragen und um den Tapis angeordnet sind, und zwei, die bald als Träger des Portikus erscheinen, bald freistehen.

Schaffner sind Logenbeamte, die als Hilfskräfte der beiden Aufseher in der Loge tätig sind und z. B. für die Vorbereitung der Arbeit und des Brudermahls sorgen. Ersetzen z.T. den Zeremonienmeister.

Schnur, geschlungene, Die. Die Symbole des Tapis sind von einer S. umfaßt, die die Bruderkette und auch die Einheit der freimaurerischen Idee symbolisiert.

Schritte. Die freimaurerischen S. im Tempel sind alten Steinmetzbräuchen entlehnt. An der Art, wie der Einlaßbegehrende seine S. setzte , wurde erkannt, ob es sich um einen legitimen Steinmetzen handelte oder nicht.

Schulterkragen, als Bekleidung von Logenbeamten und auch in den Hochgraden vielfach üblich.

Schurz, Maurerschurz, Schurzfell, fast in der ganzen Welt die Bekleidung des Freimaurers. Der Schurz (Lammfell) ist das Sinnbild der Arbeit.

Schwert. In einzelnen freimaurerischen Systemen wird bei der Arbeit neben Maurerschurz und -kelle auch ein S. getragen und spielt dann im Ritual eine wichtige Rolle.

Schwestern. Die Gattinnen, unverheirateten Töchter und Witwen der Freimaurer werden S. genannt.

Silicernium, Totenmahl, nennt man ein an die Trauerloge angeschlossenes, unter einem eigenen Ritual stehendes Brudermahl.

Spitzhammer (der Selbsterkenntnis) ist das eigentliche Werkzeug, mit dem der Lehrling den rauhen Stein bearbeitet; manchmal durch Steinmeißel oder Fausthammer ersetzt.

Stab. Das Amtszeichen der mit der Logenordnung betrauten Person ist der S. Von Zeremonienmeistern wird er in Ausübung ihres Amtes getragen.

Sterbekassen sind in Freimaurerlogen und Großlogen eine häufige, auf dem Umlagesystem aufgebaute Einrichtung, bei der im Falle des Ablebens alle Mitglieder einen bestimmten Betrag einzahlen.

Stiftungsurkunde. Das Dokument, auf dem die Rechtmäßigkeit, d. i. die gesetzmäßige Einsetzung der Loge durch eine Großloge beruht, ist die S.

Stufen, gleichbedeutend mit Grade.

T

Tafelloge heißt die Mahlzeit der Freimaurer unter Beachtung eines bestimmten Rituals.

Tapis, s. Teppich.

Taufe, Maurerische, irreführende Bezeichnung des alten Mysterienbrauches der Reinigung durch Wasser (Lustratio); in manchen Hochgraden symbolisch praktiziert.

Templerorden. Hochmittelalterlicher französischer Orden, dessen Geschichte für viele freimaurerische Systeme im 18. Jahrhundert eine wichtige Rolle spielte und bis heute einflußreich blieb (Strikte Observanz, Schwedisches System, A. u. A. Schottischer Ritus u.a.).

Tempel wird der Versammlungsraum der Loge in Form eines feierlich ausgestatteten Rechtecks genannt, in dem die sog. Tempelarbeiten in ritueller Form abgehalten werden. Der Ausdruck nimmt Bezug auf den alttestamentarischen Tempel Salomos.

Tempel der Humanität, symbolische Idealvorstellung der Freimaurerei auf der Grundlage des Salomonischen Tempelbaus. Seine Errichtung meint die Erziehung des Menschengeschlechts zu einer höheren ethischen Entwicklungsstufe.

Teppich (Tapis). Der freimaurerische T. entwickelte sich historisch aus symbolischen Bodenzeichnungen, die mit Kreide und Kohle auf den Boden der Wirtsstube gemalt wurden, in der sich die ältesten Freimaurerlogen versammelten. Die symbolischen Figuren folgen sachlicher Zusammenstellung.

Tochterlogen heißen die unter einer gemeinsamen Mutter-Großloge arbeitenden Logen.

Trauerloge, Trauerarbeit, wird nach besonderen Ritualen für die verstorbenen Brüder abgehalten. Die Lichter werden dabei im schwarzverkleideten Tempel vor dem symbolischen Sarkophag des Dahingeschiedenen entzündet.

Trinksitten, Freimaurerische. In den Tafellogen hat sich, da alle Arbeit und Erholung sich am Wirtstisch abspielten, schon sehr früh ein bestimmter Kanon von T. entwickelt, die dem Vaterland, dem Großmeister, den besuchenden Brüdern und den Schwestern gelten.

U

Unterbrechung der Arbeit. In den Hochgradkapiteln wird die Arbeit nicht beendet, sondern lediglich unterbrochen.

Unterrichtslogen werden Logenarbeiten genannt, die dem Unterricht in Geschichte, Lehre und Gebrauchtum der Freimaurerei dienen.

V

Verbrüderung. Durch die Wiedergeburt und Erleuchtung im freimaurerischen Ritual wird der Neuaufgenommene Mitglied einer geistigen Familie, also zum Bruder. Die Freimaurerei verkörpert als Männerbund die Idee der V. aller Menschen.

Verfassung, das Gesetzbuch der Großloge, das ihre eigene Tätigkeit sowie die ihrer Logen regelt. Sie wird im Logenhaushalt ergänzt durch sog. Hausgesetze.

Verpflichtungsaltar heißt in verschiedenen Systemen der Altar im Freimaurertempel, an dem das Gelübde abgelegt wird.

Visitation. Dem Großmeister steht das Recht zu, jede Loge seiner Obedienz zu visitieren, d.h. bei einem Besuche festzustellen, ob die Loge die Gebrauchtümer der Großloge einhält.

W

Weiß ist die Farbe des Lehrlingsschurzes in den USA und ansonsten des Maurerschurzes überhaupt. Sie symbolisiert die Reinheit des Herzens.

Weltfriede. Die Idee des W. ist ein wesentliches Ziel der äußeren Arbeit der Freimaurer.

Weltmaurerei. Von W. spricht der Freimaurer zur Bezeichnung der auf der bewohnten Erde verbreiteten, durch das Gebrauchtum und die gemeinsame Zielsetzung ideell verbundenen Bundesteile.

Werklehre. Darunter versteht man in manchen Logen und Großlogen eine Zusammenfassung des Gebrauchtums, das für den Freimaurer eines bestimmten Grades über Lehrinhalt, Symbolik, Ritual, System und Katechismus zu wissen unerläßlich ist.

Werkstätte, Bezeichnung für Loge, Bauhütte.

Werkzeuge. Lehrling, Geselle und Meister haben für die Arbeit am Bau besondere W. Die Lehrlinge arbeiten mit dem 24zölligen Maßstab und dem Spitzhammer am Rauhen Stein, die Gesellen überdies mit Fausthammer, Meißel, Lineal, Stemmeisen und Kelle am Kubischen Stein, der Meister benötigt zur Arbeit am Reißbrett Maßstab, Winkelmaß und Zirkel.

Winkelmaß. Das W. wird stets vom Stuhlmeister als Zeichen seiner Würde getragen. Es bildet zusammen mit Bibel und Zirkel auf dem Altar die drei Großen Lichter der freimaurerischen Symbolik.

Winkelmaurerei, Winkelloge, unregelmäßige, irreguläre Logen.

Z

Zeichen. Jeder Grad des freimaurerischen Rituals hat sein eigenes, aus der Symbolik der betreffenden Stufe heraus entwickeltes Z. Über die Z. besteht Schweigepflicht. Z., Wort und Griff bilden die hauptsächlichsten Merkmale, die den Freimaurer einem Bruder äußerlich als solchen kenntlich machen.

Zeichnung. Der Logenvortrag wird Z. genannt, manchmal auch Bauriß, und vom Vortragenden aufgelegt.

Zeremonienmeister, auch Ordner, ist ein Beamter, der die feierliche Einführung der Würdenträger, Suchenden und Besuchenden besorgt und für die Aufrechterhaltung der Logenordnung verantwortlich ist.

Zertifikat, Beglaubigungsschreiben einer Großloge oder Loge, z. B. ein Meisterausweis oder Logenpaß.

Zerubabel, der Wiedererbauer des Salomonischen Tempels, wahrscheinlich in Babylon geboren, führte die Juden aus dem Exil in die Heimat zurück und hat einen festen Platz in der freimaurerischen Mythologie.

Zirkel, Symbol der allumfassenden Menschenliebe, bildet mit Bibel und Winkelmaß die drei Großen Lichter.

Zirkel, Kränzchen, lose Vereinigung von Freimaurern an Orten, wo keine Logen oder keine solchen der eigenen Lehrart bestehen.

Literatur

Agethen, Manfred Geheimbund und Utopie, München 1984

Appel, Rolf Theodor Vogel, Graz 1987

Bartels, Adolf Freimaurerei und deutsche Literatur, München 1929

Beyer, Bernhard Freimaurerei in München und Altbayern, Hamburg 1973

Bluntschli, Johann Caspar Freimaurergespräche, Heidelberg/Zürich 1879

Böttner, Friedrich John Zersplitterung und Einigung, Hamburg 1962

Dierickx, Michel, S. J. Freimaurerei. Die große Unbekannte, Frankfurt 1968

Ehmke, Paul Die eigenständige Geisteshaltung der Freimaurerei, Hamburg o. J.

Endres, Franz Karl Das Geheimnis des Freimaurers, Frankfurt 1963

Holtorf, Jürgen Die verschwiegene Bruderschaft, München 1983

Hurwitz, Joachim Haydn and the freemasons, Rotterdam 1986

Imhof, Gottlieb Kleine Werklehre der Freimaurerei, Bern 1973

Kaemmel, Otto Geschichte der Neuesten Zeit, Leipzig 1914

Kessler, Herbert Bauformen der Esoterik, Freiburg 1983

Krause, Karl Christian Friedrich Studien zu seiner Philosophie, Hamburg 1985

Lagutt, Jan K. Der Grundstein der Freimaurerei, Zürich 1958

Lennhoff, Eugen Die Freimaurer, Wien 1932

Lessing, G. E. Ernst und Falk, 2 Teile, 1778–80

Ludendorff, Erich Vernichtung der Freimaurerei durch Enthüllung ihrer Geheimnisse, München 1927

Ludz, Peter Christian Geheime Gesellschaften, Heidelberg 1979

Mann, Golo Geschichte des 19. und 20. Jahrhunderts, Frankfurt 1958

Nagy, T. Jesuiten und Freimaurer, Wien 1969

Pachtler, G. M., S. J. Der Götze der Humanität, Freiburg 1875

Peters, Bruno Die Geschichte der Freimaurerei im Deutschen Reich, Berlin 1986

Peyrefitte, Roger Les fils de la lumière, Paris o. J.

Prichard, Samuel Die zergliederte Frey-Maurerey, London 1730

Probst, Wilhelm Kulturgeschichtliche Abende, Berlin 1911

Quattuor Coronati (Hefte) Die Verhandlungen mit der katholischen Kirche 1968–1972, Bayreuth 1976

Radbruch, Gustav Vom edlen Geiste der Aufklärung, Bad Kissingen 1960

Riegelmann, Hans Die europäischen Dynastien in ihrem Verhältnis zur Freimaurerei, Berlin 1943

Saint-André, Jacques de Francs-maçons et templiers, Paris 1977

Selter, G. E. Form, Geist und Wesen der Freimaurerei, Hamburg o. J.

Six, Franz Alfred Studien zur Geistesgeschichte der Freimaurerei, Hamburg 1942

Schneider, Herbert Die Freimaurerkorrespondenz, Bayreuth 1979

Vogel, Theodor Berühmte Freimaurer, Frankfurt o. J.

Wein, B. Die Bauhütten und ihre Entwicklung zur Freimaurerei, Hamburg 1977

Wieland, Christoph Martin Über das Fortleben im Andenken der Nachwelt, Weimar 1809

Winkelmüller, Otto Les compagnonnages, Frankfurt 1967

Zeitschriften

Le Crapouillot La franc-maçonnerie aujourd'hui, Paris 1984

L'Express Francs-maçons, les secrets de leur pouvoir, Paris 1986

Le point Enquête – Les francs-maçons, Paris 1985

Ludendorffs Volkswarte, München 1929

Nationalsozialistischer Schulungsbrief, 6. Jg., 7. Folge, München/Berlin 1939

Vorträge

Bolle, Fritz Ein Freundschafts- und Handelsvertrag des Jahres 1785, München 1978

Eberhardt, Manfred L. Lessing, der Aufklärer, Mörfelden 1987

Grossmann, Max Aufstieg und Niedergang der deutschen Freimaurerei bis 1933, München 1987

Ullrich, Herbert Erich Ludendorff, ein Freimaurergegner, München 1985

Ullrich, Herbert Was ist Freimaurerei?, München 1986

Register

Gewöhnliche Ziffern beziehen sich auf Seitenzahlen, die mit Fig. (Figur) bezeichneten auf Abbildungen im Text. Kursive Ziffern beziehen sich auf Abbildungsnummern im Bildteil. Nicht aufgenommen wurden im Register Namen, die im Anhang, im Verzeichnis der Logen oder dem Glossar bereits erwähnt sind.

Bildnachweis

Die Abbildungen 41, 65, 154, 155, 156, 157, 158, 161, 171,
178, Fig. 1, 8, 9, 10, 11, 13, 14, 15, 24, 30, 34, 35, 36, 37,
48, 49, 52, 53, 55 aus dem Werk Lindner wurden uns
freundlicherweise von der Akademischen Druck- und
Verlagsanstalt, Graz, zur Verfügung gestellt.

Appel, Rolf, Hamburg 119, 142, 371
Archiv für Kunst und Geschichte, Berlin 3, 4, 13, 14, 21,
  29, 38, 39, 43, 48, 49, 52, 53, 55, 60, 61, 73, 75, 80, 81,
  82, 83, 84, 85, 88, 90, 91, 92, 94, 96, 98, 99, 101, 105,
  106, 108, 109, 113, 114, 116, 117, 118, 128, 129, 133,
  134, 135, 136, 137, 138, 140, 167, 168, 169, 173, 174,
  242, 274, 275, *Fig. 21, 38, 46, 51, 59, 60, 61, 65*
Archiv Müller-Börne, Berlin *Fig. 66*
Archiv Schloß Charlottenburg, Berlin 57
Archiv Valmy 46, 89, 255, 369, 370, *Fig. 56, 57, 58, 72, 74*

Baer, Ernst, München 305, 306, 307
Baur-Callwey, Helmuth, München 5, 6, 7
Bayerisches Hauptstaatsarchiv, München *Fig. 31, 32*
Bibliothéque Nationale, Paris 51
Bildarchiv Foto Marburg, Marburg 19
Bildarchiv Preußischer Kulturbesitz, Berlin 2, *Fig. 22*
Bottequin, Jean-Marie, München 72, 86, 179, 182, 194,
  195, 196, 199, 206, 207, 208, 209, 210, 211, 212, 213,
  215, 216, 239, 240, 241, 243, 244, 245, 246, 247, 248,
  249, 250, 254, 256, 310, 330, 331, 347, 349, *Fig. 27, 28,*
  29, 50, 54, 73
»Der furnembsten/notwendigsten/der ganzen Architectur
  angehörigen Mathematischen und Mechanischen
  Künst/eygentlicher bericht«, Walther H. Rivius, Nürnberg 1547 31
»Der Steinmetz«, Hallein 1980 15, 16 (S. 177), 17
  (S. 179/180), *Fig. 18 (S. 34),* 19 (S. 21)
»Der Steinmetz«, Nr. 1/1984, Titel 25
Deutsches Freimaurer-Museum, Bayreuth 42, 45, 56,
  59, 62, 63, 103, 104, 120, 121, 122, 125, 152, 153, 164,
  166, 175, 176, 181, 192, 197, 198, 223, 224, 225, 226,
  227, 228, 229, 230, 231, 232, 233, 234, 235, 236, 237,
  238, 251, 252, 253, 279, 281, 282, 283, 284, 285, 286,
  287, 288, 289, 300, 302, 303, 304, 308, 314, 315, 319,
  320, 321, 323, 324, 325, 327, 328, 332, 333, 334, 335,
  336, 337, 338, 340, 342, 343, *Fig. 12*
»Die gotische Architektur in Frankreich«, Kimpel/Suk-
  kale, München 1985 *Fig. 16, 17*
»Die königliche Kunst im Bild«, E. L. Lindner, Graz
  1976 41 (Abb. 124), 65 (Abb. 129), 150 (Abb. 35), 154,
  155, 156 (Abb. 8, 9 = franz. Ausgabe), 157 (Abb. 10, Bild
  6 der Serie), 158 (Abb. 14, Bild 7 der Serie), 161
  (Abb. 14, Bild 3 der Serie), 171 (Abb. 95), 178 (Abb. 69);
  Fig. 1 (Abb. 135), 8, 9 (Abb. 25), 10 (Abb. 30), 11 (Abb. 31),
  13 (Abb. 134), 14 (Abb. 97), 15 (Abb. 100), 24 (Abb. 125), 30
  (Abb. 34), 34 (Abb. 116), 35 (Abb. 123), 36, 37 (Abb. 84, 85),
  48 (Abb. 46), 49 (Abb. 94), 52, 53 (Abb. 104), 55 (Abb. 81)
»Die Konstitutionen der Freimaurer aus dem Jahre 1723«,
  Bayreuth 1983 40
Fotostudio Hensel, Wuppertal 202
Foto Weila, München *Fig. 69, 70, 71*
»Freimaurer-Loge ›Fiat Lux‹«, Luzern 1910 294, 295,
  297, 298, 299
»Geschichte der Freimaurerei im Kanton Luzern
  1850–1929«, Luzern 1929 296
»Geschichte des alten Logenhauses der 5 vereinigten Lo-
  gen zu Hamburg«, Hamburg 1891 93
Goethe-Nationalmuseum, Weimar 95, 97
Gold, Anne, Aachen 363
Graeber, Leo E., Augsburg 311, 312
Hänggi, J., Basel 9, 10, 11, 12
Hilsdorf, Theodor, München 292, 293
Hirmer Fotoarchiv, München 8
»Histoire pittoresque de la Franc-Maçonnerie et des socié-
  tés secrètes anciennes et modernes«, F.T.B. Clavel, Paris
  1843 177
Historisches Museum der Stadt Wien 71 und Umschlag
»humanität«, das deutsche Freimaurer Magazin (Bildvor-
  lagen Jens Oberheide) 67 (3/83, S. 27), 102 (3/85, S.
  11), 110, 111 (4/87, S. 23, 24), 123, 124 (1/85, S. 4), 130
  (4/86, S. 19), 139 (5/85, S. 37), 143 (6/87, S. 3), 146 (1/
  88, S. 20), 170 (2/86, S. 17), 191 (5/82, S. 15), 373 (1/85,

S. 29), 374 (4/81, S. 36), *Fig. 3 (5/82, S. 14),* 5, 6, 7 (5/81,
  S. 17), 20 (2/86, S. 7), 23 (2/87, S. 11), 26 (7/87, *Titel),* 33 (4/
  87, S. 4), 68 (3/82, S. 9)
Interfoto-Pressebild-Agentur, München 87, 100
Julius, C. Clark, York/USA 344, 345, 346, 350, 351, 352,
  353, 354
Kelsch, Dr. W., Wolfenbüttel 35, 36, 37
Kofler, Oswald, Meran 270, 271, 272, 273
Kunstbibliothek, Berlin 58
Kunsthistorisches Museum, Wien 131
Lessing-Akademie, Wolfenbüttel 54
Loge »Absalom zu den drei Nesseln«, Hamburg 200,
  201, 203
Loge »Zur Kette«, München 187, 193, 278, 291
Loge »Zum Märkischen Hammer«, Lüdenscheid 257
Loge »Zur Verbrüderung an der Regnitz«, Bamberg *Fig. 4*
»L'ordre des francs-maçons trahi et le secret des mopses
  révélé«, Amsterdam 1745 162, 163
Matt, Leonard von, CH-Buochs 151
Meis, Reinhard, Konstanz 348, 355, 356, 357, 358, 359,
  360, 361, 362, 364, 365, 366, 367
Monkewitz, Nikolas, Zürich 258, 290
Naber, Hans-Joachim, Lüdenscheid 301, *Fig. 64, 75*
Niedersächsischer Bibliotheksverein der Landesbiblio-
  thek, Hannover 78, 126, 127, *Fig. 55*
Oberheide, Jens, Hannover 112, 115, 159, 160, 186, 276,
  277, 280, 309, *Fig. 62, 63, 67*
Öffentliche Kunstslg., Kupferstichkabinett, Basel *Fig. 25*
Österreichische Nationalbibliothek, Wien 76
Proksch, Peter, Wien 144, 145, 147, 148
»Propyläen-Weltgeschichte«, Frankfurt 1965, (S. 467) 107
»Revue de la maçonnerie universelle«, Coll. H. Schneider,
  Hamburg *Fig. 2*
Rheinisches Bildarchiv, Köln 66
Rijksmuseum Meermanne-Westreeniarum, Den Haag 23
Rziha, F., »Die Siegel der ehem. Bauhütte von St. Stephan
  in Wien«, Wien 1890 33
Schiller-Nationalmuseum, Dt. Literaturarchiv, Mar-
  bach 183, 184, 185
»Schulungsbrief gegen die Freimaurerei«, Berlin 1939
  188, 189, 190
Schweizerisches Landesmuseum, Zürich 20
Simons, Anton, Ahrweiler 44
Staatsgalerie, Stuttgart 141
Städtische Galerie im Lenbachhaus, München (© Thomas
  Corinth, New York) 180
Swaan, W., »Die großen Kathedralen«, Köln 1969 18
»The Illustrated London News«, 22. Dez. 1860, S.
  586 172
»Verordnungen... derer angenommenen Frey-Mau-
  rer...«, Michael Blochberger, Frankfurt/Leipzig
  1741 149
Voithenberg, Günther von, München 1, 22, 26, 27, 28,
  30, 32, 34, 47, 64, 68, 69, 70, 74, 77, 79, 132, 165, 204,
  205, 214, 217, 218, 219, 220, 221, 222, 259, 260, 261,
  262, 263, 264, 265, 266, 267, 268, 269, 313, 316, 317,
  318, 322, 326, 329, 341, *Fig. 39, 40, 41*
Weber, Joachim, Hannover (© Fotomontage) 50
Wedderlen, Günther, Hamburg 372
Westermann-Verlag, München 24
»200 Jahre Modestia cum libertate 1771–1971«, Zürich
  1971 339, 368, *Fig. 42, 43, 44, 45, 47*